DuMont Reise-Taschenbücher

Zypern

Der nördliche Landesteil

W0078175

In der vorderen Umschlagklappe: Übersichtskarte Zypern

In der hinteren Umschlagklappe: Stadtplan Lefkoşa

Helmuth Weiß

DuMont Buchverlag Köln

Zypern

Der nördliche Landesteil

Umschlagvorderseite: Der Hafen von Girne
Vordere Umschlaginnenklappe: Vor der Lala Mustafa Paşa-Moschee
   (St. Nikolaus-Kathedrale) in Gazimağusa
Hintere Umschlaginnenklappe: Picknick am Wochenende
Umschlagrückseite oben: Gymnasium von Salamis
Umschlagrückseite unten: Dorfleben im Beşparmak
Vignette: Mosaik in Salamis
Abbildung Seite 2/3: Moschee in Lefke

Über den Autor: Helmuth Weiß, geb. 1953, lebt und arbeitet als freier
Lektor und Autor in Hamburg. Bei DuMont erschien von ihm bereits
das Reise-Taschenbuch »Bulgarien«.

Die Deutsche Bibliothek – CIP-Einheitsaufnahme

Weiss, Helmuth:
Zypern – Der nördliche Landesteil/Helmuth Weiss. – Köln:
DuMont, 1994
   (DuMont-Reise-Taschenbücher; 2070)
   ISBN 3–7701–3178–9
NE: GT

1994 DuMont Buchverlag, Köln
Alle Rechte vorbehalten
Satz und Druck: Rasch, Bramsche
Buchbinderische Verarbeitung: Bramscher Buchbinder Betriebe

Printed in Germany   ISBN 3–7701–3178–9

Inhalt

Unterwegs in Nordzypern

Stadterkundung Lefkoşa

Girne und Ausflüge in die Umgebung

Gazimağusa und der wilde Osten

Nützliche Tips und Adressen

Land
und Leute

»Zypern ist die vornehmste,
berühmteste und reichste Insel,
nicht zu vergleichen mit den
anderen Inseln des Meeres,
von allen die fruchtbarste.«
Ein deutscher Pilger im 14. Jh.

Nordzypern im Überblick

Mehr als 300 Sonnentage
im Jahr –
Geographie und Klima

Ein letztes Naturparadies
im Mittelmeer –
Vegetation und Tierwelt

Drehscheibe der Levante –
Geschichte

In der Mesarya-Ebene

›Steckbrief‹ Nordzypern

- **Regierungsform:** Die Gründung der ›Türkischen Republik Nordzypern‹ *(Kuzey Kıbrıs Türk Cumhuriyeti)* erfolgte am 15. November 1983. Nur von der Türkei wird Nordzypern als eigenständiger Staat anerkannt. Als Staatsoberhaupt bestätigt wurde Rauf Denktaş mit 66 % der Stimmen (1990). Präsidentenwahlen finden alle fünf Jahre statt. Das Parlament besteht aus 50 Abgeordneten und wurde zuletzt 1993 gewählt. Die konservative ›Nationale Einheitspartei‹ (UBP) verlor dabei ihre absolute Mehrheit; eine Koalition von ›Demokratischer Partei‹ (DP) und ›Republikanischer Türkischer Partei‹ (CTP) stellt seither die Regierung unter dem Ministerpräsidenten Hakki Atun.
- **Landesstruktur:** Die ›Türkische Republik Nordzypern‹ umfaßt eine Fläche von 3355 km² (Gesamtfläche der Insel 9251 km²). In der Hauptstadt Lefkoşa leben 38 000 Einwohner. Weitere größere Orte: Gazimağusa (21 000), Güzelyurt (12 000), Girne (7000), Lefke (5000). Nordzypern gliedert sich in 26 Orts- und 186 Dorfverwaltungen.

Geographie

Kleiner als Sizilien und Sardinien, größer als Korsika oder Kreta: Zypern ist die drittgrößte Insel des Mittelmeeres. Nur 60 km trennen sie von der türkischen Küste, von Syrien 96 km und von Ägypten 385 km. Der Umriß der Insel wurde im Altertum mit einer aufgespannten Tierhaut verglichen, deren Schwanz die langgestreckte Karpaz-Halbinsel bilde.

Nordzypern, das 38 % des Inselterritoriums umfaßt, gliedert sich, vereinfacht gesprochen, in drei Regionen: die Küstenebene, das Beşparmak-Gebirge und das Flachland im Landesinneren.

Die **Küstenebene** im Norden ist meist nur wenige Kilometer breit; terrassenförmig steigt sie zum Gebirge hin an.

Das ca. 160 km lange **Beşparmak-Gebirge** (griech.: Pentadaktylos; beide Namen bedeuten soviel wie Fünffinger-Gebirge) verläuft als schmaler, meist bewaldeter Bergzug entlang der gesamten Nordküste und erreicht eine durchschnittliche Höhe von 600–800 m. Höchste Erhebung ist mit 1024 m der Selvili (›Zypressenberg‹) südlich von Lapta.

Das **Flachland im Landesinneren,** die Mesarya-Ebene (griech.: Mesaoria), erstreckt sich von Güzelyurt (griech.: Morphou) im Westen bis nach Gazimağusa (griech.: Fa-

- **Bevölkerung:** Die Einwohnerzahl beträgt – bei kräftigem Wachstum – gegenwärtig knapp 190 000. Das entspricht einer Bevölkerungsdichte von etwa 50 Einw./km². Über die Hälfte der Bevölkerung ist jünger als 30 Jahre. Die Landessprache ist Türkisch; dazu tritt aufgrund der britischen Kolonialzeit das Englische als Lingua franca. In einigen Dörfern der Karpaz-Halbinsel lebt eine griechische Minderheit; des weiteren gibt es maronitische Enklaven (s. S. 168).
- **Wirtschaft:** Die wirtschaftliche Bedeutung des Agrarsektors geht seit Jahren kontinuierlich zurück. Anfang der 90er Jahre betrug sein Anteil am ›Nationalprodukt‹ weniger als 10 %. Daß dennoch 27 % aller Erwerbstätigen in diesem Sektor beschäftigt sind, verweist auf die geringe Produktivität der zahlreichen Kleinbauern. Wichtigstes agrarisches Produkt ist Getreide (Mesarya-Ebene), daneben werden u. a. Zitrusfrüchte, Weintrauben, Gemüse, Tabak, Johannisbrot und Hülsenfrüchte angebaut. Mittlerweile beträgt der Anteil industriell gefertigter Waren – an erster Stelle: Textilien – am Export 50 %. Eine wachsende Bedeutung kommt dem Dienstleistungssektor zu. Der Hintergrund: ein aufblühender Tourismus.

magusta) im Osten. Im Jungtertiär (vor 25–2,5 Millionen Jahren) vom Meer überspült, ist die Mesarya seit je eine äußerst fruchtbare Schwemmlandebene. Vor einigen Jahrhunderten noch von dichtem Wald bedeckt, bietet sie sich heute, nahezu baumlos, als Kornkammer der Insel dar.

Von den kleineren, der Küste vorgelagerten **Felseninseln** sind nur die Eilande vor dem Zafer Burnu (›Soldatenkap‹; bekannter als ›Kap Andreas‹) im Nordosten der Erwähnung wert. Bescheiden auch hier die Dimensionen: die größte der Inseln mißt in der Fläche gerade einmal 200 × 700 m.

Über ganzjährig wasserführende **Flüsse** verfügt Nordzypern ebenso wenig wie über natürliche **Seen.** Bei den auf manchen Karten eingezeichneten Wasserläufen handelt es sich um Bäche, die nur im Winter – der Regenzeit – Wasser führen. Auch die Seen trocknen im Sommer vollständig aus – es sei denn, es handelt sich um Stauseen, die als Wasserreservoire angelegt wurden.

Klima

Nordzypern zeichnet sich durch ein mediterranes **Klima** mit heißen, trockenen Sommern und eher kühlen, nassen Wintern aus. Frühling

(März/April) und Herbst (Oktober/ November) währen nur kurz. Normalerweise wird der Gefrierpunkt im Winter nur in den oberen Bergregionen unterschritten; Schneefälle in der Ebene sind die absolute Ausnahme. Im Sommer steigt die Quecksilbersäule in der Ebene manchmal über 40° Celsius.

Die Meteorologen zählen nur wenige Tage im Jahr ohne Sonnenschein. Zwischen April und September scheint die Sonne täglich meist an die elf Stunden. Insgesamt errechnen sich über 300 Sonnentage im Jahr (s. Tabelle S. 209).

Für ihre **Wasserversorgung** ist die Insel ganz auf Regenwasser angewiesen (s. S. 18). Als Klimascheide, an der sich die Wolken abregnen, stellt das Beşparmak-Gebirge einen wichtigen natürlichen Wasserspeicher dar. Die durchschnittliche Niederschlagsmenge beträgt 500 mm pro Jahr, 60 % davon fallen in den Wintermonaten zwischen Dezember und Februar; dabei ist die Ebene mit durchschnittlich 350 mm sehr viel trockener als das Gebirge (fast 1000 mm). Zwar ist auch im Frühjahr und Herbst mit einigen Regentagen zu rechnen, einen total verregneten Urlaub müssen Sie jedoch in dieser Zeit nicht befürchten.

Der **Wind,** meist schwach bis mäßig wehend, kommt aus wechselnden Richtungen.

Die **Wassertemperatur** sinkt – für Badefreunde ideal – nie unter 16° Celsius; im Sommer steigt sie auf Werte bis zu 28° Celsius an.

Vegetation und Tierwelt

Im biologischen Sinne stellt Zypern innerhalb des Mittelmeerraums eine **Sonderregion** dar, blieb die Insel doch von der letzten Eiszeit (120 000–10 000 v. Chr.) verschont und nahm deshalb am Austausch von Flora und Fauna mit den umliegenden mediterranen Landmassen nicht teil. So wundert es nicht, daß Wissenschaftler zahlreiche endemische, d. h. nur auf Zypern vorkommende Tier- und Pflanzen-

arten (Orchideen, Vögel etc.) bestimmen konnten.

Leider gelang es bisher nicht, diesem biologischen Sonderstatus gebührend Rechnung zu tragen und in Nordzypern einen Nationalpark oder ein Reservat auszuweisen. Vor allem für die Karpaz-Halbinsel (s. S. 166) gibt es seit einiger Zeit immerhin Anstrengungen in diese Richtung. Ihre abgeschiedene Lage – dünne Besiedlung, gering entwickelte Infrastruktur – bietet die besten Bedingungen für den Erhalt der ursprünglichen Pflanzen- und Tierwelt. Schließlich spricht auch das Nebeneinander von erhaltenswerter Natur und traditionellen dörflichen Lebensgemeinschaften auf geschichtsträchtigem Boden für den besonderen Schutz gerade dieser Region. Darüber hinaus ist der nordöstliche Teil der Insel als Station für Zugvögel auf ihrem Weg nach Süden auch von besonderem Interesse für den Vogelschutz und die Vogelbeobachtung.

Die Mesarya-Ebene, Nordzyperns Kornkammer

Auf Zypern sind bislang 350 **Vogelarten** bestimmt worden, 46 davon leben dauernd auf der Insel. Sieben Arten und Unterarten sind ausschließlich in Nordzypern zu finden (Genauere Informationen vermittelt die sehr aktive *Nordzyprische Gesellschaft zum Schutz der Vögel und der Natur* (Kuşkor) Girne, Vakıflar Çarşisi Kat: 2, No: 3–4, ✆ 8 15/73 37).

Leider ist die Vogelwelt aufs schwerste bedroht durch die 5000 aktiven Jäger, die in zwei Jagdperioden auch bedrohte Vogelarten weiter dezimieren. Wirksame Einschränkungen sind bislang nicht in Sicht, zu stark ist die ›Jägerlobby‹ auf der Insel.

Nordzypern zählt im Mittelmeer zu den letzten Zufluchtsorten für die gefährdeten **Wasserschildkröten** *Chelonia mydas* und *Caretta caretta*. Ungefähr 2000 erwachsene Tiere kommen jährlich an Land, um an 46 Stränden ihre Eier abzulegen (s. S. 114).

Wie nötig ihr Schutz ist, bezeugt **Zyperns ›Aussterbe-Register‹**. Zu den ersten bekannten Opfern zählten die Zwergflußpferde und Zwergelefanten, die vor ca. 9000 Jahren verschwanden. Möglicherweise fielen sie den ersten Siedlergenerationen zur Beute. Opfer jüngeren Datums sind Wildschweine und Rehe, von denen im 18./19. Jh. die letzten Exemplare gesichtet wurden. Äußerst selten geworden sind in Nordzypern auch die unter Naturschutz stehenden Mufflons mit ihren geschwungenen Hörnern.

Roter Mohn

Zu den über zwei Dutzend Arten von **Amphibien und Reptilien** Nordzyperns gehören auch einige Giftschlangen, z. B. die Wurmschlange *(Typhlops vermicularis)*.

Die Artenvielfalt an Fischen, Krabben und anderen **Meerestieren** ist verhältnismäßig gering. Denn ursprüngliche Lebensräume, wie z. B. die Korallenriffe, die einst die Insel umgaben, fielen den ökologischen Veränderungen des Mittelmeers zum Opfer – und mit ihnen die Biotope für zahlreiche Fischarten und Schalentiere. Die Überfischung des Mittelmeers sowie die lange Zeit praktizierte Dynamitfischerei hinterließen ebenfalls ihre Spuren (s. auch S. 178).

Leider hat Nordzypern die **Berner Konvention zum Schutz der Tiere** noch nicht unterzeichnet, so wie es der südliche Landesteil und auch die Türkei bereits getan haben.

Wilde Orchidee

Flora

Vor allem im Frühjahr und Herbst, wenn genügend Regen fällt, verwandeln sich weite Teile Nordzyperns in ein einziges Blüten- und Blumenmeer. Man genießt die Farbenpracht von Narzissen, Mohn und Hyazinthen, Tulpen und Gladiolen. Botaniker zählten in Nordzypern mehr als 1600 Arten von **Blütenpflanzen,** davon sind 22 endemisch, kommen also nur auf Zypern vor. Freunde von Orchideen können hier über zwei Dutzend ver-

Feigenkaktus

schiedene Arten finden, darunter wiederum einige, die allein auf der Insel beheimatet sind. Immer wieder faszinierend: die baumhohen Rispen der Agaven und der Riesenfenchel.

Die Statistik spricht von 56 000 ha **Wald** in Nordzypern, doch ist nur ein Viertel davon als Wald in unserem Sinne zu bezeichnen, der Rest besteht mehr oder weniger aus einzelnen Bäumen oder Baumgruppen, dazu aus Macchie. Obwohl also fast ein Fünftel der gesamten Fläche des Landes ›bewaldet‹ ist, sind effektiv nur ca. 4 % von dichtem Wald überzogen. Während der letzten Jahre wurden pro Jahr durchschnittlich 2000 ha Wald neu aufgeforstet, wenn auch nicht immer mit bleibendem Erfolg. Die Einsicht in die Bedeutung des Waldes für den Schutz von Boden und Trinkwasser, als Heimat einer reichen Tier- und Pflanzenwelt und als Ort der Erholung ist in der nordzyprischen Öffentlichkeit bislang nur mäßig entwickelt.

Die Bergwälder Nordzyperns bestehen hauptsächlich

Nordzypern – ein Naturidyll?

Keine Smogschwaden hängen drückend über der Insel, keine riesigen Industriekomplexe und Millionenstädte schwängern die Luft mit Abgasen, und das Wasser an Nordzyperns Küsten macht einen sauberen, verlockenden Eindruck. Ein Naturidyll? Vielleicht, verglichen mit unseren heimatlichen Problemen. Doch auch in Nordzypern lassen die Zunahme der Motorisierung, das Wachsen der Städte und ein weithin fehlendes Umweltbewußtsein ökologische Krisen heranreifen. Notwendige Umweltschutzmaßnahmen – wie die Einführung bleifreien Benzins, von Emissionsfiltern für Fabriken etc. – sind bisher nicht eingeleitet worden. Konzentrieren wir uns einmal auf zwei Problemfelder nordzyprischer Umweltpolitik: Wasserversorgung und Küstenverschmutzung.

Etwa 90 % des Regens fallen in den Monaten November bis März. Die Folge: In den regenlosen Sommermonaten liefern Quellen mittlerweile weniger Wasser, als dann benötigt wird. Tiefbrunnenbohrungen, die Abhilfe schaffen sollen, bedingen aber langfristig ein Absinken des Grundwasserspiegels. Dies wiederum begünstigt das Eindringen von Meerwasser ins Grundwasser und führt zu einer erheblichen Versalzung küstennaher Böden.

Der steigende Wasserverbrauch als der eigentliche Startpunkt dieser verhängnisvollen ökologischen Kette ist auf mehrere Ursachen zurückzuführen. Der anschwellende Touristenstrom – von 95 000 (1977) auf 350 000 Personen (1990) – hat einen nicht unwesentlichen Anteil daran. Mit derzeit durchschnittlich 880 l pro Tag übertrifft der Wasserverbrauch eines Touristen den eines Einheimischen (220 l) bei weitem. Den größten Anteil an der Wasserverausgabung hat jedoch die Landwirtschaft: Von 127 Mio m³ Wasser, die jährlich verbraucht werden, benötigen Industrie und Haushalte nur 15 Mio m³, der Rest fließt in die

aus einheimischen Aleppokiefern (Pinus brutia) und Zypressen (Cypressus sempervirens). Vor allem an der regenreicheren Nordseite des Beşparmak-Gebirges gedeihen auch einige Aleppoeichen (Quercus infectoria), Kermeseichen (Quercus coccifera) und Erdbeerbäume (Arbutus andrachne), deren Früchte man im Oktober und November genießen kann. Die Zyprische Zeder (Cedrus brevifolia) steht kurz vor dem Aussterben und bedarf dringend des Schutzes.

Agrikultur. Aufgrund veralteter Bewässerungsmethoden wird dabei viel kostbares Naß vergeudet. Investitionen in moderne Bewässerungsanlagen könnten zwar leicht Abhilfe schaffen, sind aber teuer. Doch allein eine gründliche Reparatur lecker Wasserleitungssysteme sowie der Ausbau der Wasserreservoirs würden viel bewirken.

Für bestimmte ökologische Zukunftsinvestitionen wäre Nordzypern im übrigen ein idealer Platz: Mit Hilfe der reichlich vorhandenen Sonnenenergie könnten Meerwasserentsalzungsanlagen betrieben werden, wie sie am Persischen Golf bereits existieren.

Das leitet zur ökologischen Situation an Nordzyperns Küsten über. Die Küstenlinie ist 387 km lang, und von keinem Punkt des Inselnordens braucht man mehr als 30 Minuten mit dem Auto, um sie zu erreichen. Die Gefahr der Überbeanspruchung des Landsaumes ist deshalb besonders groß. Bedroht erscheinen zahlreiche Ökosysteme mit speziellen Pflanzen- und Tierpopulationen, die bisher weniger aus politischer und gesellschaftlicher Umsicht als aufgrund wirtschaftlicher Unterentwicklung erhalten blieben. Nun bedarf es solcher Umsicht, soll die Chance genutzt werden, Fehler zu vermeiden, an deren Folgen man im übrigen Mittelmeerraum längst trägt. Noch sind in Nordzypern zukunftsweisende Weichenstellungen (z. B. ›sanfter Tourismus‹) möglich.

Schwer zu schaffen macht dem Mittelmeer die Ölverschmutzung. Obwohl es nur 1 % der Weltozeane umfaßt, muß das ›Weiße Meer‹, wie es türkisch heißt *(Ak Deniz)*, 35 % der gesamten Ölverschmutzung abbauen. Da es ungefähr 80 Jahre dauert, bis im Mittelmeer ein kompletter Wasseraustausch stattgefunden hat, werden die Sünden der jetzigen Generation noch die Enkel treffen.

Aber alles in allem zählen die Gewässer um den Norden der Insel noch zu den saubersten im gesamten Mittelmeer, und es liegt bei Nordzyperns Verantwortlichen, das Umweltbewußtsein in diesem ›Staat, der keiner ist‹ so zu stärken, daß auch weiterhin von einem Naturparadies gesprochen werden kann.

Entlang der tiefer gelegenen Abhänge sowohl im Norden als auch im Süden des Gebirges treffen wir auf Kulturen von Oliven- und Johannisbrotbäumen (s. S. 121). Sie gehören zum traditionellen Bild Zyperns, ja, die dafür angelegten Terrassen reichen weit in die Frühgeschichte zurück. Leider werden sie aufgrund ihrer sinkenden ökonomischen Bedeutung zunehmend vernachlässigt. Die Inselbewohner haben sogar damit begonnen, uralte Oliven- und Johannisbrotbäume zu fällen und als Brennholz zu verwenden – ein Vorgang, der vor einigen Jahrzehnten noch undenkbar gewesen wäre.

Ein Erbe aus britischer Zeit stellen die kleinen Eukalyptus-Wäldchen im Flachland dar. Sie wurden in erster Linie aus ökonomischem Kalkül gepflanzt, war doch das äußerst harte Eukalyptusholz zum Abstützen der Stollen in den Erzminen sehr begehrt. Darüber hinaus diente dieser Baum, da er den Böden besonders viel Feuchtigkeit entzieht, der Austrocknung von Feuchtgebieten – und somit indirekt der Bekämpfung und Ausmerzung der Malaria. Das Malaria-Problem wurde übrigens erfolgreich gelöst, die angestrebte Trockenlegung von ökologisch bedeutsamen Feuchtgebieten und die Zerstörung von Biotopen, damals bedenkenlos in Kauf genommen, wissen wir heute freilich anders einzuschätzen.

Ein Hain mit Steinpinien *(Pinus pinea)* bei Salamis, ebenfalls von den Engländern angelegt, stellt eine Besonderheit auf Nordzypern dar.

Ein Drittel des Inselnordens besteht aus relativ **ödem Hochland;** zum größten Teil ist solches Gelände in öffentlichem Besitz. Leider erscheinen die Kultivierungsanstrengungen ganz unzureichend. Dabei fällt in diesen Gebieten mehr Regen als im Flachland, hier wäre also ein Auf- und Ausbau von Wasserreservoirs und -auffangmöglichkeiten möglich. Denn nur in dieser Weise und durch begleiten-de Aufforstungen läßt sich mittelfristig der Wasserknappheit entgegenwirken, die der Insel größte ökologische Probleme aufgibt.

Es bestehen Pläne, im gesamten Beşparmak-Gebirge **Naturwanderwege** und Hütten nach deutschem Vorbild anzulegen. Man sieht dies als einen Beitrag zur Förderung eines ›sanften Tourismus‹, zugleich aber möchten die verantwortlichen Stellen die Bedeutung dieser Naturregionen im öffentlichen Bewußtsein stärken.

Daten zur Geschichte

Jungsteinzeit/ Neolithikum (ca. 7000 – 3800 v. Chr.)

Eine noch frühere, altsteinzeitliche Besiedlung Zyperns ist zwar sehr wahrscheinlich, bisher jedoch nicht überzeugend belegt. Die ersten Siedler, wahrscheinlich aus dem anatolisch/syrischen Raum nach Zypern übergesetzt, leben von der Jagd, vom Fischfang und vom Ackerbau und bewohnen einfache Rundhäuser, unter denen sie auch ihre Toten in Hockstellung begraben. – Ab 4500 tauchen erstmalig Töpferwaren auf. In Stein und Ton werden Menschen oder Tiere als Idole stilisiert.

Kupfersteinzeit/ Chalkolithikum (ca. 3800–2300 v. Chr.)

Mit der Verwendung erster Kupfer-
werkzeuge geht eine Veränderung
der Grabbräuche einher: Die Toten
werden nun außerhalb der Dörfer
beigesetzt. Fundfiguren aus Stein,
Steatit oder gebranntem Ton tragen
prägnante weibliche Geschlechts-
merkmale und thematisieren offenbar die Frau als Spenderin des Lebens.

Frühe Bronzezeit (ca. 2300–1900 v. Chr.)

Rotpolierte Keramik deutet auf ana-
tolische Einflüsse hin (Vounous).
Durch Kupferexport verstärken sich
Handel und Kulturaustausch vor
allem mit Syrien und Ostanatolien.
Aus Ton geformte Stiermasken und
Schlangen versprechen Fruchtbar-
keit und apotropäischen Schutz. Eine
Überwindung der reinen Dorfkultur
ist indessen noch nicht erkennbar.

Mittlere Bronzezeit (ca. 1900–1600 v. Chr.)

Entstehung erster städtischer Siedlungen, deren wichtigste Enkomi
wird. Die Insel avanciert zu einem
Umschlagplatz von Gütern und
Gedanken im östlichen Mittelmeer.

›Gehörnter Gott‹ aus Enkomi

21

Ihre Handelskontakte dehnen sich bis in die Ägäis, nach Kreta und Sizilien aus; dem syrisch/anatolischen Raum bleibt Zypern jedoch in Handel wie Kultur besonders verbunden. Als ›Kupferland‹ findet die Insel in assyrischen und babylonischen Texten Erwähnung. Erste Festungen entstehen – möglicherweise weil das ›Eroberervolk‹ der Hyksos gegen Zypern vorstieß.

Späte Bronzezeit (ca. 1625–1050 v. Chr.)

Während das pharaonische Ägypten mächtiger wird und in Zentralanatolien die Hethiter an politischer Macht gewinnen, entwickelt sich Zypern unter ihrem Einfluß allmählich zu einem Mittler des östlich-westlichen Wirtschafts- und Kulturaustausches in der Levante. Einzelnen mykenischen Händlern folgen in mehreren Wellen achäische Siedler (vermutlich ab dem 13. Jh. v. Chr.).

Zypern bleibt einem bereichernden und wechselnden Einfluß griechischer und orientalischer Kultur ausgesetzt, entwickelt daraus aber auch eigenständige Formen (›Gehörnter Gott‹ und ›Barrengott‹ von Enkomi, dem lange Zeit bedeutendsten Handels- und Wirtschaftszentrum der Insel). Um 1500 bildet sich unter dem Einfluß der ägäischen Welt erstmals ein eigenes Schriftsystem aus, die ›zyprisch-minoische Schrift‹.

Eisenzeit/ Geometrische Zeit (ca. 1050–750 v. Chr.)

Auch nach dem Dunklen Zeitalter der Ägäis, in dem unter dem Druck der sogenannten ›Seevölker‹ große mediterrane Kulturen enden, bleibt die Situation prekär: Naturkatastrophen zerstören viele Siedlungen. Ein ökonomischer und kultureller Niedergang ist zu verzeichnen. Neue Impulse gehen ab dem 9. Jh. v. Chr. von den Phönikern aus, die das orientalische Element in der zyprischen Kultur (Elfenbeinarbeiten, Keramik) erneut stärken. Ein Aufschwung des Handels setzt ein, und die Städte entwickeln sich mehr und mehr zu Zentren des gesellschaftlichen Lebens.

Perserzeit/ Archaische Zeit (ca. 750–475 v. Chr.)

Zypern gerät nacheinander in den Herrschaftsbereich Assyriens (Ende des 8. Jh.), Ägyptens (ca. 560–540 v. Chr.) und schließlich – um 540 v. Chr. – für mehr als 200 Jahre unter die Kuratel Persiens. Zwischen assyrischer und ägyptischer Herrschaft liegt eine kurze Zeitspanne relativer Unabhängigkeit der zyprischen Städte.

Die Insel erreicht in dieser Zeitspanne wirtschaftlich und kulturell neue Höhen. Unabhängige Stadt-

Land des Kupfers

Ob das Kupfererz der Insel einst ihren Namen gab (Kypros), wie häufig zu lesen ist, oder umgekehrt die Insel dem Erz, sei dahingestellt. Ohne Zweifel aber war der Kupfererzabbau von entscheidender Bedeutung für Zyperns frühen wirtschaftlichen Aufschwung. Die ersten Funde von Kupferwaren, darunter ein Meißel, stammen aus der Kupfersteinzeit (3500–2300 v. Chr.), wobei bislang noch unklar ist, ob es sich dabei um importierte Gegenstände handelt und ab wann der Verhüttungsprozeß auf der Insel selbst einsetzte.

An historischen Zeugnissen über den frühen Gebrauch und die Herstellung von Kupfer auf Zypern mangelt es indessen nicht: So wurde ein Kupferschmelzofen aus der Zeit um 2000 v. Chr. gefunden, an dem sich sogar das Gebläse teilweise rekonstruieren ließ. Von dem Wissen um die Erzeugung einer hohen Verhüttungstemperatur (1150° Celsius) hing ja die Möglichkeit ab, die in Zypern vorhandenen sulfidischen Erze zu verarbeiten. Spätestens zur mittleren Bronzezeit, in der erste schriftliche Aufzeichnungen über die Insel zu sprechen beginnen, muß der Kupferabbau und -export bereits einen wichtigen gesellschaftlichen Stellenwert besessen haben. Funde in Enkomi (s. S. 160) brachten Tiegelöfen von relativ großem Volumen zutage. Schrifttafeln aus dem ägyptischen Amarna bezeugen die damalige Bedeutung der Insel als Kupferproduzent und -exporteur. Auf einer von ihnen ist zu lesen, daß der Pharao 5400 kg Kupfer aus Alasia – so wurde Zypern damals genannt – erhalten habe. Aus den Amarna-Archiven stammt auch die folgende Botschaft eines Herrschers von Alasia an den ägyptischen König: »Mir geht es gut, meinem Hause, meiner Frau, meinen Söhnen, meinen Großen, meinen Pferden, meinen Streitwagen und meinen Ländern gar sehr ist Heil. Und meinem Bruder sei Heil! Deinem Hause, Deinen Frauen, Deinen Söhnen, Deinen Großen, Deinen Pferden, Deinen Streitwagen und Ländern gar sehr sei Heil! (. . .) Jetzt, mein Bruder, habe ich Dir 500 Stück Kupfer geschickt, als Geschenk für meinen Bruder habe ich sie geschickt. Mein Bruder, daß es so wenig Kupfer ist, mögest Du Dir nicht zu Herzen nehmen. In meinem Lande hat die Hand des Pestgottes Nergal, meines Herren, alle Leute meines Landes getötet. So findet keine Kupfererzeugung statt. Darum möge es mein Bruder sich nicht zu Herzen nehmen . . .«

Für den Handel wurde Kupfer damals in die Form sogenannter Ochsenhautbarren gegossen. Diese Bezeichnung rührt daher, daß das im noch flüssigen Kupfer freiwerdende Gas beim Erstarren Blasen auf der Oberfläche warf, die so der Struktur einer Ochsenhaut ähnlich wurde. Die wirtschaftliche Bedeutung des Kupferhandels demonstriert einer der bekanntesten Funde aus Enkomi: Die Bronzefigur eines Gottes mit Hörnerhelm, Lanze und Schild steht auf einem Kupferbarren (ausgestellt im Zypernmuseum von Nicosia, vgl. S. 158).

Einige Forscher gehen heute davon aus, daß der Höhepunkt des Kupferabbaus um 500 v. Chr. lag, bei einer Jahresproduktion von ca. 240 t. Doch auch später, während der römischen Herrschaft, spielte das Erz wirtschaftlich noch eine zentrale Rolle, wie u.a. die Berichte des Galenos aus Pergamon (129–199 v. Chr.), des letzten großen Arztes der Antike, verdeutlichen. Er beschrieb Minen bei Soli, einem Erzabbaugebiet, das in unserem Jahrhundert noch einmal durch die ›Cyprus Mines Corporation‹ ausgebeutet wurde , und vermittelt dabei eine Vorstellung von den menschenunwürdigen Arbeitsbedingungen, die im Kupferabbau geherrscht haben müssen: »Das Wasser, das Tropfen für Tropfen aus dem porösen Gestein hervortritt, wird 24 Stunden lang in Amphoren gesammelt. Sklaven tragen es hinaus und schütten es in viereckige tönerne Tröge, (. . .) wo es nach einigen Tagen eindickt und Chalcantos (Zwischenprodukt der Kupferherstellung) entsteht. Am Grunde der Mine herrscht ein erstickender, messingartiger Geruch, der kaum zu ertragen ist. Das Wasser weist einen ähnlichen Geschmack auf. Die nackten Sklaven tragen die Gefäße mit größter Eile, um nicht lange in der Mine verweilen zu müssen. In gewissen Abständen gibt es Lichter, doch sie verlöschen häufig. Die Mine wurde von den Sklaven über mehrere Jahre hin Stück für Stück ausgeschachtet. Wenn das tropfende Wasser schwächer wird, graben die Sklaven tiefer in den Berg hinein. (. . .) Manchmal kommt es zu einem Einsturz, der alle bis zum letzten Mann tötet.«

Noch Anfang unseres Jahrhunderts hielt man die Kupfervorkommen auf Zypern für erschöpft. So berichtet ein 1913 erschienenes Buch über die Insel: »Die allerneuesten Versuche, welche seit der englischen Okkupation gemacht wurden, bei den von den Römern und Byzantinern im 4. Jahrhundert n. Chr. verlassenen Bergwerken den Kupferbergbau wieder praktisch und hüttenmännisch aufzunehmen oder neues Gelände dem Kupferabbau zu erschließen, sind sämtlich gescheitert.«

Dies Urteil trog. Kupfer sollte in den folgenden Jahrzehnten noch einmal zu einem wichtigen Exportgut werden, bis mit der Teilung der Insel 1974 ein rentabler Erzabbau unmöglich wurde.

Alexander der
Große in der
Schlacht bei Issos
333 v. Chr.

königreiche (Amathous, Salamis, Kition, Soli, Lapithous u. a.) – ihre Zahl schwankt zwischen sieben und elf – bilden nun die gesellschaftlichen Zentren Zyperns. Sie folgen den Traditionen orientalischen Königtums, also einer Monarchie mit despotischen Zügen. Auch unter fremder Herrschaft bewahren sie relative Autonomie. Das Stadtkönigtum Salamis entwickelt sich neben Kition zu einem der Macht- und Wirtschaftszentren der Insel. Bedeutsame Funde – z. B. in den Königsgräbern bei Salamis – zeugen vom hohen kulturellen Niveau und Reichtum jener Zeit. Wieder entfaltet sich die zyprische Kultur als Schnittpunkt mediterraner Einflüsse, zum letzten Mal finden griechische wie orientalische Formen und Traditionen dabei zu einer insularen Synthese (die sogenannte ›Free field-Keramik‹ mit ihrer großen Zahl figürlicher Motive ist das eindrucksvollste Beispiel).

Wiederholte Versuche (ab 499 v. Chr.) einiger Stadtkönigtümer, sich von der persischen Oberhoheit zu befreien, schlagen fehl. In bestimmten Phasen unterstützen die zyprischen Städte jedoch auch den Kampf der Perser gegen Ionien bzw. Athen und stellen Schiffe für die Flottenverbände gegen Griechenland zur Verfügung.

Klassische Zeit (ca. 475 – 325 v. Chr.)

Im Zusammenhang mit den Auseinandersetzungen zwischen Persern und Griechen gelingt Euagoras von Salamis (reg. 411–374 v. Chr.) für kurze Zeit eine Einigung der zersplitterten Stadtkönigtümer.

Zum ersten Mal in der Inselgeschichte erringt Zypern als Ganzes damit tatsächliche Unabhängigkeit und die Position einer in diesem Raum mitentscheidenden Macht. Die persische Oberhoheit wird zwar politisch wiederhergestellt, doch gewinnt das Griechentum nun auf Zypern kulturell an Kraft (Keramik, Bildhauerei). Mit dem Auftreten Alexanders des Großen verändern sich die politischen Konstellationen erneut: 332 v. Chr. schlägt sich die zyprische Flotte auf die Seite des Makedonen: des späteren Siegers.

Hellenistische Zeit (ca. 325 – 58 v. Chr.)

Nach kurzer Zeit Unabhängigkeit wird Zypern in den Nachfolgestreit (Diadochenkämpfe) hineingezogen, der nach Alexanders Tod 323 v. Chr. entbrennt. Im Ergebnis sinkt die Insel ab 294 v. Chr. für 250 Jahre zur ägyptischen, d. h. ptolemäischen Provinz ab. Die Verwaltungsbürokratie einer zentral gelenkten Monarchie ersetzt die Stadtkönigtümer. Wirtschaftlich (Kupfer, Schiffbau, Handel) und zivilisatorisch (Bäder, Wasserleitungen) setzt eine neue Blütezeit im Zeichen der hellenistischen Kultur ein. Zenon, 333 oder 332 im zyprischen Kition geboren und seit 311 in Athen, wächst in diesem fruchtbaren Kulturkontinuum zum Begründer der stoischen Philosophie heran.

Römische Zeit (ca. 58 v. Chr. – 330 n. Chr.)

58 v. Chr. wird Zypern von den Römern besetzt. Abgesehen von einem kurzen ägyptisch-ptolemäischen Zwischenspiel unter Kleopatra (47–31 v. Chr. titularische ›Königin von Zypern‹) stabilisiert der nun anbrechende ›Römische Friede‹ die wirtschaftliche und kulturelle Entwicklung der Insel (römische Monumentalbauten u. a. in Salamis).

Die christliche Missionierung durch die Apostel Paulus und Barnabas (45 n. Chr.) hat Erfolg. Unter dem römischen Prokonsul Sergius Paullus ist Zypern das erste, von einem Sympathisanten des Christentums regierte Land überhaupt. Mit dem 4. Jh. scheint die Christianisierung Zyperns abgeschlossen zu sein.

Byzantinische Zeit (330–1191)

Fast 900 Jahre lang gehört Zypern zum byzantinischen Machtbereich, mit tiefgreifenden Auswirkungen auf Kultur und Tradition. Die Kirche wird zu einem zentralen wirtschaftlichen und geistigen Machtfaktor. Den größten Teil der Bevölkerung bilden Bauern, als Pächter an ihren Boden gebunden. Neben den Handwerkern in den Städten stellen sie diejenige Schicht dar, die keinerlei Chancen hat, ihre soziale Existenz zu verändern. Auf der anderen Seite stehen ihnen Großgrundbesitzer, höhere Beamte und Klerus als gebildete Herrschaftsschicht gegenüber – eine Zweiteilung der Gesellschaft, die sich bis in unser Jahrhundert hinein in abgeschwächter Form erhalten sollte.

Die ersten drei Jahrhunderte der byzantinischen Epoche sind von einer relativ friedlichen Entwicklung gekennzeichnet. Rege Bautätigkeit zeugt von Wohlstand. Nach längeren Auseinandersetzungen wird die Unabhängigkeit der zyprischen Kirche durch den byzantinischen Kaiser Zenon (reg. 474–491) anerkannt. Diese Unabhängigkeit (Autokephalie) innerhalb der orthodoxen Kirche bildet das Fundament für die Gleichsetzung von Zypriotentum und zyprisch-orthodoxer Kirche auch in den folgenden Jahrhunderten.

Vom 7. bis zum 10. Jh. hat Zypern unter häufigen Überfällen und Plünderungen muslimischer Araber zu leiden; wirtschaftlicher Niedergang ist die Folge. Die Insel als Ganzes gerät aber nie in arabische Hand.

965 wird Zypern unter Kaiser Nikephoros Phokas (reg. 963–969) wieder fester in den byzantinischen Machtbereich eingebunden. Wirtschaft und Handel beleben sich erneut, doch ändert dies nichts an den ärmlichen Verhältnissen der Bauern. Die wirtschaftliche Prosperität schlägt sich in einem umfangreichen Bauprogramm nieder

(Kreuzkuppelkirchen, Freskenmalerei, Mosaiken). Im 11. Jh. entstehen die drei großen Bergfestungen St. Hilarion, Buffavento und Kantara. Im folgenden Jahrhundert, mit dem Verfall der Zentralgewalt, setzen Aufstände und Unruhen ein. Nach eigenmächtiger Kaiserkrönung regiert der byzantinische Gouverneur Isaak Komnenos zwischen 1184 und 1191 die Insel.

Fränkische Zeit/Herrschaft der Lusignans (1192–1489)

Unter den Lusignans erlangt die Insel zeitweilig eine außergewöhnliche Machtfülle im Mittelmeerraum. Die Spaltung zwischen fremder, zahlenmäßig kleiner Herrschaftsschicht und dem Großteil der griechisch-byzantinischen Bevölkerung vertieft sich jedoch während der fränkischen Herrschaft.

Schon länger war Zypern Stützpunkt der Kreuzfahrer gewesen. Im Verlauf des dritten Kreuzzuges erobert der englische König Richard Löwenherz 1191 die Insel. Vor dem Weiterzug ins Heilige Land veräußert er Zypern an den Templerorden, der die unruhige Insel jedoch bald wieder aufgeben möchte. 1192 übernimmt Guy de Lusignan, ein Edelmann aus dem westfranzösischen Poitou, die Insel von Richard Löwenherz als Lehen.

In der ersten Phase der Lusignan-Zeit (1192–1291) werden neue Lehensstrukturen geschaffen, ein Feudalstaat nach europäischem Muster entsteht; die ehemalige Herrschaftsschicht wird entmachtet, die orthodoxe Kirche Zyperns 1260 der römisch-katholischen unterstellt (die orthodoxen Bischöfe schickt man aufs Land). Fortan steht der griechisch-byzantinischen Bevölkerungsmehrheit eine fränkisch-katholische Herrschaftsschicht gegenüber. Dies stärkt die identitätstiftende Bedeutung der orthodoxen Kirche für die einfache Bevölkerung. Unter Aumery de Lusignan (reg. 1194–1205) werden die Festungen von Kyrenia, St. Hilarion und Buffavento ausgebaut. Während des sechsten Kreuzzugs sucht der deutsche Kaiser Friedrich II. vergeblich, Zypern in seinen Besitz zu bringen.

Othello, ein ›Mohr‹ in venezianischen Diensten, hier verkörpert von Orson Welles (1951)

Mit dem Fall von Akkon (1291) erlebt die Insel ihre Blütezeit: Christliche Flüchtlinge aus dem Heiligen Land lassen sich auf Zypern nieder, Handel und Zwischenhandel florieren, Reisende berichten von ungeheurem Reichtum. Waren aus dem Orient – Teppiche, Seide, Gewürze, Weihrauch und Elfenbein – werden auf der Insel umgeschlagen und gehen von hier aus weiter in den Westen. Famagusta (Gazimağusa) steigt zu einer der wohlhabendsten Städte im Mittelmeerraum auf. Der zyprische Reichtum findet in einer prachtvollen Architektur seinen Niederschlag (z. B. Bellapais).

Das 13. Jh. bildet den Ausgangspunkt für den Verfall der Feudalstrukturen. Die absolute Macht des Souveräns beginnt zu wachsen. Peter I. (reg. 1359–1369) ist die herausragende Gestalt jener Zeit. Ab 1372 gerät die Insel in das Konfliktfeld der rivalisierenden Handelsinteressen Genuas und Venedigs. Nach dem zyprisch-genuesischen Krieg wird die Insel der Stadt Genua tributpflichtig. Mit dem Einfall der Mamluken 1426 sind zusätzliche Tributzahlungen an den ägyptischen Sultan fällig. Unter Jacques II. und seiner Gattin Caterina Cornaro, einer venezianischen Patrizierin, verstärkt sich der Einfluß der Lagunenstadt. Die Mehrheit der Bevölkerung lebt während der fränkischen Herrschaft weiterhin in Armut; Aufstände wie die von 1427 und 1472 sind die Folge.

Venezianische Herrschaft (1489–1571)

1489 übergibt die seit 1474 allein herrschende Caterina Cornaro die Insel an die Venezianer. Mit der Verlagerung der Handelswege nach Westen (1492 Entdeckung Amerikas) nimmt die Bedeutung der Mittelmeerkauffahrt ab. Im Zuge der türkischen Expansion nutzen die Venezianer Zypern vor allem als Militärstützpunkt und beuten es rücksichtslos aus. Wirtschaftlicher Niedergang, Korruption und Auspressung der Bevölkerung bestimmen diese Epoche. 1570 setzen die Türken unter ihrem Feldherrn Lala Mustafa Paşa zur Eroberung Zyperns an: Nicosia und Kyrenia werden rasch erobert, Famagusta kapituliert nach zehnmonatiger Belagerung erst 1571.

Osmanische Herrschaft (1571–1878)

Zypern ist nun eine selbständige osmanische Provinz, die von einem Gouverneur und zwei Paschas regiert wird. Ein Großteil der Bevölkerung begrüßt zunächst den Machtwechsel auf der Insel: Die Leibeigenschaft wird aufgehoben, Bauern dürfen nun Land erwerben, freie Religionsausübung ist garantiert. Die römisch-katholischen Kirchen werden, sofern man sie nicht in Moscheen umwandelt, dem orthodoxen Klerus übergeben. Neuansiedler aus Anatolien stärken den türkischen Bevölkerungsanteil. Eine wirtschaftliche Erholung der Insel setzt jedoch nicht ein: Hohe Abgaben und korrupte lokale Herrscher verhindern eine Überwindung der Folgen venezianischer Herrschaft und des Krieges. Mitte des 17. Jh. ist ein Tiefpunkt der ökonomischen Entwicklung erreicht. Neben Verwaltungsänderungen soll das 1660 den orthodoxen Bischöfen gewährte Recht der direkten Berichterstattung an den Sultan zu Istanbul die Willkür der lokalen Gouverneure und Paschas brechen.

Das Schiff von Girne

Alles fing damit an, daß im Sommer des Jahres 1965 ein einheimischer Taucher etwas über 1 km vor Girnes Hafen in 30 m Tiefe einige Amphoren entdeckte. An und für sich kein sensationelles Ereignis in dieser an antiken Funden so reichen Region. Erst 1967 erhielt eine amerikanische Forschergruppe von dem Unterwasserfund Kenntnis. Und es hatte mehr mit ihm auf sich, als es zunächst schien. Unter Leitung von Michael Katz von der University of Pennsylvania wurde in einem siebenjährigen Prozeß der Bergung, Konservierung und Restaurierung Schritt für Schritt ein sensationeller Fund gesichert.

Mit modernsten Unterwassergeräten spürte das Team auf einer Grundfläche von 10 × 20 m Metallteile und Holz eines Wracks auf, das unter einer Schicht von Schlick und Sand verborgen lag. Mit größter Vorsicht wurde unter Zuhilfenahme eines ›Unterwasserstaubsaugers‹ das Areal freigelegt, das Zielgebiet markiert und so präzise in einzelne Gevierte eingeteilt, daß die Fundlage rekonstruierbar bleibt.

Bis 1969 waren die Archäologen mit der Bergung des Schiffskörpers beschäftigt, der unter Wasser zerlegt werden mußte, da größere Wrackteile beim Hochholen hätten auseinanderbrechen können. Wissenschaftler, Techniker und Studenten aus zwölf Nationen, zeitweise bis zu hundert Menschen, arbeiteten an diesem Projekt, das nur mit Hilfe großzügiger Spenden – vor allem aus den USA – durchgeführt werden konnte. Erst 1974 wurde das Unternehmen abgeschlossen.

Das Resultat all der Anstrengungen ist heute im Schiffswrack-Museum von Girne ausgestellt: ein etwa zu 60 % erhaltenes Frachtschiff von ca. 15 m Länge und 4,40 m Breite. Der Schiffsmast erreichte wahrscheinlich eine Höhe von 12 m, und die Segelfläche betrug ca. 65 m^2 – ein kleiner Segler also, der wohl vornehmlich im Küstenbereich unterwegs war und die offene See mied.

Naturkatastrophen: Dürreperioden, Heuschreckenplagen und Erdbeben (1735, 1741, 1756) verschärfen die Situation und führen zur Abwanderung; die Bevölkerungszahl sinkt bis zum Ende des 18. Jh. auf ca. 100 000.

Im Rahmen des osmanischen Millet-Systems – alle christlichen Religionen (Orthodoxe, Armenier, Kopten etc.) werden als eigene ›Nation‹ mit weitgehender Selbständigkeit in religiösen und zivilrechtlichen Fragen aufgefaßt – erhält der

Mit Hilfe der Radiokarbonmethode (C-14-Analyse) wurde das Alter von Schiff und Ladung bestimmt: Die Bäume für das Schiff, überwiegend Aleppokiefern, sind demnach um 389 v. Chr. (± 44 Jahre) gefällt worden; und die Fracht von ca. 9000 Mandeln, erstaunlich gut erhalten, muß um 288 v. Chr. (± 62 Jahre) geerntet worden sein. Aus diesen Eckdaten schloß man auf ein Schiffsalter von mehr als 80 Jahren zum Zeitpunkt des Untergangs.

Doch bereits die Frage nach der Ursache der Havarie kann nur spekulativ beantwortet werden. Ist der Segler einem Überfall zum Opfer gefallen, oder ging er in einem Sturm unter? Konnte sich die Mannschaft retten? (Vier Becher, vier Löffel und vier Teller, die man im Wrack fand, lassen auf eine vierköpfige Besatzung schließen). Obwohl man den Schiffsrumpf von einer dünnen Bleihaut überzogen fand, die das Holz vor Bohrwürmern schützen sollte, war er an vielen Stellen löchrig. Ist das Schiff sozusagen aus ›Altersschwäche‹ gesunken?

Auch die übrigen Funde warfen zahlreiche Fragen auf. 29 Mühlsteine aus Lavafels befanden sich an Bord, aufgeschichtet über dem Kiel, doch sie gehörten nicht zusammen, denn immer zwei bilden eigentlich eine komplette Mühle. Waren sie also nur als Ballast an Bord? Dagegen spricht ›echter‹ Ballast – zyprische Flußsteine, die ebenfalls gefunden wurden. Von den über 400 Amphoren an Bord stammt der größte Teil dem Typus nach aus Rhodos, weitere Stücke aus Samos, Kos und von anderen ägäischen Inseln. Beschreibt das die Handelsroute des Bootes, wie allgemein angenommen wird? Der Segler, dem man eine Durchschnittsgeschwindigkeit von vier oder fünf Knoten pro Stunde zuschreibt, hätte auf seiner letzten Fahrt dann entlang der westanatolischen Küste südwärts gehalten, nacheinander in den Häfen von Samos, Kos und Rhodos angelegt, um Fracht aufzunehmen, und wäre, als die Überfahrt von der anatolischen Südküste bereits geglückt und Kyrenias Hafen nur noch eine Viertelstunde entfernt war, doch noch gescheitert …

orthodoxe Erzbischof 1754 als geistliches Oberhaupt (Ethnarch) noch weitergehende Rechte und wirtschaftliche Macht. Er ist u. a. für den Steuereinzug verantwortlich und partizipiert erheblich daran. Zusammen mit dem osmanischen Dragoman (eigentlich: ›Übersetzer‹) wird die kirchliche Hierarchie so zum Bestandteil des Herrschaftsapparates. Türkische und griechische Bauern opponieren nicht selten gemeinsam dagegen. Englische Beobachter gehen Ende des 18. Jh.

sogar soweit zu behaupten, Zypern werde »in Wirklichkeit vom griechischen Erzbischof und seinem Klerus regiert«. Die lokalen türkischen Potentaten wie auch der türkische Bevölkerungsteil reagieren mit zunehmender Verbitterung. Eine türkische Revolte wird 1804 niedergeschlagen. Der vom Festland übergreifende griechische Freiheitskampf liefert den lokalen Behörden den ›Vorwand‹, die Macht des Klerus zu brechen – 1821 wird Erzbischof Kyprianos öffentlich gehängt – gefolgt von Massakern unter der griechischen Bevölkerung. Aber auch eine gewisse wirtschaftliche Prosperität und die politische Liberalisierung im 19. Jh. können am Machtverlust der türkischen Oberherren nichts mehr ändern, dessen letzte Ursachen im allgemeinen Machtverfall des Osmanischen Reiches liegen. Als Großbritannien den Osmanen Unterstützung gegen Rußland zusagt, erhält es als ›Gegenleistung‹ 1878 die Herrschaft über Zypern.

Britische Kolonialherrschaft (1878–1960)

Am 12. Juli 1878 landen britische Truppen auf der Insel. Eine schrittweise Reorganisation des öffentlichen Lebens nach englischem Muster wird in Gang gesetzt und bleibt, unterstützt von Steuererleichterungen, mittelfristig nicht ohne Erfolge (Ausbau der Infrastruktur, Aufbau eines funktionierenden Bildungs- und Gesundheitswesens). Von einer wirtschaftlichen Prosperität kann dennoch nicht gesprochen werden, dominieren doch bei den Briten strategische und egoistische ökonomische Interessen.

Die *Enosis* (griech.: ›Vereinigung‹), der Gedanke eines Anschlusses der Insel an Griechenland, entwickelt sich seit dem Ende der 20er Jahre. Anfangs nur von kleinen Bevölkerungsteilen diskutiert, wird die Frage schließlich zum landesweiten Thema. Neben Teilen der in Griechenland ausgebildeten Intelligenz ist es vor allem die orthodoxe Kirche, die den *Enosis*-Gedanken vertritt. Abgesehen von einer einzigen Ausnahme, einem Angebot an Griechenland im Ersten Weltkrieg (Zypern als Gegenleistung für den griechischen Kriegseintritt auf alliierter Seite gegen die Türkei) widersetzen sich die Briten allen *Enosis*-Bemühungen der Griechen (1914 endgültige Annexion Zyperns, 1925 Erklärung der Insel zur britischen Kronkolonie). 1931 kommt es zum ersten antibritischen Aufstand.

Nachdem im Zweiten Weltkrieg Zehntausende von Zyprern auf Seiten der Alliierten gekämpft hatten, verstärken sich die Hoffnungen der *Enosis*-Befürworter auf einen baldigen Anschluß an Griechenland. Im Zuge der weltweiten Entkolonialisierung zeigen sich die Briten zwar zu politischen Zugeständnissen bereit, vor allem aus strategischen Gründen wollen sie die Insel je-

Empfang türkischer Würdenträger
durch den britischen Hochkomissar
(Illustrated London News 1879)

doch nicht aufgeben. Ab 1950 bemüht sich der zyprische Erzbischof Makarios III. um die *Enosis.*

1955 nimmt die Untergrundbewegung EOKA unter Georgios Grivas den bewaffneten Kampf auf, der im Laufe der kommenden Jahre Hunderte von Menschenleben fordert: Briten, türkische Zyprer und angebliche ›Verräter‹ auf griechisch-zyprischer Seite. Die türkischen Zyprer entwickeln als Antwort darauf die Forderung nach *Taksim,* der ›Teilung‹ – so die Übersetzung des türkischen Worts – der Insel. Auf ihrer Seite entsteht die Widerstandsorganisation TMT, die ebenfalls vor Morden, auch in den eigenen Reihen nicht zurückschreckt. Durch die Gewalttätigkeiten und das Schüren von nationalem Haß – eines der dunkelsten Kapitel in der Geschichte der orthodoxen Kirche – verschlechtern sich die Beziehungen der beiden Bevölkerungsteile rapide. In gemischten Ortschaften sondern sich die beiden Bevölkerungsgruppen innerhalb getrennter Wohnviertel ab.

Zwar verbannen die Briten Erzbischof Makarios 1956 auf die Seychellen, aufgrund wachsenden internationalen Drucks müssen sie jedoch Ende der 50er Jahre Verhandlungen über die Unabhängigkeit der Insel einleiten. Auch Makarios signalisiert ab 1958, einer Umwandlung Zyperns in einen unabhängigen Staat zuzustimmen. Nachdem die Auseinandersetzungen bereits über 600 Menschenleben gefordert haben, wird in London am 19. August 1960 Zypern zur Republik proklamiert. Großbritannien, Griechenland und der Türkei werden im Falle einer Verletzung der zyprischen Souveränität Interventionsrechte eingeräumt. Großbritannien behält mit Akrotiri und Dekellia zwei exterritoriale Militärstützpunkte.

Unabhängige Republik Zypern (1960–1974)

Makarios wird erster Präsident der Republik Zypern, der türkische Zyprer Fazil Küçük Vizepräsident. Die neue Verfassung ist von dem Versuch gekennzeichnet, ein friedliches Zusammenleben der beiden Volksgruppen zu ermöglichen, und zwar ohne Majorisierung der Minderheit. Etwaige Verfassungsänderungen bedürfen einer Zweidrittelmehrheit bei den griechischen wie bei den türkischen Abgeordneten. Die türkisch-zyprische Bevölkerung wird explizit als zweites Staatsvolk anerkannt. Die Verfassung ist so angelegt, daß nicht einfache politische Mehrheitsverhältnisse bestimmend sind, sondern Mehrheiten bei beiden Volksgruppen gefunden werden müssen. Die Minderheit der türkischen Zyprer hat also faktisch in allen zentralen Fragen ein Vetorecht.

Unzufriedenheit bei Teilen der griechischen Zyprer sowie Schwierigkeiten bei der Umsetzung des Verfassungsgedankens führen dazu, daß sich die *Enosis*-Idee wieder verbreitet. 1963 erhebt Makarios die Forderung, die Verfassung zu ändern und die Rechte der türkischen Volksgruppe einzuschränken. Die daraufhin zunehmenden politischen Spannungen schlagen Ende 1963 in Gewalttätigkeiten um. Die türkischen Zyprer ziehen sich immer stärker in Enklaven zurück, die ihre Sicherheit gewährleisten sollen. Schließlich lebt mehr als die Hälfte des türkischen Bevölkerungsanteils in solchen Rückzugszonen; über 20 000 türkische Zyprer müssen fliehen. UN-Truppen (mehr als 6000 Mann aus sechs verschiedenen Ländern) trennen 1964 die beiden Volksgruppen in Nicosia entlang der *green line*.

Mit dem Militärputsch in Athen 1967 erhalten die rechtsextremen Nationalisten auf Zypern erneut Auftrieb. Doch nun spricht sich Makarios – zumindest vordergründig – gegen *Enosis* und für eine pragmatischere Lösung aus. Mit 95 % der Stimmen wird er daraufhin 1968 als Staatspräsident bestätigt. Rechtsnationalistische Kreise opponieren gegen ihn, und mit Unterstützung der griechischen Militärjunta ruft General Grivas 1971 die Terrororganisation EOKA-B ins Leben. Im Juli 1974 unternehmen griechische Offiziere (vom griechischen Festland) der zyprischen Nationalgarde einen Putschversuch gegen Makarios, dem man Verrat an der *Enosis* vorwirft. Makarios entgeht dem Mordanschlag und kann nach New York fliehen. Der als ›Schlächter von Omorphita‹ in die Geschichte eingegangene Zeitungsverleger Nikos Sampson wird zum Präsidenten erklärt.

Wenige Tage später, am 20. Juli 1974, intervenieren türkische Truppen und besetzen nach erbitterten Kämpfen fast 40 % der Insel. Sie berufen sich bei ihrem Einmarsch auf den Garantievertrag des Londoner Abkommens. Fluchtbewegungen vom Norden in den Süden und umgekehrt setzen ein. Auf beiden Seiten kommt es im Verlauf der Kampfhandlungen und auch danach zu Plünderungen, Vergewaltigungen und Morden.

1975

Im Laufe dieses Jahres wird im Rahmen von humanitären Vereinbarungen der Bevölkerungsaustausch abgeschlossen. Ca. 180 000 griechische Zyprer gehen vom Norden in den Süden, ca. 60 000 türkische Zyprer lassen sich im Norden nieder. Die UN übernimmt die Sicherung der Grenzen mit Soldaten aus Australien, Dänemark, Finnland, Kanada, Neuseeland und Österreich. Am 13. Februar wird ein türkisch-zyprischer Bundesstaat ausgerufen, Rauf Denktaş nach Wahlen zu seinem ersten Präsidenten. Der Bundesstaat findet jedoch keine internationale Anerkennung.

1977

Anfang dieses Jahres einigen sich Denktaş und Makarios auf die Grundlinien weiterer Verhandlungen zwischen den beiden Volksgruppen. Dieser Verhandlungsdurchbruch wird durch den Tod Makarios' im August 1977 zunichte gemacht. Der Nachfolger des Erzbischofs, Spiros Kyprianou, akzeptiert die vereinbarten Leitlinien nicht.

1983

Die türkischen Zyprer sehen keinerlei Sinn in weiteren Verhandlungen, die seit Jahren ohne Annäherung in den Standpunkten geblieben sind, und rufen am 15. November 1983 die ›Türkische Republik Nordzypern‹ aus. Auch ihr bleibt die internationale Anerkennung versagt.

1993/94

Die in den letzten Jahren immer wieder gescheiterten Verhandlungen zwischen den beiden Volksgruppen werden intensiviert.

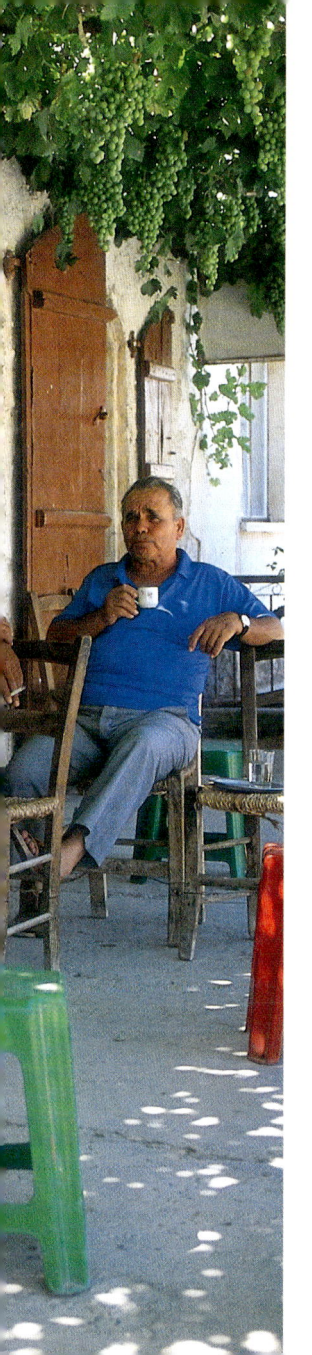

Politik, Wirtschaft und Gesellschaft

Ein junges Gemeinwesen – Staat und Verwaltung

Beschwerlicher Weg in die Moderne – Wirtschaft

Sozialer Alltag und Bevölkerung

Vor einem Kaffeehaus auf dem Karpaz

Staat und Verwaltung

Die nur von der Türkei diplomatisch anerkannte ›Türkische Republik Nordzypern‹ wurde am 15. 11. 1983 als eigenständiger Staat proklamiert.

Staatsoberhaupt ist Rauf Denktaş, der zuletzt 1990 (mit 66 % der Stimmen) bestätigt wurde. Präsidentenwahlen finden alle fünf Jahre statt. Die Befugnisse des Staatsoberhaupts gehen zwar über rein repräsentative Funktionen hinaus – so führt Denktaş die Verhandlungen mit den Vertretern der Republik Zypern –, doch liegt die eigentliche politische Macht beim Parlament bzw. beim **Ministerrat** und dem **Premierminister.**

Das fünfzigköpfige **Parlament** wird normalerweise für eine fünfjährige Legislaturperiode gewählt. Es war 1985 erstmalig zusammengetreten, 1990 fanden die zweiten Parlamentswahlen statt.

Parteien

Die damals siegreiche konservative ›Partei der Nationalen Einheit‹ UBP (54 % der Stimmen), einst von Denktaş mitbegründet, konnte ihre Einheit nicht wahren und geriet darüber hinaus immer wieder in Auseinandersetzungen mit dem Staatsoberhaupt. Die daraufhin 1993 vorzeitig abgehaltenen Wahlen ergaben neue politische Konstellationen.

Zwar blieb die UBP in diesen Wahlen mit 29,85 % der Stimmen knapp die stärkste Partei, erlebte jedoch eine erdrutschartige Niederlage. Viele Wähler entschieden sich für die junge ›Demokratische Partei‹ DP, eine Abspaltung der UBP, die 29,19 % der Stimmen auf sich vereinigte. Die linksliberale ›Republikanische Türkische Partei‹ CTP, die 24,16 % der Stimmen erhielt, konnte deshalb gemeinsam mit der DP unter dem Ministerpräsidenten Hakki Atun (DP) die neue Regierung stellen. Die ebenfalls dem linken Spektrum zugehörige ›Kommunale Befreiungspartei‹ TKP wurde mit 13,27 % der Stimmen viertstärkste Partei. Alle anderen Parteien scheiterten an der 5 %-Klausel. Nur drei der 50 Abgeordneten sind übrigens Frauen.

Im Jahr 1985 hat sich Nordzypern eine neue **Verfassung** gegeben, die in einem Referendum von über 70 % der Bevölkerung gebilligt wurde. Sie definiert Nordzypern als eine moderne säkulare Republik mit weitgehenden Individualrechten des einzelnen (Religionsfreiheit, Streikrecht, Freiheit der politischen Organisation etc.). Ein Oberster Gerichtshof übt die Funktion eines Verfassungsgerichts, eines Verwaltungsgerichts sowie auch der Revisionsinstanz aus.

Auf **örtlicher Ebene** wird alle vier Jahre in ›Kommunalwahlen‹ über die 26 Ortsverwaltungen der größeren Städte und Gemeinden sowie über die Verwaltung der 186 Dörfer entschieden. An der Spitze der größeren Ortschaften steht ein gewählter Bürgermeister mit den Stadträten. Als administratives Haupt der Dörfer fungiert ein sogenannter Muhtar, ein Dorfvorstand.

Bildungssystem

In Nordzypern besteht über neun Jahre hin Schulpflicht; auf die sechsjährige Grundschulzeit folgt eine dreijährige Sekundarstufe. Schulgebühren werden nicht erhoben. Aufbauende Schulen, ähnlich unseren Gymnasien, sowie Berufs- und Fachschulen bestimmen die weitere Ausbildung. Neben einer Lehrerbildungsstätte und technischen Fachhochschulen bietet vor allem die 1986 eröffnete ›Eastern Mediterranean University‹ Studienplätze im Bereich Kunst und Wissenschaft, Ingenieurwesen, Betriebs- und Volkswirtschaft. Fast die Hälfte ihrer Studenten stammt aus der Türkei oder östlichen Nachbarstaaten (Syrien, Libanon). Auf der anderen Seite ziehen es viele junge Zyprer vor, in Ankara oder auch in London (wo eine große ›Kolonie‹ emigrierter türkischer Zyprer lebt) ihr Studium aufzunehmen.

Spuren des Zypern-Konflikts

Eine gemeinsame Zukunft?
Aspekte des Zypern-Konflikts

›Griechen‹ schossen auf ›Türken‹, Moslems auf Christen, türkische Zyprer zogen sich in Enklaven zurück und waren dort einer militärischen und wirtschaftlichen Blockade ausgesetzt. Wen erinnern diese ›Splitter‹ aus der Geschichte Zyperns nicht an den Bürgerkrieg im ehemaligen Jugoslawien? Hier wie dort stellen sich ähnliche Fragen: Wie kommt es, daß Menschen, die jahrzehntelang zusammen leben und arbeiten, sich als Nachbarn gut verstehen, binnen kürzester Zeit die Waffen aufeinander anlegen? Menschen, die z. B. als Bauern mit denselben Problemen zu kämpfen hatten – seien es die hohen Steuern oder die schlechte Infrastruktur des Landes? Wie ist es möglich, daß die Zuordnung zu einer bestimmten Nation, die übermäßige Betonung einer ›Sonderhistorie‹ und spezifischer kultureller Traditionen innerhalb kürzester Zeit nicht nur die ›große Politik‹ bestimmt, sondern auch das alltägliche Handeln und das Gefühl weiter Teile der Bevölkerung?

Es wäre vermessen, auf solche Fragen eine kurze und einfache Antwort zu erwarten, doch fällt wiederum eine Parallele zu Jugoslawien ins Auge. In beiden Fällen erforderten Zeiten des gesellschaftlichen Umbruchs eine Neuorganisation des gesamten Gemeinwesens. In solchen Situationen ist es die ethnische Zugehörigkeit – sei sie real oder nur ideologische Konstruktion –, die Orientierung anzubieten scheint.

Die Befreiung von englischer Kolonialherrschaft war ein Vorgang, der den Bewohnern der Insel große Chancen bot: die Möglichkeit, ihr Geschick in die eigenen Hände zu nehmen. Fast immer waren es in der mehrtausendjährigen Geschichte Zyperns ja fremde Mächte gewesen, die den ›Kurs‹ der Insel diktierten (s. S. 25 ff.).

Wir wissen indes, welche Alternativen sich schließlich durchsetzten: *Enosis* (Anschluß an Griechenland) oder *Taksim* (Teilung der Insel). Bei aller Unterschiedlichkeit haben beide Forderungen eines gemeinsam, sie bewegen sich im Denkschema ethnischer Zugehörigkeit und nationaler Abgrenzung.

Es ist seltsam: Hört oder liest man Interviews mit Zyprern – Griechen wie Türken –, die die Jahre des friedlichen Zusammenlebens ebenso erlebt haben wie die kriegerischen Auseinandersetzungen zwischen beiden Volksgruppen, so wird meist deutlich hervorgehoben, wie gut man eigentlich mit den unmittelbaren Nachbarn der ›anderen Seite‹ ausgekommen ist. Keine Rede von einer unüberbrückbaren Kluft zwischen den beiden Volksteilen. Nicht die persönliche, unmittelbar schlechte Erfahrung bildete also den Auslöser für all die Grausamkeiten und Ungerechtigkeiten, die folgen sollten, es waren Berichte und Gerüchte über die ›anderen‹, schale Versprechungen einer einfachen Lösung, die aufstacheln sollten und schließlich auch ihren Zweck erreichten. So ist es kaum verwunderlich, daß die Mehrheit der griechisch-zyprischen Bevölkerung anfangs kaum Interesse an *Enosis* zeigte. Erst unter dem Einfluß nationalistischer Kreise der Intelligenz sowie Gewaltakten kleiner Terrorkommandos, die eine später kaum noch zu kontrollierende Spirale der Gewalt in Gang setzten, erschien die ethnische Konfrontation als Ausweg aus den Sorgen und Nöten des Alltags.

Vor allem Vertreter der orthodoxen Kirche wurden nicht müde, mit billigen Phrasen nationalistisches Denken zu schüren: »Der Kampf für die Enosis, den das Gewissen der Nation fordert, wird weitergehen«, so erklärte Bischof Kyprianos von Kyrenia am 1. 4. 1959, nur wenige Wochen nach (!) der Einigung über die Unabhängigkeit Zyperns.

Und heute? Wie steht es in einer Zeit, in der Nationalismus und ethnische Trennung international wieder hoffähig geworden sind, um die Chancen einer Annäherung zwischen Norden und Süden?

Seit vielen Jahren werden Lösungsvorschläge gehandelt, oft in prätentiöse Begriffe gekleidet: Von einer »bikommunalen, föderativen Republik« ist die Rede, von einem Bundesstaat, der aus zwei Kantonen oder Zonen bestehen soll, von einer starken Zentralregierung und zwei schwachen ›Länderregierungen‹ oder von einer Zentralregierung mit geringen Machtbefugnissen und zwei starken Länderregierungen, wie das von türkisch-zyprischer Seite formuliert wurde.

Wie die Lösung auch immer aussehen mag, zwei Punkte müssen berücksichtigt werden, soll die ganze Konstruktion nicht das gleiche Schicksal erleiden wie die 1960 ausgerufene junge Republik. Vor dem Hintergrund der vergangenen vierzig Jahre, die mit persönlichem Elend und Leid – auf beiden Seiten! – verknüpft waren, kann keine Lösung Bestand haben, in der einfache Mehrheitsentscheidungen der Minderheit die weitere Entwicklung diktieren. Es geht vielmehr um eine schrittweise Annäherung der beiden Bevölkerungsgruppen – nach welchen gesellschaftlichen Modellen auch immer –, die so etwas wie ›gemeinsam gelebten Alltag‹ möglich macht. Nur über Begegnung, Austausch und im persönlichen Bereich überwindbare Vorurteile kann dem Virus des Nationalismus der Nährboden entzogen werden.

Wirtschaft

Die **Teilung der Insel** 1974 hat ihre Spuren hinterlassen, auch auf wirtschaftlichem Sektor. Zehntausende Flüchtlinge wechselten vom Süden in den Norden und umgekehrt und mußten neu integriert werden. Das gesamte Wirtschaftsleben, die gesamte ökonomische Struktur wandelte sich. Während dies im Südteil der Insel – nicht zuletzt mit ausländischer Hilfe – relativ rasch gelang, blieb eine ähnlich zügige Entwicklung im Norden aus. Dabei schienen eigentlich dort die günstigeren Startbedingungen gegeben: Es waren weniger Flüchtlinge einzubinden, man verfügte über die landwirtschaftlich bedeutsameren Nutzflächen und mit Famagusta auch über einen leistungsfähigen Hafen. Auch die Tourismus-Industrie hatte bis dahin gerade im Norden der Insel ihren Schwerpunkt.

Doch das junge Gemeinwesen konnte nicht umstandslos an die Situation vor 1974 anknüpfen. Bis dahin waren die türkischen Zyprer vornehmlich in der Landwirtschaft, im Kleinhandel oder im Handwerk tätig gewesen; dagegen hatten sich fast alle größeren Betriebe im Besitz griechischer Zyprer befunden. Für einen Neuanfang fehlten somit nicht allein Kapital und unternehmerische Erfahrung, auch das geringere Qualifikationsniveau der türkischen Bevölkerung stand einem wirtschaftlichen Aufschwung

im Wege. Erschwerend kam hinzu, daß die fehlende internationale Anerkennung und der – vor allem auf griechischen Druck hin international durchgesetzte – wirtschaftliche Boykott viele Anstrengungen konterkarierten. Zwar ist das nordzyprische Lebensniveau gegenüber der Zeit vor 1974 inzwischen merklich gestiegen, doch wuchs gleichzeitig die Abhängigkeit vom ›Großen Bruder‹ Türkei. Mittlerweile wird zwischen einem Drittel und der Hälfte des Haushalts durch Finanzhilfen aus der Türkei abgesichert. Ohne diese Unterstützung wäre das Inselland nicht überlebensfähig. Mit der Türkischen Lira als gemeinsamer Währung ist Nordzypern zugleich auch auf dem Finanzsektor an die konjunkturellen Entwicklungen auf dem türkischen Festland angebunden. Hohe Inflationsraten von ca. 60–70 % im Jahr kennzeichnen die labile wirtschaftliche Situation.

Doch der **Wandel vom Agrarhin zum Industriestaat** hat unübersehbar eingesetzt. Obwohl fast die Hälfte der Bevölkerung in ländlichen Regionen lebt, ging der Anteil der in der Landwirtschaft Beschäftigten von 37 % im Jahre 1982 auf ein Viertel Anfang der 90er Jahre zurück. Nur noch weniger als 10 % beträgt der Anteil der Landwirtschaft am Bruttosozialprodukt; parallel dazu stieg der Anteil der Industrie auf ein Fünftel. Fast die Hälfte des Exports besteht mittlerweile aus industriellen Produkten, Textil- und Ledererzeugnisse stehen dabei im Vordergrund. Den landwirtschaftlichen Export dominieren Zitrusfrüchte und Tierprodukte. Daran, daß zwei Drittel des ›Nationalprodukts‹ im Dienstleistungssektor erwirtschaftet werden, hat der seit den 80er Jahren an Bedeutung zunehmende Tourismus erheblichen Anteil.

Wichtigste Energieträger Nordzyperns sind Öl und Ölprodukte, 94 % der gesamten Energie werden momentan aus diesen Quellen gewonnen. Ein Großteil des elektrischen Stromes stammt immer noch aus dem Süden der Insel, die Fertigstellung einer seit langem im Bau befindlichen 100 MW-Anlage östlich von Girne wird noch einige Jahre auf sich warten lassen. Kurzfristig heißt es also, wie bisher mit häufigen Stromabschaltungen zu leben, denn eine kontinuierliche Stromversorgung aus dem Süden ist nicht gewährleistet. Ein Dilemma, aus dem heraus Jahr für Jahr Hotels und Geschäfte immer mehr Strom erzeugende Generatoren einsetzen, mit denen die Umwelt zusätzlich belastet wird. Obwohl in Nordzypern hervorragende Bedingungen für die Nutzung der Solarenergie bestünden, sind Sonnenkollektoren noch kaum im Einsatz.

Bevölkerung

Ein Zensus unter britischer Verwaltung ergab für das Jahr 1881 eine Gesamtbevölkerung von 186 173 Einwohnern. Im ersten Jahr der Unabhängigkeit der Insel, 1960, lebten schon dreimal soviel Menschen auf der Insel: 573 566, davon 104 942 türkische Zyprer.

1982 wurde Nordzyperns **Einwohnerzahl** mit 158 000 angegeben. Heutige Schätzungen gehen von ungefähr 180 000 Einwohnern aus, wobei vor allem die Zahlen der auf der Insel stationierten türkischen Soldaten und der Einwanderer aus der Türkei nicht genau bekannt sind. Internationale Schätzungen gehen von einer Präsenz von 30 000 bis 35 000 **türkischen Soldaten** aus. Ob die Zahlen stimmen oder nicht, Soldaten sieht man in Nordzypern jedenfalls überall: Ob die meist jungen Männer in Cafés sitzen oder die Auslagen der Ladengeschäfte bestaunen, ob sie in kleinen Gruppen durch die Gassen bummeln oder an Straßenkreuzungen den militärischen Verkehr regeln. Und so manche Fahrt über Land endet – leider – an einer Straßensperre, wo ein Uniformierter freundlich aber unmißverständlich die Weiterfahrt untersagt. Das Diktat braucht nur zwei Wörter zu seiner Begründung: »Yasak Bölge« – militärisches Sperrgebiet.

Was auf Touristen befremdlich wirkt, ist für die Einwohner Nordzyperns zur Normalität geworden. So erhebt sich zwar im Einzelfall Kritik, aber niemand käme auf die Idee, von einer Besatzerarmee zu sprechen, gar ihren Abzug zu fordern. Zu nah ist noch die Zeit vor

1974, als türkische Zyprer um ihr Leben bangen mußten.

Ähnlich wie die Maroniten (s. S. 168) sind **griechische Zyprer** eine verschwindende Minderheit in Nordzypern: ungefähr 500 Menschen. Die meisten von ihnen leben als Bauern auf der Karpaz-Halbinsel in den Dörfern Sipahi und Dipkarpaz – vor allem alte Menschen, die geblieben sind, weil sie sich ein Leben fern ihrer alten Heimat nicht vorstellen konnten. In diesen beiden Dörfern gibt es je eine Schule mit einem Lehrer; ein Volksschulabschluß der Kinder ist somit gewährleistet. Für eine weiterführende Ausbildung müssen die Jugendlichen

dann in den Süden. Verwandtenbesuche im griechischen Südteil der Insel sind ihnen übrigens erlaubt. Die UN-Friedenstruppe kümmert sich sorgsam um die Minderheiten auf beiden Seiten der Grenze (so leben z. B. im kleinen Grenzdorf Pyla in der Republik Zypern ca. 300 türkische Zyprer). Auseinandersetzungen zwischen den beiden Volksgruppen hat es seit längerem nicht mehr gegeben.

Die muslimischen Zyprer sind Sunniten, ihr religiöses Oberhaupt, der Mufti, residiert in Lefkoşa. Zwar sind Kultur und Alltagssitten in Nordzypern von islamischer Tradition und Geschichte beeinflußt (s. S. 138), doch beherrscht die **Religion** keineswegs das öffentliche Leben. So besteht etwa kein sozialer Zwang, am Freitag die Moschee

Geburt und Beschneidung

Es hängt von den finanziellen Möglichkeiten der Eltern ab, ob sie sich bei der Geburt für eine Haus- oder Krankenhausentbindung entscheiden. Schließlich kosten ein Tag Aufenthalt in der Klinik und die Entbindung ein durchschnittliches Monatseinkommen.

Die Namengebung folgt den Reglungen des Koran, setzt zugleich aber auch Sinn- und Hoffnungssignale. Dem Neugeborenen flüstert ein schriftkundiges Familienmitglied diejenige Koransure ins Ohr, in der der Name, den das Kind tragen soll, vorkommt. Anschließend wird ihm ein glückbringendes ›Auge‹ aus blauem Glasfluß angesteckt.

Erst durch die Beschneidung werden Knaben in den Kreis der Gläubigen, in den Kreis der Erwachsenen aufgenommen. Es handelt sich also um einen typischen Initiationsritus, der übrigens vor-islamischen Ursprungs ist. In der Regel findet das Beschneidungsfest vor der Einschulung statt. Ist der Termin bestimmt, sind alle Vorbereitungen getroffen und die Einladungen verteilt – kann der große Tag beginnen. Diesem Ereignis fiebert der Junge aufgeregt entgegen, gehört er doch zu den bedeutendsten seines Lebens.

Wie ein ›Prinz‹ gekleidet – mit reich geschmücktem Umhang, Zepter und einer Art Krone – wird der Bub durch den Ort geleitet, entweder hoch zu Roß oder in einem offenen Wagen. Den Umzug begleiten Musikanten mit rhythmischer, traditioneller Musik. Schließlich soll kein Nachbar das Ehrenereignis verpassen.

Die Beschneidung, das Entfernen eines Teils der Vorhaut wird unter örtlicher Betäubung von einem Arzt oder einem freiberuflichen ›Beschneider‹ *(Şünnetçi)* durchgeführt. Ob dies im Beisein eines *Hoca* geschieht, hängt von der religiösen Entscheidung der Eltern ab.

Ist die Operation beendet, wird der Junge in ein langes weißes Gewand gekleidet und in ein geschmücktes Bett gelegt. Hier erwartet er das Defilee der Gratulanten. Die Gäste treten ans Bett, küssen und beglückwünschen den Buben und seine Eltern und legen Geldscheine in seine ›Krone‹. Schwestern und Cousinen – wie Bräute gekleidet – bieten den Gratulanten Gebäckstücke und Zigaretten an. Zuweilen werden auch Getränke gereicht.

An die zwei oder drei Stunden dauert das Defilee der Gäste, stets begleitet von den archaisch anmutenden Klängen der Musikanten. Am späteren Abend eröffnen die Eltern den Tanz. Der Junge, erschöpft von den Aufregungen und Anstrengungen des Tages, schläft dann häufig schon.
                                                    Monika Ipsen-Salkowsky

aufzusuchen oder sich sonst religiös zu betätigen. Ganz im Gegenteil: die Geistlichen beklagen, daß die meisten Zyprer nur zu hohen Feiertagen die Moschee aufsuchen und auch die Fastenzeit nicht einhalten. Dem Alltag entspricht die offizielle Politik: Die ›Türkische Republik Nordzypern‹ begreift sich als ein laizistischer Staat, Religion wird als Privatangelegenheit betrachtet. Das schließt die Tolerierung religiöser Minderheiten wie der Maroniten, griechisch-orthodoxen Christen, Anglikaner etc. selbstverständlich ein.

Etwas anders sehen dies die in den letzten zwei Jahrzehnten eingewanderten **Familien aus der Türkei** – Schätzungen zufolge ca. 40 000 Menschen –, die häufig strengeren religiösen Prinzipien anhängen als die türkischen Zyprer. Es handelt sich bei den neuen Siedlern mehrheitlich um eine relativ arme, wenig qualifizierte Landbevölkerung aus dem Schwarzmeerraum sowie aus dem östlichen Anatolien. Sie

hängen weitaus traditionelleren Lebensvorstellungen an als die ›autochthonen‹ türkischen Zyprer. Dies zeigt sich u. a. an der Rolle der Frauen: Schon äußerlich – sie zeigen sich weitgehend verhüllt – sind sie viel stärker den Moralvorstellungen einer islamischen Gesellschaft verpflichtet. Da moderne Verhütungsmittel nicht verwendet werden, ist die Kinderzahl dieser anatolisch-ländlichen Bevölkerung in aller Regel größer. Demgegenüber tendiert die Mehrheit der alteingesessenen zyprischen Familien zur ›Zwei-Kinder-Familie‹.

Auch wenn sich durch ›Mischehen‹ und durch gemeinsame Schul-, Ausbildungs- und Kulturinstanzen manche Gegensätze abgebaut haben, so stoßen innerhalb der türkischen Bevölkerung doch immer noch zwei Welten aufeinander, die es trotz gemeinsamer kultureller Wurzeln im Umgang miteinander oft schwerer haben als Mitglieder unterschiedlicher Religionsgemeinschaften.

»Von nun an lebten sie glücklich und zufrieden ...«

Wer in Nordzypern eine Tageszeitung durchblättert, stößt fast immer auf Geburtsanzeigen. Die Familie bringt damit ihr Glück und ihren Stolz zum Ausdruck, und sie will ihre Freude mit der ganzen Gemeinschaft teilen. Die Anzeige wird später ausgeschnitten und auf die erste Seite des Fotoalbums ›Unser Kind‹ geklebt. So beginnt also ein Leben in Nordzypern.

Junge Paare wollen, so das Ergebnis von Umfragen, in der Regel zwei Kinder haben. Am liebsten wäre ihnen ein Junge und ein Mädchen. Stellen sich zwei Jungen oder zwei Mädchen ein, nehmen sie Zuflucht zu geflügelten Worten. Zwei Mädchen, so heißt es, bringen immerhin zwei Schwiegersöhne ins Haus, zwei Jungen wiederum gelten als Glück der Familie. Die ›Volksweisheit‹ schätzt die Frau eben geringer ein.

Und ebenso sieht es in der Realität aus, auch wenn der institutionalisierte Islam im Nordteil der Insel nicht die Machtvollkommenheit wie in arabisch-islamischen Staaten genießt und viele türkische Zyprer säkular denken. Unzweifelhaft ist der soziale Status von Frauen in der nordzyprischen Gesellschaft niedriger als der von Männern. Allerdings werden die Söhne nicht grundsätzlich bevorzugt, denn von den Töchtern erwartet man, daß sie später einmal die Betreuung der Eltern übernehmen. Aufgrund eines unzureichenden Sozialsystems sind alte Menschen in Nordzypern immer noch weitgehend von ihren Kindern abhängig, und üblicherweise sind es die Töchter, denen die Verantwortung der Pflege obliegt.

Verheiratet zu sein und eine Familie zu haben, dies erscheint in der nordzyprischen Gesellschaft als der ›Normalzustand‹. Die Familiengesetzgebung beruht entsprechend auf dem traditionellen Konzept der ›heiligen‹ Familie. In anstehenden Scheidungsfällen sind Richter wie Anwälte dazu aufgerufen, die Paare von der Fortsetzung ihrer Beziehung zu überzeugen. Trotz solcher Regelungen ist die Scheidungsrate in den letzten Jahren erheblich gestiegen.

Üblicherweise geht man im Frühjahr und im Sommer die Ehe ein. Lassen Sie mich dazu ein Geheimnis ausplaudern, das freilich alle Einheimischen kennen: Häufig ist die Braut schwanger. Nach der Verlobung gestatten die Eltern meist, daß das Paar zusammenkommt. Das sonst so kostbare Gut Jungfräulichkeit steht nun zur Disposition, denn auch der zukünftige Ehemann soll nicht verprellt werden. Die Lösung des Dilemmas: zunächst eine ›standesamtliche‹ Trauung als rein bürokratischer Akt. Mit zwei Trauzeugen geht es zum Amt, und schon ist die Heirat perfekt. Dies wird nicht publik gemacht, und das Paar tritt auch nicht als Mann und Frau auf, bis die eigentliche Hochzeitszeremonie, möglichem Klatsch über die Schwangerschaft vorbeugend, mit Musik und großer Gästeschar stattfindet.

Wie es weitergeht? Zumindest im Märchen heißt es: »Von nun an lebten sie glücklich und zufrieden …«

Neşe Yaşin

Unterwegs in Nordzypern

Stadterkundung Lefkoşa

Girne, Ausflüge zu antiken Stätten
und fränkischen Burgen

Gazimağusa und der wilde Osten

Stadt-erkundung Lefkoşa

Geteilte Metropole

Ein Gang durch die Geschichte

Ein Bummel durch die Altstadt

Schuhputzer in Lefkoşa

Geteilte Metropole: Lefkoşa (Nicosia)

Lefkoşa – das heißt geschäftige Basaratmosphäre; das heißt aber auch beeindruckende Baudenkmäler aus fränkischer und osmanischer Zeit.

Mit etwa 38 000 Einwohnern hat Lefkoşa nach unseren Maßstäben wahrlich nicht das Format einer Hauptstadt. Aber was haben unsere Maßstäbe mit dem kleinen Nordzypern zu tun? Die meisten der Bewohner leben außerhalb des Mauerrings der Altstadt – in den üblichen gesichtslosen Vorstädten, die für Touristen kaum von Interesse sind. Jeden Besucher zieht es verständlicherweise in den historischen Kern von Lefkoşa. In dessen engen Straßen staut sich der Verkehr, eine Lösung dieses Problems ohne Zufahrtsbeschränkungen scheint nicht denkbar. Jedenfalls pulsiert hier das Leben wie in keiner anderen Stadt Nordzyperns. Zahllose kleine Geschäfte reihen sich aneinander, das Angebot ist ebenso bunt wie unübersichtlich. Straßenhändler und Losverkäufer beleben die engen Straßen. Gleich daneben setzen moderne Boutiquen und Schmuckläden Kontraste. Lefkoşa ist keine ›schicke‹ Stadt zum Vorzeigen, hier bestimmt alltägliches Leben und Treiben die Atmosphäre. Beim Durchstreifen der Gassen stößt man immer wieder auf kleine Handwerksstätten, lautstark wird gehämmert und gesägt, ölverschmierte Monteure machen sich an defekten Autos zu schaffen, und Möbel werden instand gesetzt.

Plötzlich steht man an der *green line* (›Grüne Linie‹), fast genau in zwei Hälften teilt sie das Rund der Altstadt. Jenseits liegt das griechische Nicosia. Einerseits hat diese Linie nur wenig mit der technischen Perfektion der ehemaligen Berliner Mauer gemein, andererseits aber auch nichts mit einer Art Grünzone oder einem Parkstreifen, wie der Name zu signalisieren scheint. Er erklärt sich schlicht daraus, daß die Grenzlinie vor der Teilung mit einem grünen Stift auf den Stadtplan eingetragen wurde. Trist genug ist auch diese Grenze aus Stacheldraht und Häuserwänden, obwohl sie rein äußerlich ihren provisorischen Charakter nicht verloren hat. Die Tragik der Trennung mit ihren zahlreichen Opfern wird atmosphärisch spürbar.

Übrigens handelt es sich um eine echte Grenze, auch wenn sie international nicht als Staatsgrenze akzeptiert ist, und die zur Bewachung abkommandierten Soldaten verstehen keinen Spaß.

Ein Gang durch die Geschichte

Tief reichen die Wurzeln der Stadt. Ein Ort namens Ledra (Lidir) erscheint in einer Liste zyprischer Stadtkönigtümer (7. Jh. v. Chr.) und war den Assyrern tributpflichtig. Ein zweiter Name, Leukos, geht auf den Sohn des ersten Ptolemäer-Königs zurück. Zu jener Zeit, Anfang des 3. Jh. v. Chr., wurde Ledra/Leukos ausgebaut und hellenisiert. In der byzantinischen Ära blieb der Flecken bedeutungslos; Piratenüberfälle machten die Küstenregion unsicher, und auch das Hinterland konnte nicht aufblühen.

Erst unter den Lusignans gelangte die fortan *Nicosia* genannte Stadt zu neuem Glanz. Sie war nun zugleich Bischofs- und Königssitz, zahlreiche repräsentative Bauten entstanden. Heute ist kaum noch vorstellbar, daß die Stadt damals in einer dicht bewaldeten Gegend lag. Im Laufe der folgenden Jahrhunderte wurde dieser ›grüne Reichtum‹ abgeholzt, um neues Ackerland zu schaffen.

Die Lusignans umgaben die Stadt mit einem mächtigen Wall. Mächtig wie er war, vermochte er allerdings 1426 ein Expeditionskorps der Mamluken, der herrschenden ägyptischen Dynastie, nicht aufzuhalten. Nicosia wurde geplündert. Es waren schließlich die Venezianer, die 1567 in Erwartung eines osmanischen Angriffs die heute noch bestehenden Wallanlagen errichteten. Dabei verkleinerten sie die Stadtfläche erheblich: Um für die Kanonen freies Schußfeld zu gewinnen, wurden die Gebäude außerhalb der neuen Mauern nie-

---

Symptom der Teilung: An manchen Orten regelt Militärpolizei den Verkehr

Ein Besuch im Türkischen Bad

»Dies ist allerdings eine gründliche Reinigung, und man möchte sagen, daß man noch nie gewaschen gewesen ist, bevor man nicht ein türkisches Bad genommen hat. (. . .) Die Haut fühlt sich äußerst glatt und geschmeidig an, und es ist gar nicht zu beschreiben, wie erquickend und wohltätig ein solches Bad auf große Ermüdung wirkt.« Im November 1835 schrieb der Leutnant Helmuth von Moltke, Instrukteur der türkischen Truppen in Istanbul, diese Erfahrungen in seinen Aufzeichnungen ›Unter dem Halbmond‹ nieder. Ihm war es ähnlich ergangen wie schon vielen Reisenden vor ihm, die als Besucher aus dem sich fortschrittlich dünkenden Europa über die entwickelte Badekultur im Osmanischen Reich ins Schwärmen gerieten. Im ›christlichen Abendland‹ hatte man bis ins 18. Jh. einen sehr viel dürftigeren Begriff von Körperpflege, häufiges Baden und Waschen war geradezu verpönt. Welcher Kontrast zu den vielen öffentlichen Badeanstalten im islamischen Kulturkreis, die regen Zuspruch fanden und auch fremden Gästen offenstanden. Zur selben Zeit, als Ludwig der XIV., genannt ›Sonnenkönig‹, jeden Kontakt mit Wasser vermied und alle Geruchsbildung zu überpudern und mit Parfüm zu überdecken trachtete, war die körperliche Reinigung bei den Türken alltägliche Selbstverständlichkeit.

Bereits der Koran hatte ja hygienische Vorstellungen für die nomadischen Stämme Arabiens kodifiziert. Diese Anweisungen des Propheten bestimmen seitdem die Bade- und Waschgewohnheiten aller islamischen Völker. Gläubigen Muslimen ist aufgegeben, sich vor den fünf täglichen Gebeten rituell zu säubern. Diese ›kleine Waschung‹ umfaßt die Reinigung der Hände, der Unterarme, des Gesichts, des Mundes, der Nase, der Ohren, des Nackens sowie der Beine bis zum Knie. Genauso hat sich der Gläubige vor dem Lesen des Koran und dem Betreten einer Moschee zu säubern. Nach dem Geschlechtsverkehr müssen Mann und Frau sich einer ›Großen Waschung‹ unterziehen.

Wichtig bei all diesen rituellen Reinigungen ist die Verwendung fließenden Wassers; ein Wannenbad nach europäischem Muster betrachten Muslime als ungenügend und unsauber.

Dementsprechend wird man in einem traditionellen türkischen Bad, einem Hamam, auch keine Badewannen finden. Alle Hamams folgen in ihrer Konzeption demselben Prinzip, Varianten berühren nur Nebensächliches.

Als Zweckbauten sind sie (die Prachtarchitekturen osmanischer Zeit einmal ausgenommen) meist unauffällig in die Straßenzüge integriert. Fenster zur Straße hin sind die Ausnahme. Gleich hinter der Eingangstür, wo ein Obolus zu entrichten ist, gelangt man in den *Camekan*. In diesem größten Raum des Bades – Kacheln bedecken die Wände – kann man sich auskleiden, meist in Seitenkabinen; Frauen wie Männer entblößen den Oberkörper, behalten aber den Slip an bzw. winden ein Handtuch um die Hüften. Mit seinen Sitz- und Liegegelegenheiten dient der *Camekan* auch als Ruheraum zwischen den Badegängen. Oft befindet sich hier ein Marmorbrunnen mit kaltem Wasser.

Es schließt sich der *Soğukluk* an, ein mäßig warmer Raum, der zur Vorbereitung auf das eigentliche Schwitzbad in dem *Harara* genannten Heißraum dient.

Über einem meist achteckigen Grundriß wölbt sich dort eine Kuppel, durchbrochen von zahlreichen Glaselementen. Sie erzeugen ein eigenartiges Licht, dessen besondere Effekte durch die im Raum schwebenden Dampfschwaden noch verstärkt werden. Die *Harara*-Temperatur liegt zwischen 30° und 40° Celsius, in den Schwitzzellen am Rande, wo heißer Dampf zugeführt wird, aber weit darüber.

Die Einteilung des Hamam in ein Kalt-, ein Lau- und ein Schwitzbad folgt natürlich der antiken Tradition, wie sie in den großen römischen Thermenanlagen der Kaiserzeit perfektioniert wurde (s. S. 150).

Waschbrunnen spenden sowohl kaltes als auch warmes Wasser. Nach islamischer Tradition erfordert eine gründliche Reinigung ein dreimaliges Einseifen und Abspülen des ganzen Körpers. Eine Haarwäsche (mit Shampoo, das bei dem/der Bademeister/in zu erwerben ist) gehört zur üblichen Säuberungsprozedur.

In der Mitte des Heißbades befindet sich eine etwas erhöhte Steinplatte, die mit der Heizungsanlage des Bades verbunden ist. Auf diesem *Göbek Taşı* (›Nabelstein‹) läßt man sich zum Schwitzen nieder. Hier erfolgt auch die Prozedur, die viele als den Höhepunkt eines Badebesuches erleben. Der Bademeister oder die Badefrau reibt mit einem groben Badehandschuh, *Kese* genannt, die letzten Hautschuppen vom Körper. Daran schließt sich dann ein derart intensives Kneten, Drücken und Massieren an, daß so mancher unvorbereitete Gast sein letztes Stündlein gekommen sieht. Nochmals Helmuth von Moltke: Der Badewärter »kniet einem auf die Brust oder fährt mit dem Knöchel des Daumens den Rückgrat herab; alle Glieder, die Finger und selbst das Genick, bringt er durch eine Manipulation zum Knacken«. Doch am Ende fühlt man sich wie neugeboren.

dergerissen. Viele Bauten der fränkischen Epoche, darunter der Palast der Lusignans aus dem späten
14. Jh., gingen damals verloren.
Der kreisrunde venezianische Be-
festigungsring verfügte auf 4,8 km
Länge über 11 Bastionen. Ein tiefer
Graben bot zusätzlichen Schutz.

Doch aller Aufwand war vergeblich. Nach sechswöchiger Belagerung erstürmten die Truppen des
Lala Mustafa Paşa am 9. September
1570 die Stadt. An die 20 000

Christen sollen in dem anschließenden Blutbad ihr Leben gelassen
haben. Die Osmanen brachten
aber nicht nur Tod und Zerstörung.
Vieles, was sie in den folgenden
Jahrzehnten an neuen Bauten
schufen, ging allerdings in dem
großen Erdbeben von 1741 zu-
grunde. Während der englischen
Kolonialzeit wurde der Wall an
mehreren Stellen durchbrochen,
um modernen Verkehrserfordernis-
sen Rechnung zu tragen.

EIN BUMMEL DURCH DURCH DIE ALTSTADT

Da die Entfernungen in der Altstadt von Lefkoşa sehr gering sind, lassen sich die wichtigsten Sehenswürdigkeiten binnen eines halben Tages bequem zu Fuß besichtigen (längere Museumsaufenthalte nicht inbegriffen).

Beginnen wir unseren Rundgang am **Kyrenia-Tor (1)**, dem nördlichen Durchgang zum alten Stadtkern (Stadtplan s. hintere Umschlaginnenklappe). Ursprünglich trug die Pforte den Namen ›Porta del Provveditore‹ – nach dem Titel des venezianischen Militärgouverneurs (*provveditore*; eigentlich: ›Lieferant‹). Seitdem die Briten 1931 rechts und links Schneisen in die alte Stadtmauer schlugen, hat das Tor seine eigentliche Bedeutung eingebüßt und steht etwas verloren mitten im tosenden Verkehr. Eine Marmorplatte über dem inneren Tor nennt in lateinischer Schrift das Baudatum 1562. Auf die türkische Macht geht der überkuppelte Raum über dem Durchgang zurück, der wahrscheinlich dem Torwächter diente. Der letzte Torschließer, genannt ›Ali der Hahn‹, ist übrigens 1946 im Alter von 121 Jahren gestorben; 1878 hatte er den Briten das Kyrenia-Tor geöffnet.

Gleich neben dem Tor kann man den venezianischen Wall erklimmen: eine riesige, mit Steinen befestigte Erdaufschüttung.

◁ Die einstige Krönungskathedrale der Lusignans ist seit dem 16. Jh. eine nach Sultan Selim II. benannte Moschee

Nur wenige Schritte sind es vom Tor bis zum ehemaligen **Kloster der tanzenden Derwische** *(Mevlevi Tekke)* **(2)**, das seit 1963 ein kleines Museum für türkisch-zyprische Volkskunst (Mo–Fr 8–13; 15–18 Uhr) beherbergt. Der Bau stammt aus dem 17. Jh. und ist der einzige seiner Art auf der Insel. Nach dem Verbot des Ordens (1925) durch Kemal Atatürk, der ihn als einen Hort der religiösen Reaktion betrachtete, wurde das Kloster, von der Türkei abgeschnitten, noch eine Zeitlang durch Scheichs aus dem syrischen Aleppo unterstützt.

Im viereckigen Gebetsraum, dem *Semahane*, ist der runde Tanzboden erhalten geblieben. Die Ausstellungsstücke – Waffen, Teppiche, Truhen, Stickereien, Fotos und Alltagsgegenstände sowie Musikinstrumente und Kleidungsstücke – gewähren einen Einblick in die Kultur der Derwische. Handgeschriebene Exemplare des Korans erinnern im Filigran ihrer Schrift an mittelalterliche Bibeln.

An den Tanzraum schließt sich ein langer überkuppelter Gang an. Hier stehen 16 Kenotaphe, gewidmet den Scheichs des Ordens. Die Grabsteine sind nach Art der Derwischhüte stilisiert.

Vom Museum geht es über die verkehrsreiche Girne-Straße mit ihren zahllosen kleinen Läden und Imbißstuben zum **Atatürk-Platz (3)**, benannt nach dem Staatsgründer der modernen Türkei.

In der Mitte des mit Bänken und Blumen als Fußgängerareal gestalteten Platzes erhebt sich die **Venezianische Säule**. Sie stammt aus den Ruinen von Salamis, ist knapp 7 m hoch und sollte die Macht der neuen Herrscher sinnfällig demonstrieren. Noch heute schmücken Wappen venezianischer Familien ihre Basis. Der ursprüngliche Abschluß der Granitsäule, ein venezianischer Löwe (Symbol des Evangelisten Markus), ging mit dem Osmanensturm unter. 1915 schufen die Engländer auf ihre Weise ›Ersatz‹ durch ein neues Symbol des Machtanspruchs: eine kupferne Weltkugel.

Direkt am Platz residiert in einem Gebäude, das architektonisch ganz britischem Kolonialstil verpflichtet ist, das **Polizeipräsidium (4)**. Gegenüber erhebt sich das Hotel Saray, von dessen Dach aus man einen schönen Blick über die Stadt genießt.

Die **Sarayönü-Moschee (5)** direkt hinter dem Hotel ist dank ihres hohen Minaretts nicht zu verfehlen. Nur dieser ›himmelhohe‹ Turm gehört übrigens zum osmanische Ursprungsbau. Die 1903 neu errichtete Moschee verschmilzt verschiedene islamische Stilelemente, u. a. solche aus dem nordafrikanischen Raum.

In südwestlicher Richtung, am Ende der Şehit Salahi Sevket Cad. stoßen wir auf eine der schönsten zyprischen Moscheebauten, die **Arab Ahmet-Moschee (6)**, errichtet im 17. Jh. und restauriert 1845. Der Name erinnert an einen osmanischen Pascha, der zu den Erobe-

rern Zyperns gehörte. Auch das gesamte Viertel um die Moschee trägt heute seinen Namen. Wer sich die Zeit nimmt, den Friedhof neben dem Gotteshaus aufzusuchen – ein ruhiges Fleckchen Erde in dieser quirligen Stadt –, kann dort zwischen Bäumen und Sträuchern alte osmanische Grabmale entdecken, so das des in Zypern geborenen Kamil Paşa (1833–1913), der es bis zum Großwesir am Hofe des Sultans brachte.

Bei einem Gang durch das Arab Ahmet-Viertel fallen einige ansehnlich renovierte Häuser aus osmanischer Zeit auf; der Großteil der älteren Bauten harrt jedoch einer Erneuerung. In der Belig Paşa Sok. sieht man, was Renovierungen bewirken können: Das im 19. Jh. erbaute **Wohnhaus des Derviş Paşa (7)** wurde vor wenigen Jahren nach alten Plänen wiederhergestellt und ist nun als kleines Volkskundemuseum zugänglich (Mo–Fr 8–13; 14–17 Uhr). Hier lebte einst der Herausgeber der ersten eigenständigen türkischen Zeitung auf Zypern, begründet 1891.

Der Bau vermittelt einen guten Eindruck von der Architektur türkischer Stadthäuser. Im Frdgeschoß des L-förmigen Gebäudes befanden sich Lager- und Wirtschaftsräume, hier lebte auch das Personal. Arkaden umschlossen (und umschließen) einen großen Innenhof. Küche, Bäder und Toiletten lagen außerhalb des Haupthauses, waren mit ihm jedoch verbunden (von diesem Teil sind nur noch Reste vorhanden). Das obere Stockwerk – im Unterschied zum steinernen Erdgeschoß aus Lehmziegeln errichtet – bildete den eigentlichen Wohnbereich. Mittelpunkt ist eine repräsentative Empfangshalle *(Selamlık)* mit Sitzbänken an drei Seiten. Auch die übrigen Zimmer sind großzügig angelegt: Holzdecken, geschnitztes Mobiliar, Gebetsteppiche und sogar ein Himmelbett zeugen vom Wohlstand der einstigen Bewohner.

Die volkskundliche Ausstellung präsentiert darüber hinaus landwirtschaftliche Geräte, Waffen, Stickereien, Trachten sowie diverse Haushaltsgegenstände gehobener handwerklicher Produktion aus den letzten Jahrhunderten.

Vom Eingang des Museums aus kann man den Glockenturm der **Armenischen Kirche (8)** sehen. Der gotische Bau aus dem 14. Jh. gehörte ursprünglich zur Benediktinerinnenabtei ›Unserer Lieben Frau von Tyros‹, wurde von den osmanischen Eroberern als Salzlager genutzt, dann wieder von armenischen Christen übernommen. Leider ist die Kirche nur dem zugänglich, der den Mesner aufzustöbern weiß…

Die nahe **Turunçlu-Moschee (9)** aus dem Jahre 1825 ist an zwei Seiten von einem Portikus umgeben.

Noch nicht ganz geklärt ist der bauliche Ursprung des **Büyük Hamam (10)**, des Großen Bades. Die meisten Quellen deuten darauf hin, daß sich an dieser Stelle einst die gotische Kirche ›St. Georg der

Lateiner‹ erhob; nach der osmanischen Eroberung wäre sie demnach profaniert und zum türkischen Bad umgewidmet worden. Das gotische Rundportal, deutlich unterhalb des heutigen Straßenniveaus gelegen, scheint dies zu bestätigen. Doch signalisiert die alte Pforte eine Nord-Süd-Ausrichtung des Vorgängerbaus – eine Kirche (mit der üblichen Ostung) könnte es dann kaum gewesen sein. Das Büyük Hamam ist täglich von 8 – 22.30 Uhr geöffnet und ermöglicht ein erstes ›Hineinschnuppern‹ in die Welt der Türkischen Bäder (s. S. 54).

Gegenüber dem Hamam erhebt sich die **Iplik Pazarı-Moschee (11)**, die wahrscheinlich aus dem 18. Jh. stammt und nach dem hiesigen Viertel benannt wurde, in dem sich bereits zur Zeit der Kreuzritter ein Stoff- und Baumwollmarkt befunden hat.

Das vielleicht interessanteste Gebäude osmanischer Zeit liegt nur wenige Schritte entfernt, der **Büyük Han (12)**, die Große Karawanserei. Seit mehreren Jahren sind Renovierungsarbeiten im Gange, aber schon jetzt kommt die harmonische Architektur eindrucksvoll zur Geltung. Der Han gehört zu den ältesten türkischen Bauten auf der Insel, er wurde kurz nach der Eroberung, bereits 1572, vom ersten

Markt vor der Ruine des Bedesten

Statthalter Zyperns, Muzaffer Paşa, errichtet.

Mit ihren hochgelegenen, relativ kleinen Fenstern wirkt die Außenfront festungsartig. Auflockernd jedoch die zahlreichen eleganten Kaminabzüge, denn jedes der 68 Zimmer verfügt über einen eigenen Kamin sowie ein Fenster nach draußen; die Türen öffnen sich auf einen Arkadengang, der den Innenhof umschließt. Die Reisenden, zumeist Händler, waren im ersten Stock untergebracht, während sich im Erdgeschoß Lagerräume und Stallungen befanden. Auch heute noch läßt sich nachvollziehen, daß dies einmal ein einladender Rastplatz war. Lebhaft genug ist es auf den Gängen und im Hof sicher zugegangen; neben den Waren- trat der Gedankenaustausch.

Mitten im Hof des quadratischen Gebäudekomplexes erhebt sich ein kleines achteckiges Gebetshaus *(Mesçit)* mit einem Reinigungsbrunnen an der Außenfront.

Der Han wurde übrigens von den Engländern eine Zeitlang als Gefängnis benutzt und diente später als Notunterkunft.

Nicht weit entfernt stoßen wir in derselben Straße (Asmaaltı Cad.) auf eine weitere alte Herberge, den **Kumarcılar Han (13)**, die ›Karawanserei der Glücksspieler‹. Er wurde im 17. Jh. errichtet, wohl weil der benachbarte ältere Han dem Strom der Händler nicht mehr gewachsen war. Die architektonischen Grundprinzipien entsprechen sich, nur ist der Kumarcılar mit 52

Räumen geringfügig kleiner als der Büyük Han. In Teilen des Komplexes sind kleine Läden untergebracht – bis heute ist der Han also ein Platz des Handels geblieben.

Sie bildet ohne Zweifel das Herz der Altstadt, die **Selimiye-Moschee (14)**. 1209 legte das Herrschergeschlecht der Lusignans den Grundstein zu diesem prachtvollen gotischen Bau, der – anknüpfend an französische Vorbilder – den eigenen wie auch den Machtansprüchen der katholischen Kirche Ausdruck verleihen sollte. Erst 1326 konnte das aufwendige Bauwerk eingeweiht werden. Den Lusignans diente die ›Kirche der hl. Weisheit‹

Innenhof des Büyük Han

(St. Sophia), wie sie hieß, als Krönungskathedrale und Grablege; mehrere hohe Adlige sind hier bestattet. In der folgenden Zeit versehrten Plünderungen durch Genuesen und Mamluken das Bauwerk, auch hatte es mehrere Erdbeben zu bestehen.

Die Osmanen wandelten die Sophienkathedrale in eine Moschee um; zwei hohe Minarette bezeichneten fortan den islamischen Kultbau. Gemäß dem muslimischen Verbot figürlicher Darstellungen wurde auch der Skulpturenschmuck am Hauptportal bis auf einige unscheinbare Reste entfernt. Geblieben ist eine reiche Verzierung mit angedeuteten Blütenrosetten, Wappen und einige Kleinplastiken, die wahrscheinlich Bischöfe und Heilige darstellen und deren Entfernung

man wohl für zu aufwendig erachtete. Man kann noch gut erkennen, wo ehemals größere Plastiken oder Bildtafeln ihren Platz hatten.

Die Bausubstanz der Kathedrale blieb unangetastet, noch immer gliedern mächtige Rundsäulen den Bau in drei Kirchenschiffe. Bemerkenswert die vier antiken Säulen im Ostchor, wo sich früher der Hochaltar befand. Der Zusammenklang der älteren Kirchenarchitektur mit der Schlichtheit der Moschee – die Innenausstattung der Kirche wurde weitgehend entfernt, Wände und Säulen sind heute weiß gestrichen –, vor allem aber die Ausrichtung der Gebetsnische *(Mihrab)* und damit auch der Teppiche und Gebetsmatten nach Mekka hin stört die ursprüngliche Symmetrie und wirkt auf den ersten Blick befremdlich.

Ihren neuen Namen, der an Sultan Selim II. erinnert, trägt die Moschee erst seit 1945.

An den Hof und Reinigungsbrunnen der Selimiye schließt sich eine Kirchenruine an, der sogenannte **Bedesten (15)**, denn der Sakralbau wurde während der osmanischen Herrschaft in der Tat als ›überdeckter Markt‹ genutzt, wie die wörtliche Übersetzung des Begriffs lautet. Was von der einst fünfschiffigen Kuppelkirche geblieben ist, zeigen die Stilmerkmale verschiedener Epochen: Byzantinische, gotische und Renaissance-Elemente sind zu entdecken. Besonders auffällig: das mit Wappen venezianischer Familien versehene und orna-

Ein Gang durch die Küche

Wenn die Hitze des Tages nachläßt und ein kühleres Lüftchen vom Meer her den Abend einleitet, beginnen sich Restaurants und Tavernen zu füllen. Das abendliche Essen stellt in Nordzypern (wie überall im Mittelmeerraum) die Hauptmahlzeit des Tages dar. Entsprechend aufwendig wird es zelebriert. Die Zyprer lieben es, mehrere Stunden lang ausgiebig zu speisen und zu trinken – eine Sitte, die dem Entspannung suchenden Touristen entgegenkommt.

Wesentlichen Anteil an nordzyprischer Eßkultur hat die *Meze*. Eine *Meze* (Plural: *Mezeler*) ist kein bestimmtes Gericht, sondern eine Vorspeise, die sich aus zehn, ja manchmal sogar zwanzig und dreißig verschiedenen Appetithappen zusammensetzt, einzeln auf Tellerchen serviert. Oft reicht der Tisch kaum aus für die Fülle. Ein jeder an der Tafel kann sich aus dem reichhaltigen Angebot das aussuchen, worauf er Appetit hat. Bei den meisten *Mezeler* handelt es sich um kalte Vorspeisen, zu denen man Brot ißt. Die warmen Häppchen werden nach und nach als kleine Überraschung zwischendurch serviert. Die Palette solcher Imbisse wechselt von Lokal zu Lokal, meist gehören jedoch die folgenden Bestandteile dazu: Salate (Tomaten, Gurken); in Öl und Essig eingelegtes Gemüse; *Cacık,* ein mit Gurken und Knoblauch versetzter Joghurt; *Humus,* ein Kichererbsenmus mit Knoblauch, Olivenöl und Zitronensaft; *Tahin,* eine Sesamcreme, ebenfalls mit Öl, Knoblauch und Zitronensaft angerichtet; *Patlıcan Salatası,* ein aus Auberginen hergestelltes Püree; und schließlich *Patlıcan Kızartması,* fritierte Auberginen in Joghurt-Sauce. Weitere Teller bieten Schafskäse *(Peynir),* Oliven *(Zeytin),* gefüllte Weinblätter *(Dolma),* Blätterteigpastetchen *(Börek)* und kleine Hackfleischbällchen *(Köfte).* Grüne und weiße Bohnen *(Fasulye* bzw. *Kuru Fasulye),* kleine Sardinen *(Sardalye),* stark gewürzte und gegrillte Würstchen *(Sosis)* sowie Fisch- oder Fleischstückchen vom Grill kommen hinzu. Natürlich darf auch gebratener *Hellim* nicht fehlen (s. S. 130).

Nach dieser opulenten Vorspeisenplatte geht man zum Hauptgericht über, in der Regel Fisch oder Fleisch. Nicht wenige müssen sich an dieser Stelle schon geschlagen geben, denn die mit viel Öl zubereiteten *Mezeler* sättigen ungemein. Neben *Köfte, Şiş Kebap* (Fleischspieß) oder *Döner Kebap* (Geschnetzeltes von einem großen Fleischspieß) ist als Besonderheit ein Ofen-*Kebap* zu empfehlen. Gegart wird dieses Lammfleischgericht meist im Freien in großen Backöfen aus

Lokum ist nicht nur für Kinder eine Versuchung

Lehm, denen man auf einer Fahrt durch das Land noch in vielen Dörfern begegnet. Als Nachspeise wird meist frisches Obst serviert, je nach Jahreszeit Weintrauben, Melonen oder Orangen. Aber auch wer süßere Desserts liebt, kommt in Nordzypern auf seine Kosten: sei es mit *Lokum* (Fruchtgelee), *Baklava* (Blätterteig in Sirup) oder *Sucuk* (Traubengelee mit Nüssen).

Türkischer Tee wird in Nordzypern seltener getrunken als in der Türkei selbst, man bevorzugt schwarzen Kaffee, unserem Mokka ähnlich, der in vier Zubereitungsarten bestellt werden kann: *sade* (ohne Zukker), *az şekerli* (schwach gesüßt), *orta* (normal gesüßt) oder *şekerli* (sehr süß). Probieren sollten Sie einmal *Ayran,* ein Joghurt-Getränk, dem ein wenig Salz, auch Pfeffer und Pfefferminze seine besondere Note geben. *Ayran* ist sehr durststillend und besonders an heißen Tagen zu empfehlen.

Neben importiertem deutschen und österreichischen Bier sowie dem unvermeidlichen Tuborg behauptet sich, auch geschmacklich, die in der Türkei gebraute Marke *Efes (Efes Birası)*. Nordzyprische Weine wie *Kantara* oder *Aphrodite* werden nur selten angeboten, türkische Lagen dominieren. Mit einem *Çankaya,* einem der meistgetrunkenen trockenen Weißweine, sind Sie nicht schlecht beraten. Als Aperitif ebenso wie zur ›Verdauungsförderung‹ ist *Rakı* beliebt, ein Anisschnaps, der zumeist mit Wasser verdünnt getrunken wird. Auch Brandy Sour, ein Longdrink, dem ein paar Tropfen Angostura zugesetzt sind, wird in nordzyprischen Restaurants gern als Aperitif serviert.

Kleines kulinarisches Lexikon

baklava	Blätterteigpastete mit Zuckersirup, gefüllt mit Nüssen oder Pistazien; sehr süß
bal	Honig, verschiedene Qualitäten
balık	Fisch
balık çorbası	Fischsuppe
biftek	Beefsteak
börek	mit Hackfleisch oder Käse gefüllte Blätterteigpastete
cacık	mit Knoblauch, Gurken und Öl versetzter und verflüssigter Joghurt
çay	Tee
döner kebap	Geschnetzeltes Fleisch vom Drehspieß
dolmalar	mit Reis und Hackfleisch gefüllte Gemüse, vor allem Paprika und Weinblätter
ekmek	Brot, in der Regel Weißbrot
fasulye	Grüne Bohnen, in Olivenöl gegart
günür çorbası	Tagessuppe
hellim	Käse aus Ziegen- oder Schafsmilch, meist heiß serviert (s. S. 130)
humus	Kichererbsencreme, mit Öl und Knoblauch angemacht
kalamar	Tintenfisch
köfte	Hackfleischbällchen
kuru fasulye	weiße Bohnen
meze	Appetithappen als Vorspeise
nohut	Kichererbsen
patlıcan kızarması	fritierte Auberginen in Joghurt
patlıcan salatası	Auberginenpüree
reçel	Marmelade
sardalye	Sardinen
sosis	Würstchen
şiş kebap	Spieß mit kleinen Fleischstücken
tahin	Creme aus Sesam, Öl, Knoblauch und Zitrone

◁ Turkish delights

Ein Imbißrestaurant in Lefkoşa ▷

mental reich geschmückte Portal. Es ist dem der Sophienkathedrale ähnlich, wenngleich nicht ganz so prächtig gestaltet.

Gleich neben dem Bedesten bietet die **Markthalle (16)** neben frischem Fleisch, Gemüse und Obst auch Haushaltsgegenstände und Souvenirs an. Besonders verführerisch locken die bunten Stände mit Süßigkeiten (›Turkish delight‹) in allen Geschmacksrichtungen.

Unmittelbar hinter dem Osttor von St. Sophia/Selimiye – das selbst sehr sehenswert ist – lohnt die kleine, dreikupplige **Bibliothek des Sultan Mahmut II. (17)** einen Besuch. Sie wurde 1829 unter dem damaligen osmanischen Statthalter Ali Ruhi errichtet und bietet wertvolle alte Handschriften und Drucke in arabischer Kalligraphie, z. T. mit kunstvollen Verzierungen in Goldmalerei versehen. Die wertvollsten Stücke werden in Vitrinen ausgestellt. Unterhalb der großen Kuppel ziert in 48 arabischen Versen ein Gedicht des zyprischen Dichters Hilmi Efendi den Sims, ein Loblied auf den Stifter des Baus, Sultan Mahmut II. (1784–1839) – und zugleich ein gutes Beispiel für die Kunst der muslimischen Schönschrift, die sich im Islam – nicht zuletzt aufgrund des Bilderverbots – zu einer herausragenden kulturellen Ausdrucksform entwickelte (Mo–Fr 8–13; 15–18 Uhr).

Beim Wärter der Bibliothek ist der Schlüssel für das nur wenige Meter entfernte **Steinmuseum** (*Lapidari Müzesi*) **(18)** zu erhalten (Mo–Fr 8–13; 15–18 Uhr). In einem venezianischen Gebäude des 15. Jh. sind hier Grabsteine, Marmortafeln, Wappen, Säulenreste u. a. aus verschiedenen zerstörten mittelalterlichen Gebäuden der Stadt untergebracht.

Besonders sehenswert: der mit Reliefs versehene Sarkophag der Familie Dampierre, ein gut erhaltenes gotisches Maßwerkfenster sowie der Grabstein Adams von Antiochien aus dem 13. Jh.

Der ehemalige **Sitz des katholischen Erzbischofs (19)**, 1329 unter der Herrschaft der Lusignans errichtet, war durch unterirdische Verbindungswege mit der nahen Sophienkathedrale und der Katharinenkirche (s. o.) verbunden. Die Osmanen ließen das Obergeschoß 1571 im Stil eines türkischen Konaks umbauen; der oberste Richter, später auch einer der osmanischen Statthalter residierten hier. Heute wird das Gebäude von öffentlichen Institutionen genutzt.

Die schon erwähnte Katharinenkirche, die spätere **Haydar-Paşa-Moschee (20)**, ursprünglich ein gotisches Bauwerk des 14. Jh., erinnert in seiner modernen Namensgebung an einen der Kommandanten der osmanischen Eroberungsarmee von 1570. Durch das reich verzierte gotische Portal gelangt man in das Innere, wo heute eine Kunstgalerie zeitgenössische Werke in stilvollem Rahmen präsentiert. Manchmal finden auch Filmvorführungen statt (HP Galerie, Mo–Fr 9–13 Uhr; 14.30–17 Uhr; Sa 9–13 Uhr).

Touristeninformation: Selçuklu Cad., im Gebäude des Tourismus-Ministeriums, ziemlich weit außerhalb der Altstadt (✆ 2 28-36 66). Erwarten Sie nicht zuviel.

Verkehrsverbindungen: Vom Bushof in der Kemal Aşik Cad. nördlich der Altstadt verkehren Busse nach Güzelyurt, Girne und Gazimağusa. Sammeltaxis (Vorbestellung unter ✆ 29 29, *Fa. Kombos*) sind am Tekke Bahcesı zu finden, in unmittelbarer Nähe des Derwischklosters; Taxis u. a. am Atatürk-Platz bei der Venezianischen Säule.

Unterkunft: ***Hotel Saray (✆ 2 28-48 08), mitten im Stadtzentrum am Atatürk-Platz; **Hotel Lapethos (✆ 2 28-76 11) gleich beim Bushof außerhalb der Altstadt. Es gibt noch mehrere kleine Hotels *(Picnic; Sabri's Orient)* und Pensionen *(Ada; Marmara)*, an die aber nur wenig Ansprüche gestellt werden dürfen.

Restaurants: Zahlreiche Restaurants und Imbißmöglichkeiten sowohl innerhalb der Altstadt als auch an den Ausfallstraßen außerhalb der alten Stadtmauer. Das *Dachrestaurant des Hotels Saray* ist täglich ab mittags geöffnet. Das *Restaurant Sarı Çizmeli* in der Girne Cad. 174 ist klein und einfach, aber berühmt für leckeres Iskender Kebap. Hühnchen, in allen nur denkbaren Arten zubereitet, sind die Spezialität von *Mr Laugh*, einem Restaurant in der Mehmet Akif Cad. im Stadtteil Kumsal (Richtung Girne).

Nordwestlich der Stadt im kleinen Ort Gönyeli bietet *The Cyprus Kitchen*, Atatürk Cad. 39a, eine ausgezeichnete zyprische Küche. Das Lokal ist recht ansprechend mit traditionellem Hausrat dekoriert.

Einkaufen: In der Fußgängerzone, auch Arasta genannt, reihen sich parallel zur *green line* zahlreiche kleine Läden, die Stoffe, Lederwaren, Taschen und preisgünstige Kleidung (vor allem Jeans) anbieten. In zahlreichen Geschäften der Altstadt können Sie Goldschmuck zu einem günstigen Satz kaufen. In der Markthalle gehören neben zyprischen Leckereien auch Souvenirs wie Korbwaren und Kelims zum Angebot. Zyprische Web-, Stick- und Häkelarbeiten in großer Auswahl finden sie bei *Kooperatif El Sanatlari*, Vakiflar Işhanı Nr. 13, südlich des Saray-Hotels.

Nachtleben: An Wochenenden ist die *Diskothek im Saray-Hotel* geöffnet. Das Hotel besitzt auch ein Spielcasino. Weiter zu nennen die *Music-Bar* in der Bedrettin Demirel Cad. (innerhalb der Altstadt), die Life-Musik von Türk bis Techno bietet (So und Mo geschlossen).

Banken: In der Altstadt vor allem um den Atatürk-Platz herum, zahlreiche Geschäftsstellen; mehrere Wechselstuben hinter dem Girne-Tor in der Girne Cad.

Post: Ein kleines Postamt liegt westlich des Atatürk-Platzes; eine weitere Post sowie Telefonamt außerhalb der Altstadt im Stadtteil Yenişehir, ca. 600 m vom Girne-Tor entfernt in der Nähe des Bushofes. Wollen Sie sich den Weg ersparen und Wartezeit vermeiden, empfiehlt es sich, über eine Hotelrezeption zu telefonieren.

Fluggesellschaften: *Cyprus Turkish Airlines*, Atatürk Meydanı (✆ 2 28-39 01); *Turkish Airlines*, 32 Osman Paşa Cad. (✆ 2 28-10 61); *Istanbul Airlines*, Osman Paşa Cad., Mirata Apt., 1 Kat. (✆ 2 28-31 40).

Girne und Ausflüge in die Umgebung

Girne, das »St. Tropez«
Nordzyperns

Auf den Spuren
der Kreuzfahrer

Von Girne in den äußersten
Nordwesten

Klöster und Strände
östlich von Girne

Begegnungen mit dem
antiken Zypern

Quai und Burg von Girne

Girne, das »St. Tropez« Nordzyperns

Girnes mediterraner Charme rührt von dem kleinen, mit bunten Segelbooten betupften Hafen her. Dahinter steigt die Silhouette der mächtigen Burg auf. Cafés und eine langgestreckte Hafenmole laden zum Flanieren und Verweilen ein.

Nicht selten wird Girne (der alte Name *Kyrenia* ist auch bei Einheimischen weiterhin gebräuchlich) als schönstes Städtchen Zyperns bezeichnet. So kann nicht verwundern, daß es viele der Europäer, die auf der Insel heimisch wurden, gerade hierher gezogen hat. Ohne Zweifel tragen die grünen Ausläufer des Beşparmak, an denen neben Oliven und Johannisbrot auch Zitronen und Apfelsinen gedeihen, zum reizvollen Gesamteindruck bei. Mit seinen 7000 Einwohnern vermittelt Girne die Atmosphäre einer übersichtlichen Kleinstadt, ›wachgeküßt‹ durch den Tourismus, aber noch nicht von ihm überwältigt.

Ein Gang durch die Geschichte

Funde aus dem Neolithikum und der Bronzezeit bezeugen eine frühe Siedlungstätigkeit in der Region um Girne (s. S. 158). Ob die Stadt selbst nun eine Gründung achäischer Einwanderer oder der Phönikier ist, die im 10. Jh. v. Chr. Handelsniederlassungen auf der Insel besaßen, sei dahingestellt. Auch wann die ersten Vorläuferbauten der beeindruckenden Festung entstanden, liegt im dunkeln. Als gesichert gilt, daß das mächtige Salamis, eines der Stadtkönigtümer der Insel, Kyrenia im Jahre 312 v. Chr. unterwarf. Aus römischer Zeit sind noch alte Wellenbrecher vor der Stadt erhalten, der römische Hafen lag östlich der Festung. Zwischen dem 7. und 9. Jh., als immer wieder Araber, ob Soldaten oder Piraten, gegen die Insel vorstießen, war die byzantinische Stadt von einer Festungsmauer umgeben. Dennoch wurde sie mehrmals geplündert und gebrandschatzt.

Ab dem 12. Jh. lichtet sich das Dunkel der Stadtgeschichte. Die Byzantiner hatten die Burg von Kyrenia zusammen mit den anderen Festungen im Gebirge (s. S. 27) zu einem Verteidigungssystem gegen die arabische Bedrohung ausgebaut. Wilbrand von Oldenburg, der sich 1212 auf Zypern aufhielt, berichtet: »Zuerst landeten wir in

Die Geschichte einer Festung

Im 8. Jh., zu Zeiten der arabischen Angriffe auf Zyperns Küsten (s. S. 27), war die Burg von Kyrenia eine eher bescheidene Verteidigungsanlage mit steilen, dünnen Mauern und fragilen Rundtürmen an ihren Ekken. Im 13. Jh. nahmen die Lusignans an diesem byzantinischen Festungskern umfangreiche Verstärkungen vor. So wurden die brüchig gewordenen Mauern der Nord- und Ostseite gänzlich erneuert; an ihren Innenseiten erhielten sie umlaufende hölzerne Kampfgalerien. Vor den Wehrgängen wurden Zinnen errichtet – noch heute überragen sie die Nordmauer –, und Bogen- und Armbrustschützen erhielten ihren Waffen angepaßte Standplätze und Schießscharten (in ihrem Originalzustand sind sie im Nordostturm, dem Hufeisenturm, zu besichtigen). Girnes mächtige Burg, Zyperns besterhaltener Festungsbau, galt als nahezu uneinnehmbar.

Zum Wehrzweck traten die gestiegenen Wohnansprüche der Lusignans. Repräsentative Wohnräume zeugten von der materiellen und kulturellen Macht des Adelsstandes auf seinem entwicklungsgeschichtlichen Höhepunkt.

Noch ehe in Zypern neuzeitliche Pulvergeschütze zum Einsatz kamen, ließ das mittelalterliche Mauerwerk schon die Grenzen seiner Abwehrkraft erkennen: 1374, während der genuesischen Belagerung, zertrümmerten Steinschleudergeschosse die Wälle derart, daß die Burg zu fallen drohte. Zwar wurden die versehrten Mauern wieder hergestellt, doch ignorierten die Lusignans auch fortan einen waffentechnischen Wandel, der es erforderte, Angriff und Verteidigung ganz neu zu organisieren.

Die Besatzung einer mittelalterlichen Burg machte sich stets das Prinzip der Überhöhung zunutze, profitierte also von dem strategischen Vorteil, aus einer (möglichst) hohen Verteidigungsstellung den Angreifer zu bekämpfen. Welcher Taktik der Gegner sich auch bediente, in jedem Fall mußte er bis an die Mauer vordringen und geriet beim Sturmversuch in den Geschoßhagel und unter die Pechtraufen der Verteidiger.

Die Einführung von Pulvergeschützen im letzten Viertel des 14. Jh. bereitete der traditionellen ›Höhenverteidigung‹ ein schnelles Ende. Angreifer konnten jetzt aus sicherer Entfernung das Feuer ihrer anfänglich mit Stein-, später mit Eisenkugeln versorgten neuen Waffe mit einer bis dahin nicht gekannten Durchschlagskraft gegen die Burgmauern richten und sie regelrecht ›sturmreif‹ schießen. Die enorme Schußwirkung zwang zur Reduktion der Mauerhöhe und zu ihrer Verdickung durch Hinterschüttung mit Erde. Geschwungene statt rechtwinkliger Mauerformen nahmen Geschossen einen Teil der Aufschlagswucht. Die Silhouette der Burg wurde deutlich niedriger, Angreifer und Verteidiger rückten auseinander. Der mittelalterliche Mauerkampf Mann gegen Mann gehörte der Vergangenheit an.

Wie an anderen Orten ihres Kolonialimperiums erwiesen sich die Venezianer auch in Zypern, die traditionalistischen Lusignans ablösend, ab 1489 als entschlossene Erneuerer. Im Gegensatz zu Nicosia und Famagusta waren in Kyrenia die topographischen Voraussetzungen für die Umwandlung der Burg in eine Bastionärsfestung allerdings weniger günstig. Die Nord- und Ostmauern grenzten an die offene See, allein die Landseiten im Westen und Süden der Anlage boten begrenzten Raum für Erweiterungen: Während die Ost- und Nordmauern lediglich verstärkt wurden, legte man den Südwall so vor die alte byzantinische und fränkische Mauerlinie, daß diese samt den angrenzenden Altbauten unter gewaltigen Mengen von Sand und Gestein verschwanden. Auf diese Weise entstand eine bis zu 38 m starke, von Verteidigungseinrichtungen durchzogene Wallzone. Als »die massivsten mit Steinen verkleideten Erdwälle ihrer Art, die jemals gebaut wurden« beschrieb sie ein Historiker.

Auch der Westwall ist ein Werk venezianischer Baumeister. Er wurde ebenfalls vor der fränkischen Mauer neu errichtet, der Zwischenraum mit Sand und Geröll aufgefüllt. Die Nordwest- und Südostecken erhielten vorgelagerte geduckte Rundtürme mit Geschützstellungen im Innern und auf den Plattformen. Auch nach dieser Konzeption aber blieb, für Verteidiger unkontrollierbar, ein toter Winkel, und so wurde vor der Südwestecke eine andere Lösung in Form einer nach außen spitzwinklig zulaufenden pentagonalen Bastion versucht.

Welchem Feind die Verteidigungsanstrengungen galten? Man rechnete allgemein mit der osmanischen Invasion, doch niemand wußte, wann die Segel der türkischen Seestreitmacht vor Kyrenia erscheinen würden. Die ›Verteidigungsexperten‹ jener Zeit waren sich sogar uneins, ob der Bauaufwand überhaupt lohne.

Als im September 1570 die Osmanen tatsächlich vor der Burg standen, erübrigten sich freilich alle Strategiespiele; der Wehrbau mußte seine Tauglichkeit gar nicht mehr unter Beweis stellen, denn der Burgkommandant kapitulierte, ohne daß ein einziger Schuß gefallen wäre.

Eckart Fiene

Kyrenia, eine kleine, aber befestigte Stadt mit einer ummauerten und mit Türmen besetzten Burg. Besonders stolz sind die Bewohner auf ihren guten Hafen.«

Von der mittelalterlichen Stadtmauer der Lusignan-Ära sind lediglich Reste dreier Türme geblieben: Sie markieren, wie klein und bescheiden die Stadt damals gewesen sein muß. Bei Gefahr bot die mächtige Festung Zuflucht, die seit dem 12. Jh. im Mittelpunkt der Stadtgeschichte stand. Immer wieder wurde

Burg von Girne 1 Burgeingang/ehem. Zugbrücke 2 Ausfallpforte 3 Kirche ›St. Georg‹ 4 Nordwestturm 5 Sarkophag des Sadik Paşa 6 Byzant./fränk. Nordwestturm 7 Königliche Gemächer 8 Kerker 9 Südwestbastion 10 Südostturm 11 Nordostturm 12 Kerker 13 Schiffswrack-Museum

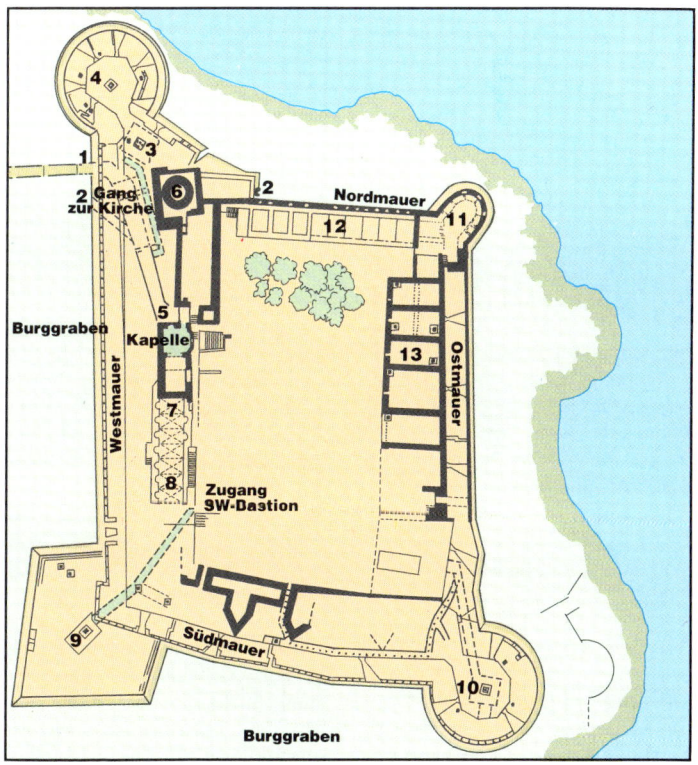

sie belagert, bedroht und angegriffen, jedoch nie im Kampf besiegt.

Während der osmanischen Herrschaft verfielen Stadt und Burg zunehmend, denn das strategische Interesse an den Wehranlagen ließ nach. Als Sommersitz gewann Kyrenia unter britischer Herrschaft rasch an Beliebtheit. Bis heute hat sich daran nichts geändert.

Stadtbummel

Die **Burg** von Girne (täglich 8–13; 14–17 Uhr) gehört zu den herausragenden Sehenswürdigkeiten von Stadt und Insel und zu den besterhaltenen Festungsbauten der Levante überhaupt.

Für die Erkundung der Wallanlagen sollte man sich Zeit nehmen: Viele Epochen haben hier ihre Spuren hinterlassen (s. S. 73). Aber auch wer Eidechsen in altem Gemäuer beobachten und den wunderbaren Ausblick genießen möchte, ist am richtigen Platz.

Vorbei am Wärterhäuschen führt eine Brücke zum einzigen **Eingang der Burg (1)**, heute von einem wuchtigen Holztor geschützt. Rechts neben dem Tor erkennt man eine kleine **Ausfallpforte (2)**, die in Notfällen

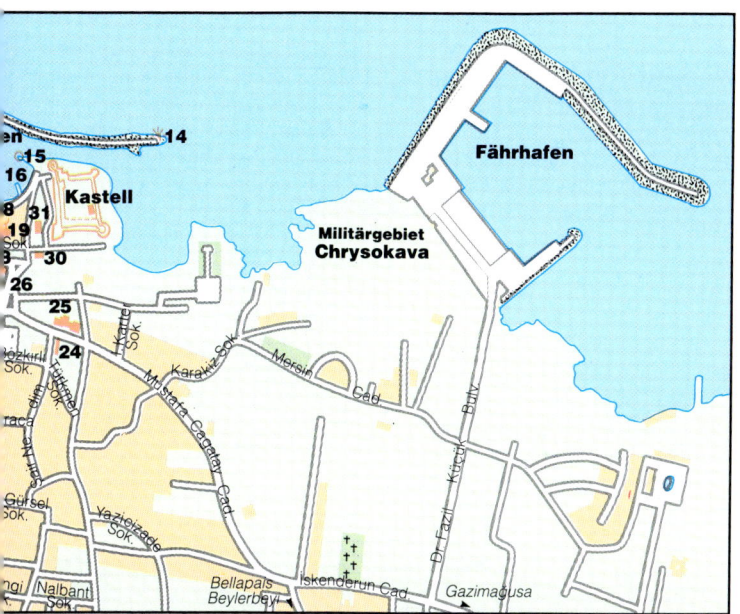

und für Überraschungsangriffe genutzt wurde. Über 20 m hoch steigt die Westmauer aus dem Burggraben, der bis ins 15. Jh. mit Wasser gefüllt war. Er bot nicht nur zusätzlichen Schutz vor Angreifern, sondern konnte Booten auch als Reparaturhafen dienen. Über dem Eingang sind noch gut die Schlitze zu erkennen, in denen die Balken einer Zugbrücke einrasteten.

Nach wenigen Metern im dunklen Torweg fällt rechts der Gang zur Ausfallpforte ab. Wie überall auf der Burg ist auch hier Vorsicht angebracht: An Absperrungen und Geländern herrscht Mangel. Schräg

gegenüber führt ein nicht weniger dunkler Gang zur fränkischen **Kreuzkuppelkirche ›St. Georg‹ (3)** aus dem 12. Jh. Vier runde Marmorsäulen mit frühbyzantinischen Kapitellen sowie Reste farbiger Einlegearbeiten auf dem Fußboden deuten auf einen Vorgängerbau aus byzantinischer Zeit hin. St. Georg lag einst außerhalb der byzantinisch-fränkischen Festung und wurde erst im Zuge der venezianischen ›Aufrüstung‹ in die Mauerverstärkung am neuen **Nordwestturm (4)** integriert.

Wir gehen den dunklen Korridor zurück und gelangen nach wenigen

Schritten an den Torbau aus fränkischer Zeit. Die herrschaftlichen Wappen weisen das Geschlecht der Lusignans als Könige von Zypern und Jerusalem aus. Wo sich einst die Wachstube befand, steht heute der **Sarkophag des Sadik Paşa (5)**, der 1570 die Einnahme Kyrenias leitete und dabei fiel. Das Grab ist übrigens eine Nachbildung des 1974 von Griechen zerstörten Original-Sarkophags.

Über die Rampe zur Linken, auf der einst die Geschütze nach oben gerückt wurden, erreichen wir die Höhe des venezianischen Nordwestturms. Von hier aus eröffnet sich ein wunderbarer Blick auf Hafen, Altstadt und das Beşparmak-Gebirge. Vorbei an der Kuppel der St. Georgs-Kapelle gelangen wir zu einem Burgabschnitt, der die Entwicklungsgeschichte der Festung in besonderem Maße augenfällig macht. Ein byzantinischer Rundturm, der einst die Nordwestecke der Anlage markierte, wird von einem viereckigen **fränkischen Turm (6)** ummantelt. Später wurden beide Türme in die venezianische Verteidigungsanlage einbezogen.

Zurück zum Sarkophag und von dort weiter in den ausgedehnten Innenhof der Festung. Ein Gärtchen

Trutzig wie eh und je: Die Burg von Girne

mit Bäumen, unter denen malerisch antike Säulenreste verstreut liegen, vermittelt im Kontrast zum kriegerischen Zweck der Anlage eine friedliche Atmosphäre. Im Westen lagen in fränkischer Zeit die **königlichen Gemächer (7)**. Das Erdgeschoß diente als Stallung, darüber sind die Reste einer Kapelle sowie eine Sakristei zu erkennen. Die berüchtigten **Kerker (8)** im Südwesten dieses Baus waren letzte Lebensstation auch für so manchen Adligen. Nur zwei Namen aus der langen Liste der hierher Verbannten: Der spätere Lusignan-König Peter I. wurde von seinem Vater eine Zeitlang in diesen Kerker geschickt; Peter wiederum ließ später seinen Hofmarschall Jean le Vicomte in das feuchte und kalte Verlies werfen.

Einige Schritte weiter führt ein weiterer unbeleuchteter Gang mitten in die **Südwestbastion (9)**. Nur mit einer Taschenlampe ist dieser Weg zu den tiefer gelegenen Geschützkammern zu bewältigen. Ein Löwenrelief, das man hier sieht, stammt wahrscheinlich aus hellenistischer Zeit. Über die breiten venezianischen Wallanlagen im Süden lassen sich auch der **Südostturm (10)** und der kleinere, hufeisenförmige **Nordostturm (11)** erreichen,

Als Barbesitzerin in Kyrenia

Kyrenia war ein Mini-St. Tropez. Mit dem kleinen Bilderbuchhafen und den Bergen im Hintergrund ist es ein landschaftliches Juwel. Nicht zu Unrecht hatten englische Aristokraten und pensionierte Militärs sich diesen entzückenden Ort als Ruhesitz ausgesucht. Ab und zu wurde die Idylle von der Ankunft des einen oder anderen britischen Kriegsschiffes unterbrochen. Zypern war ja ein sehr wichtiger militärischer Stützpunkt für England, und so stattete die Navy öfter mal ihren Besuch ab.

Na, dann war was los! »Madame Lotti«, warnten mich die Griechen, »am besten, Sie bleiben geschlossen während des Aufenthaltes der Navy. Wenn die besoffen sind, zerschlagen sie alles, klauen und randalieren durchs Dorf. Und Sie, eine Frau, alleine . . .« Na, dachte ich, wollen wir doch mal sehen. Also, die Jungs gingen an Land. Die erste Station war der Octopus – natürlich, er lag ja direkt am Hafen. Meine griechischen Kellner sahen leicht blaß um die Nase herum aus. Meine Mutter rief wieder einmal »Um Gottes willen«, war aber nicht bereit zu weichen. »Bitte geh nach Hause«, befahl ich ihr. Ach, meine Mutter, die kämpferische Johanna! Da stand sie mit verschränkten Armen und rührte sich nicht vom Fleck. Aber ich hatte mir schon einen Schlachtplan zurechtgelegt.

Zunächst betraten drei Seeleute das Lokal, setzten sich an die Bar und bestellten Brandy. Sehen doch ganz friedlich aus, die Burschen, dachte ich. Neugierig beäugten sie mich. »Also Jungs, the first drink is on the house«, erklärte ich ihnen. Dann fragte ich: »Seid ihr trinkfest?« – »Yes, Madam!« – »Gut.« Ich nahm eine Flasche Brandy vom Regal. »Die gehört euch. Dafür müßt ihr aufpassen, daß sich die Jungs im ›Octopus‹ anständig benehmen, nichts klauen, nichts zerschlagen«, sagte ich. »Beschissen wird hier nicht. Ihr zahlt genau den gleichen Preis wie alle anderen – und ihr seid herzlich willkommen.« Die drei Seemänner waren begeistert. Es lief prima. Jeder, der reinkam, bekam erst einmal einen drink on the house. »You are a wonderful girl«, stell-

der höchste Punkt der Festung und deshalb ein empfehlenswerter Aussichtspunkt. Das Gebäude im Norden unterhalb der Mauer nutzten die Engländer als **Gefängnis (12)**.

Nehmen Sie sich Zeit für das im östlichen Teil der Anlage, im ehemaligen fränkischen Wohntrakt, untergebrachte **Schiffswrack-Museum (13)**. Mit den Resten eines nahe

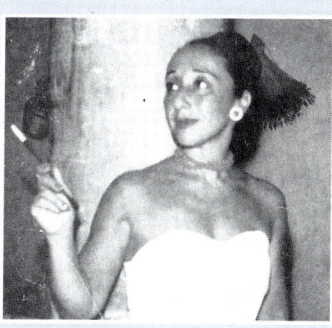

Tolle Tage in Kyrenia:
Lotti Huber im
Octopus 1956

ten sie fest. Resultat: Bei mir wurde tatsächlich nichts geklaut. Im Gegenteil, am Ende des Tages brachten sie mir, stinkbesoffen, wie sie inzwischen waren, ihre woanders geklauten Trophäen. »For you . . . hick . . . because . . . hick . . . we love you . . . hick . . . for she's jolly good fellow . . . hick!« grölten sie.

Was sie mir nicht alles heranschleppten! Eine alte Standuhr, wunderschöne Lampenschirme, Gläser, Garderobenständer, Aschenbecher, Blumentöpfe und und und. Der Octopus sah aus wie ein Trödelladen. Am nächsten Morgen kam die Polizei, holte alles wieder ab und stellte die Sachen ihren rechtmäßigen Besitzern zu. Ich triumphierte. Aber eine kleine Sache machte mir Sorgen. Wo war meine Whisky geblieben, meine kleine Hündin? Whisky war eine kluge Mischlingsdame, halb Dackel, halb was weiß ich. Unerhört witzig und intelligent, sie war mein Schatz. Die Navy liebte es, Maskottchen mit auf's Schiff zu nehmen. Hatten sie etwa meine Whisky entführt? Ich war enttäuscht und wütend. Aber zu Unrecht. Als ich an diesem unvergeßlichen Abend nach Hause kam – wer saß vor der verschlossenen Tür meiner Wohnung und blickte mich aus treuen, braunen Augen vorwurfsvoll an? Whisky! Sie hatte einfach die Nase voll gehabt von all dem Rummel und war nach Hause gelaufen.

Lotti Huber

Girne geborgenen Handelsschiffes aus der Zeit um 330 v. Chr. birgt es einen spektakulären Fund moderner Unterwasserarchäologie (s. S. 30).

Das Herz der Stadt bildet der alte **Hafen** (den inzwischen ein neuer Fähr- und Frachthafen einige Kilometer weiter östlich entlastet). In der hufeisenförmigen Anlage dümpeln kleine Boote, in denen Fischer am Morgen ihren fangfrischen Fisch aus den Netzen klauben. Die bescheidene Zahl von Sportjachten beeinträchtigt dies Idyll nicht, zum Glück! Cafés und Restaurants säumen den Hafenrand und laden zu einer Pause im Schatten ein. Vor allem abends, wenn die Hitze des Sommertages nachläßt, wird der Hafen zur Flaniermeile der Stadt. Man zeigt sich und will gesehen werden.

Das Becken mißt kaum 100 m im Durchmesser und wird bis auf die enge Zufahrt von einer langen Kaimauer abgeschirmt, entstanden erst in unserem Jahrhundert. Der kleine **Leuchtturm (14)** an der Nordwestspitze ist zu Fuß erreichbar. Die Reste eines alten Turmes im Hafenbecken markieren die **einstige Hafenzufahrt (15)**. Man nimmt an, daß sich von diesem Turm eine schwere Eisenkette bis zum heutigen Zollgebäude auf der anderen Seite des Beckens spannen ließ, die im Notfall unliebsamen ›Gästen‹ die Zufahrt verwehrte.

Wer den Hafen mit wachem Sinn durchstreift, wird so manch versteckten historischen Hinweis entdecken. Da sieht man z. B. vor einem der Häuser einen hohlen Steinblock, an dem früher die Winde angebracht war, mit der die Schiffe an Land gezogen wurden. Im östlichen Teil des Hafens, an der Mauer zur Burg hin, läßt sich ein großer, heute verbauter **Bogen (16)** erkennen. Er spannte sich über die ehemalige Einfahrt zu einem klei-

neren, inneren Hafenbecken, das später als Burggraben diente. Wahrscheinlich wurden hier Schiffsreparaturen ausgeführt. Schließlich erhebt sich am Hafenbecken noch einer der drei **Turmreste der mittelalterlichen Stadtmauer (17)**. Da zwei weitere erhaltene Türme in der Nähe liegen, gewinnt man einen guten Eindruck davon, wie eng gefaßt das alte, das byzantinische Kyrenia war.

Das kleine **Volkskundemuseum (18)** ist in einem der alten zyprischen Häuser am Hafen untergebracht und verfügt über einen Zugang vom Hafen wie auch von der höher gelegenen Altstadtgasse her. Neben Handarbeiten gehören Haushaltsgegenstände der letzten beiden Jahrhunderte zu den Exponaten. Hingewiesen sei insbesondere auf eine Ölmühle aus dem Jahr 1895 sowie einen alten, bunt bemalten Webstuhl (Mo–Fr 8–13 Uhr).

Ihr schlankes Minarett ist nicht zu übersehen, der Ruf ihres Muezzin nicht zu überhören: Die kleine **Ağa Cafer Paşa-Moschee (19)** oberhalb des Hafenbeckens trägt ihren Namen nach einem General, der bald nach der osmanischen Eroberung an dieser Stelle eine erste Moschee errichtet hatte. Im Laufe der Jahrhunderte mehrmals zerstört, wurde der Sakralbau zuletzt 1974 wiederhergestellt. Der Imam hat gegen ausländische Besucher nichts einzuwenden. Bei einer alten Treppe neben der Moschee sind noch die Reste eines Steinbrunnens zu

Girnes Hafenrund säumen zahllose Cafés

erkennen, der einst eine Quelle faßte. Hier nahmen die Gläubigen früher ihre rituellen Waschungen vor, bevor sie die Moschee betraten. Heute sind dafür gesonderte Waschräume eingerichtet.

Nur wenige Schritte vom Volkskundemuseum entfernt, auf der anderen Seite der Gasse, ist an den Ruinen der ältesten erhaltenen christlichen Kirche der Stadt, **Panagia Chrysopolitissa (20)**, als Gotteshaus kaum noch identifizierbar, lediglich das nördliche, heute zugemauerte gotische Portal beachtenswert. Stil und Gestalt weisen auf den Ursprung der Kirche im 15. Jh. hin.

In spätosmanischer Zeit wurde den griechischen Christen erlaubt, ein weiteres Gotteshaus zu errichten. 1860 entstand an eben der Stelle, wo früher ein Turm der Stadtmauer die Grenze des byzantinischen Kyrenia markierte, die **Kirche des Erzengels Michael (21)**. Der hohe Glockenturm wurde 15 Jahre später hinzugefügt. Heute erwartet die Besucher in dem bis auf die Ikonostase mit ihrem reichhaltigen Schnitzwerk fast schmucklosen Innenraum eine Ikonen-Ausstellung (Mo–Fr 8–13; 15–18 Uhr).

Direkt neben der Kirche sind Grablegen spätantik-byzantinischer Zeit öffentlich zugänglich. 700 Jahre lang, von 400 bis 1100 beerdigten die frühen Christen ihre Toten in Gräbern, die sie in den Kalkstein-Untergrund der Stadt schlugen. Bei

Bauarbeiten in den letzten Jahrzehnten wurden Dutzende solcher **Katakomben (22)** gefunden, allerdings waren die Grablegen längst ausgeplündert.

Das **Museum der Schönen Künste (23)** in der Paşabahce Sok. im Westen Girnes ist einer ansehnlichen Sandsteinvilla untergebracht. Es beherbergt eine bescheidene Privatsammlung, neben einigen Gemälden Paravents und Porzellan aus Japan und China (täglich 9–12, 14–17 Uhr).

Die kleine Bucht östlich der Burg diente wahrscheinlich den Römern als bescheidener Hafen, dem vorgelagerte, große Felsen als natürliche Wellenbrecher Schutz boten. Vor allem von der Burg aus sind diese Riffe noch gut unter der Wasseroberfläche zu erkennen. Oberhalb der Bucht wurden Reste einer römischen Siedlung entdeckt. Grabungen könnten näheren Aufschluß bringen, doch wie überall in Nordzypern fehlen die Mittel.

Ein Felsplateau ca. 1 km östlich von der Burg – und somit kurz vor dem neuen Hafen gelegen – diente seit römischer Zeit als Steinbruch. Die Quader der Burg(en) von Kyrenia stammen von hier. Sein griechischer Name **Chrysokava** bedeutet soviel wie ›Ort, an dem Gold gefunden wurde‹ (*chrysos* = Gold). Aus byzantinischer Zeit stammen kleine Kirchen, die zum Teil direkt in die Felsen geschlagen waren. Leider ist der größte Teil dieses archäologisch interessanten Fleck-

chens gegenwärtig von Militär in Beschlag genommen und nicht zugänglich.

ⓘ **Touristeninformation:** Ein kleines Büro befindet sich im westlichen Teil des Fischerhafens (☎ 8 15-21 45). Sie dürfen hier einige Broschüren, aber nicht allzuviel Sachkompetenz erwarten.

🚌 **Verkehrsverbindungen:** Girne liegt von Lefkoşa 26 km, von Gazimağusa 73 km entfernt und ist auf gut ausgebauten Straßen bequem mit dem Auto zu erreichen. Zu beiden genannten Nachbarstädten bestehen tagsüber regelmäßige Verbindungen im öffentlichen Verkehr: Sammeltaxis fahren an der Kreuzung Ecevit Cad./Cumhuriyet Cad. ab, wo sich auch die einzige Ampelanlage der Stadt befindet. Wer sicher gehen will, kann einen Platz reservieren (*Fa. Kombos*, ☎ 8 15-23 17). Auch ein Taxistand ist an der Kreuzung zu finden. Ein weiterer Taxistand befindet sich gegenüber dem *Hotel Dome*.

Den Bushof von Girne, etwas außerhalb gelegen, erreicht man mit dem ›Terminal Shuttle‹, der stündlich von der ›Ampelkreuzung‹ abfährt.

Vom neuen Hafen östlich der Burg verkehrt mehrmals wöchentlich eine Auto-/Personenfähre zum südtürkischen Örtchen Taşucu.

Der Transfer zum Flughafen Ercan dauert mit dem Auto oder Taxi eine Dreiviertelstunde.

🛏 **Unterkunft:** In und um Girne liegen zahlreiche Hotels und Bungalowanlagen unterschiedlicher Kategorien (s. S. ••). Das nicht ganz billige ****Hotel Dome (☎ 8 15-24 53; Fax 27 72) westlich des Fischerhafens gehört zu den traditionsreichen Hotels der Insel und stammt noch aus der Kolonial-epoche (umgerechnet DM 140,– für ein Doppelzimmer mit Frühstück). – In den 3-Sterne-Hotels im Stadtzentrum, un-weit des Hafens, kostet das Doppelzim-mer mit Frühstück zwischen umgerech-net DM 80,– und DM 100,–. Die drei relevanten Häuser: ***Hotel Dorana (✆ 8 15-35 21; Fax 20 73); ***Hotel Grand Rock (✆/Fax 8 15-22 38); ***Hotel Li-man (✆/Fax 8 15-20 01). Zu dieser Trias gesellt sich das Hotel ***Club Kyrenia Oscar (✆ 8 15-48 01; Fax 39 80) in der Nähe des neuen Fährhafens. – Etwas billiger wohnt man im Stadtzentrum in einigen 2-Sterne-Hotels (umgerechnet DM 50–60,– für ein DZ), so im **Hotel Yeni Anadol (✆ 8 15-23 19), im **At-lantis (✆ 8 15-22 42), im **British (✆ 8 15-22 40) und im **Socrates (✆ 8 15-12 92; Fax 12 93). Wer sich ›in der er-sten Reihe‹ direkt am trubligen alten Hafen einquartieren möchte, dem sei das neu eröffnete Hotel Ergenekon (✆ 8 15-46 77; Fax 67 81) empfohlen (nur 9 Zimmer, internationales Publikum, deutschsprachige Besitzerin). – Unter-kunft bieten ferner mehrere 1-Sterne-Hotels und Pensionen, die allerdings den üblichen Erwartungen an Komfort und Service nur eingeschränkt genügen (Pension Bristol, Set Pansiyonu). Gut un-tergebracht ist man aber in der einfa-chen Pension Bingöl (✆ 8 15-27 49) ein paar Schritte von der Moschee entfernt (umgerechnet ca. DM 25,– für ein DZ).

Restaurants: Mit Recht gelten Gir-ne und Umgebung als die Region mit den besten Restaurants Nordzy-perns. Aber auch wer eine einfachere und damit preiswertere Küche sucht, wird rasch fündig.

Das von Engländern geführte Efendis House südöstlich des Zentrums (Kamil Paşa Cad. 6, ✆ 11 49; Voranmeldung ratsam) bietet eine exquisite Küche (an

Sonntagen Auswahl aus 2–3 Menüs), die auch ihren Preis hat (umgerechnet ca. DM 30,– pro Person). Treffpunkt vie-ler Engländer ist das Grapevine in der Ecevit Cad. 25 (Richtung Lefkoşa). Auch hier empfiehlt sich eine Reservierung (✆ 24 96; So. geschlossen). Eine gute Küche darf man ferner dem Restaurant Perge in der Canbolat Cad. attestieren, dessen Terrasse direkt über den byzan-tinischen Gräbern liegt (der Besitzer spricht deutsch). Am alten Hafen reihen sich zahllose Cafés und Restaurants, oft geht es hier bis spät in die Nacht hoch her, begleitet von Gitarrenmusik. Auf Fisch spezialisiert sind die beiden Re-staurants Set und Canlı Balık mit Blick auf den Hafen.

Ein einfaches, aber leckeres Kebap ›auf die Hand‹ gibt es in der Hürriyet Cad., der Hauptstraße Girnes.

Nachtleben: Die Hotels Dome und Liman verfügen über Casi-nos. Einige Discos (Disco Tunnel, Hot Lips, Dome Disco) bieten Lautstarkes. Im übrigen sind die Cafés und Restau-rants am Hafen für das Nachtleben ›zu-ständig‹.

Einkaufen: Deutsche Zeitungen erhalten Sie u. a. in einem Zei-tungsladen in der Hürriyet Cad. Im nur wenige Schritte entfernten Supermarkt können Sie u. a. abgepacktes Schwarz-brot kaufen.

Ausgewählte Kelims, Schmuck und Handarbeiten aus Nordzypern (Lefkara-Stickereien) bietet die Galerie Dündar (Türkmen Sok, nicht weit von der Post entfernt; deutschsprachige Besitzerin). Auch bei Alaaddin's (neben der Markt-halle) werden Sie sicherlich das eine oder andere Souvenir finden. An der Hürriyet Cad. sowie ihren Seitenstraßen haben sich verschiedene Textil- und Schmuckgeschäfte angesiedelt.

Bank: Mehrere Banken in Hafennähe und in der Hauptstraße Hürriyet Cad. Einen geringfügig besseren Kurs offerieren die offiziellen Wechselstuben (z. B. an der Atatürk Cad.).

Post: Girnes Postamt liegt in der Cumhuriyet Cad., nur wenige Meter von der Ampelanlage entfernt. Ihm gegenüber das Telefonamt. Selbstwahl ist hier nicht möglich, die Gespräche müssen am Schalter angemeldet werden, Wartezeiten sind häufig unumgänglich.

Baden: Die Bademöglichkeiten im Stadtbereich sind äußerst bescheiden. Einige Hotel-Swimming-pools können gegen geringes Entgelt auch von ›non-residents‹ mitbenutzt werden, z. B. das im *Dome*. Der schmale Sandstreifen östlich der Festung kann nur als Notlösung betrachtet werden. Wer ungetrübtes Badevergnügen sucht, muß aus der Stadt hinausfahren (s. S. 111).

Ausflüge: Mehrmals wöchentlich startet die *Barbarosa* zu empfehlenswerten Touren entlang der Nordküste (*Cyprus Leisure*, ☎ 8 15-49 97). Auch *Bicen Tours & Yachting* (☎ 8 15-67 47) bietet Bootsausflüge von Girne aus an. Hier können auch Fahrräder und Mopeds gemietet werden. – Wenn Sie an Wanderausflügen unter sachkundiger, deutschsprachiger Führung interessiert sind, sollten Sie es bei *Kaleidoskop Turizm* (Vakıflar Çarşısı, 50 m von der Ampelanlage entfernt, ☎ 8 15-18 18) versuchen.

Romantisch in karger Landschaft
gelegen: St. Hilarion

Auf den Spuren der Kreuzfahrer

Ritter- und Klosterromantik in den Höhen des Beşparmak. Tagesausflüge führen von Girne zu den fränkischen Burgen St. Hilarion und Buffavento. Das dritte Ausflugsziel, die Abtei Bellapais, gilt als ›gotische Perle der Levante‹.

Die Bergfestung St. Hilarion

Zuerst ein Wegweiser für Autofahrer: Nehmen Sie von Girne aus die Hauptstraße nach Lefkoşa; nach etwa 7 km zweigt auf der Paßhöhe rechts eine kleine Teerstraße ab, die direkt zur Burganlage führt (4 km). Achtung: Da Sie auf dieser Seitenstraße militärisches Gelände passieren, ist ein Anhalten oder Aussteigen nicht erlaubt. Bald öffnet sich ein Hochtal, bietet sich ein erster, eindrucksvoller Blick auf die Burg. Man erkennt und staunt, wie eng sich die Mauern an das steile Terrain schmiegen und welcher Aufwand beim Bau betrieben wurde. Am Parkplatz direkt beim Burgzugang können Sie noch eine Erfrischung zu sich nehmen, dann geht es an den steilen Aufstieg. Wer nicht so gut zu Fuß ist, sollte sich mit einer Besichtigung der mittleren Burg zufrieden geben; der Weg dorthin ist längst nicht so steil wie das letzte Stück zur Oberburg.

»Phantastisch«, »unglaublich romantisch«, »einzigartig« – man kennt diese enthusiastischen Worte, denn jede kleinere Sehenswürdigkeit wird nur zu gern mit ihnen geschmückt. Ob die Festung, die da hoch über Girne aus den Felsen zu wachsen scheint, das Lob verdient, müssen Sie selbst entscheiden, auch, ob Sie glauben wollen, sie habe Walt Disney als Anregung für seinen Film »Schneewittchen und die sieben Zwerge« gedient.

An dieser Stelle nur: Hilarion **ist** höchst sehenswert, und Sie sind gut beraten, sich für die Besichtigung der Burg genug Zeit zu nehmen. Allein schon der grandiose Blick auf Bergwelt und Küste verlangt nach Muße.

Die Ursprünge der Feste verlieren sich – wie bei so vielen Gebäuden auf Zypern – im geschichtlichen Dunkel. Eine Reihe von Historikern geht davon aus, daß sich der Name St. Hilarion auf einen der Gründungsväter des Mönchswesens im Orient bezieht, der vor seinem Tod im Jahre 371 auf Zypern gelebt hat. Andere führen den Namen auf einen hl. Hilarion späterer Zeit zurück. Wer von beiden es auch gewesen sein mag, der Legende nach soll sich der Heilige als Eremit auf diesen Berg zurückgezogen haben; seine Einsiedelei bildete den Grundstock eines hier errichteten Klosters. Die Byzantiner erweiterten es – wahrscheinlich im 10. Jh. – zu einer Festung.

Die ersten schriftlichen Überlieferungen stammen aus der Zeit, als König Richard Löwenherz die Insel eroberte, also aus dem späten 12. Jh. Nach dem Bericht des englischen Königs sollen sich die dort Eingeschlossenen mehrere Tage lang verteidigt, auf Anordnung des damaligen Herrschers der Insel, Isaak Komnenos, aber schließlich kapituliert haben. Im 13. Jh. ist die deutsch-zyprische Geschichte mit St. Hilarion verknüpft. Ein berühmter Hohenstaufer, Kaiser Friedrich II., landete im Verlauf des sechsten Kreuzzuges 1228 auf der Insel und wollte sich – wie viele vor und nach ihm – die ›fette Beute‹ nicht entgehen lassen. Vier Jahre, von 1228 bis 1232, dauerten die kriegerischen Auseinandersetzungen mit den königstreuen Truppen. Jean d'Ibelin, Regent des noch minderjährigen Königs Heinrich I. (›Henri le Gros‹), hatte St. Hilarion weiter ausbauen lassen, doch fiel die Feste in seiner Abwesenheit durch Verrat an die kaiserlichen Truppen. Bald wendete das Blatt sich erneut, und die vormaligen Belagerer sahen sich selbst einer monatelangen Belagerung durch königstreue (›ghibellinische‹) Truppen ausgesetzt. Ausgehungert mußten sie schließlich die Burg übergeben. Trotz erneuter Anstrengungen kaiserlicher Truppen und wiederholter Belagerung wurden die Staufer im Juni 1232 endgültig geschlagen und mußten ihre Orientpläne aufgeben.

In der Folgezeit ließen die Lusignans die Festungsanlage verstärken; gleichzeitig avancierte der Bau zu einer Art Sommerresidenz in den kühleren Bergen – nicht zuletzt von daher sein heutiges Gepräge. Mit dem Aufkommen von Pulvergeschützen (s. auch S. 73) verlor die Hilarionsfeste genauso wie Buffavento und Kantara ihre militärische Bedeutung.

Rundgang

Hilarion gliedert sich in Unter-, Mittel- und Oberburg. Jeder dieser Burgabschnitte war für eine selbständige Verteidigung gerüstet. So konnten sich die Verteidigungsanstrengungen ›staffeln‹, die Defensive auf nächsthöherer Ebene zweifach neu organisiert werden. Denn alle drei Burgniveaus besaßen Lebensmittel- und Waffenlager sowie Zisternen, die ein selbständiges Agieren ermöglichten. Um die gesamte Burg zu verteidigen, war eine Mannschaft von mindestens 400 Köpfen vonnöten. Um so viele Münder zu sättigen, bedurfte es wiederum einer Reserve von einigen Dutzend Tonnen Lebensmitteln, dazu hielt man auch Lebendvieh. Zur Erinnerung: Belagerungen von ein bis zwei Jahren Dauer waren dazumal keine Seltenheit.

Durch ein äußeres Tor gelangen Sie in ein **Vorwerk (1)**, das die eigentliche Toranlage schützte. Die Konsolen an den Außenmauern sind die architektonischen Reste von Pechnasen.

Vom Innenhof der Unterburg geht es dann auf dem nach links führenden Pfad weiter aufwärts. **Der untere südliche Mauerabschnitt (2)** zeigt mit seinen Zinnen und mit dem Wehrgang auf der Wallkrone die Eigenart byzantinischer Bauweise. Sieben halbrunde Türme verstärkten einst die ca. 400 m lange Mauer; der südwestliche Turm, teilweise restauriert, läßt das ursprüngliche Aussehen auch der anderen Turmsicherungen erahnen. Vorbei an einer der zahlreichen **Zisternen (3)** gelangen Sie zu ehemaligen **Stallgebäuden (4)**, deren Tür hoch genug war für Pferd samt Reiter.

Den **Torbau zur Mittelburg (5)** muß man sich in seiner ursprünglichen Gestalt mit einer Zugbrücke versehen denken; der **Prinz-Jean-Turm (6)** vervollständigte die Tordefensive.

Kein Pfeil flirrt heute, wenn Sie die alte Verteidigung passieren und sich der **byzantinischen Kirche (7)** nähern. Selten der Typus dieses Sakralbaus aus dem 10. oder 11. Jh.: Die längst herabgebrochene Kuppel ruhte auf acht Pfeilern (s. auch S. 116). Ihre Teilrestaurierung verdeutlicht eindrucksvoll die byzantinische Bautechnik in ihrer ästhetisch ausgewogenen Mischung aus Ziegel- und Natursteinen. Da die Kirche für eine Burg zu groß ausgelegt ist, nehmen Historiker an, daß

sie den Kern der ehemaligen Klosteranlage darstellt.

Über einen dunklen Korridor erreicht man eine **große Halle (8)**, vermutlich der ehemalige Speisesaal des Klosters. Heute lädt hier ein kleines Café zur Rast ein. Vom Balkon aus bietet sich, ob beim Tee oder Kaffee, ein weiter Blick auf Vorland und Meer. Wer mag, kann auf dem Rückweg ein Glas zyprischen Honigs kaufen: ein schmackhaftes Souvenir.

Und wieder düsterer Korridor, dann ist der **Belvedere (9)** erreicht: ein Platz, der seinen Namen zu Recht trägt, gewährt er doch vorzüglichen Ausblick nach mehreren Seiten.

Andere Räume der Mittelburg dienten Wirtschaftszwecken, darunter eine **Küche (10)**, ein Vorratsraum sowie **Toilettenanlagen (11)**, die den fragwürdigen Komfort damaliger Zeiten verdeutlichen. *(Seien Sie hier – wie auch in manch anderem Teil der Burg – vorsichtig! Der Zahn der Zeit hat an Mauern und hölzernen Hilfskonstruktionen genagt, die nicht immer den verläßlichsten Eindruck machen.)*

Nördlich schließen sich **königliche Gemächer (12)** an, nordwestlich **Unterkünfte der fränkischen Wachmannschaft (13)**.

Der nun steiler werdende Weg zur Oberburg führt uns an der größten **Zisterne (14)** vorbei, die im Winter das Regenwasser aufnahm. Da bisher im gesamten Burgareal keine Quelle ausgemacht werden konnte, ist anzunehmen, daß allein Regenwasser die Trinkwasserversorgung sicherstellte. Die damaligen hygienischen Zustände unterstellt – das keimtötende Abkochen von Wasser war noch nicht bekannt –, erhält man einen Begriff davon, wie leicht Krankheiten sich verbreiten konnten.

Rechts neben der Zisterne mündet ein **Notausgang (15)**, wie er auf jeder Burgebene zu finden ist, sei es für heimliche Ausfälle der Soldaten oder eine unbemerkte Flucht bei Nacht.

Nach mehreren Serpentinen gabelt sich der Fußweg; nach links geht es zum schon erwähnten Prinz-Jean-Turm ab – ein Abstecher, der nur trittsicheren Besuchern mit gutem Schuhwerk zu empfehlen ist. Der Legende nach ist dies der Ort, wo Prinz Jean de Lusignan seine 300köpfige bulgarische Wache eigenhändig aus dem Fenster stürzte. Jean war an der Ermordung seines Bruders beteiligt gewesen. Dessen Witwe Eleanor sann auf Rache und warnte Jean vor einem angeblichen Komplott seiner eigenen Leibwache. Seiner Schutztruppe beraubt, konnte Jean schließlich im Auftrag der Königin ermordet werden.

Die Oberburg war wiederum durch eine **Mauer mit Turm (16)** geschützt, dahinter weitet sich ein größeres Plateau. Von der Natur längst wieder in Besitz genommen, läßt es kaum noch ahnen, daß sich hier einmal höfisches Leben abspielte.

Vorbei an **Wirtschaftsgebäuden (17)** und einer noch heute mit Wasser gefüllten **Zisterne (18)** geht es zum **königlichen Palast (19)**, mit dem das Areal im Nordwesten abschließt. Obwohl die Schleifung der Burg durch die Venezianer vieles zerstört hat, sind Grundzüge der gotischen Anlage aus dem 13./ 14. Jh. erkennbar geblieben. Im Nordteil des Palastes, der zwei Berggipfel miteinander verbindet, war wieder ein Notausgang angelegt; auch eine einfache **Toilettenanlage (20)** befand sich hier.

Im Mittelpunkt einer jeden Fremdenführung steht ein berühmtes Detail des Palastes: das ›Fenster der Königin‹, ein kunstvolles und gut erhaltenes gotisches Maßwerkfenster. Wer sieht – bei ein wenig Phantasie – nicht die Königin auf der Steinbank sitzen, den Blick in die Ferne gerichtet?! Aber auch ohne Ritterromantik beeindruckt die herrliche Aussicht auf das Dorf Karaman und die langgezogene Küstenlinie.

Auf die Berghöhe (732 m) und zu den **südlichen Verteidigungsanlagen (21)** samt Ecktürmen gelangen Sie auf dem Rückweg über einen Pfad, der kurz vor dem Eingangsbereich nach rechts abbiegt. Er ist trittfesten Besuchern vorbehalten; Kinder sollten ihn nicht unbeaufsichtigt gehen. Ein beeindruckender Panoramablick belohnt für den Abstecher.

Anreise: Mit dem Mietwagen oder mit dem Taxi von Girne aus. Wer mit dem Bus oder Sammeltaxi (Girne-Lefkoşa-Strecke) anfährt, muß sich

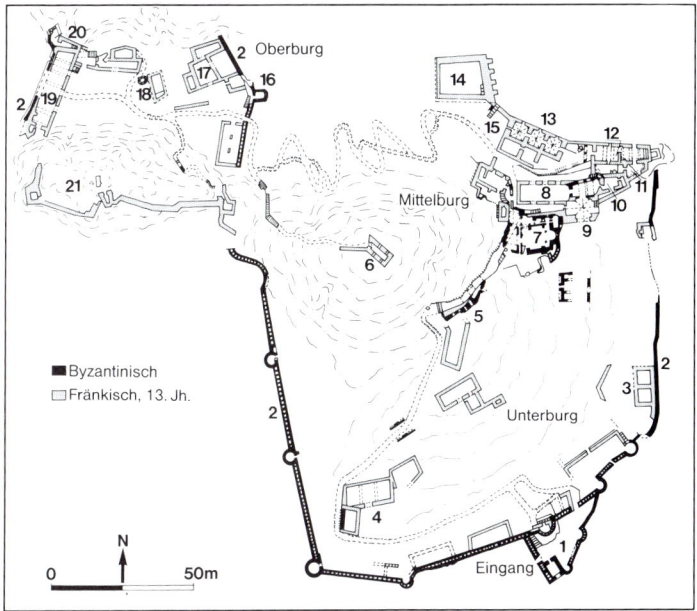

St. Hilarion 1 Vorwerk 2 Unterer südlicher Mauerabschnitt 3 Zisternen 4 Stallgebäude 5 Torbau zur Mittelburg 6 Prinz-Jean-Turm 7 Byzantinische Kirche 8 Große Halle 9 Belvedere 10 Küche 11 Latrinen 12 Königliche Gemächer 13 Kasernen 14 Zisterne 15 Notausgang 16 Byzantinischer Turm 17 Wirtschaftsgebäude 18 Zisterne 19 Königlicher Palast 20 Latrinen 21 Verteidigungsanlage

am Abzweig an der Paßhöhe absetzen lassen, hat dann allerdings noch 4 km zu Fuß zurückzulegen. Lefkoşa liegt 25 km entfernt, von Gazimağusa aus sind es 85 km bis nach Hilarion. Die vielleicht schönste und behutsamste Annäherung an die Burg erfolgt über einen Forstweg aus westlicher Richtung von Lapta her. Aus schemenhaften Umrissen schält sich die Festung nach jeder Biegung des Wegs deutlicher und in neuer Gestalt heraus (s. S. 110).

Erfrischungen: In der Mittelburg ein kleines Café. Am Parkplatz neben dem Eingang kann man sich u. a. mit einem Kräutertee stärken.

Nordzyprische Wanderungen

Serpentine um Serpentine windet sich unser Kleinbus den Nordhang des Beşparmak hinauf. Der Dorfladen des kleinen Ortes Lapta bot die letzte Gelegenheit, noch ein paar Kekse als Reiseproviant zu erstehen. Die staubige, von tiefen Rillen und Furchen durchzogene Strecke rüttelt uns alle tüchtig durcheinander. ›Alle‹, das ist eine kleine Reisegruppe, die sich vorgenommen hat, eine Woche lang im Beşparmak-Gebirge zu wandern. Vorbei an steilen Abhängen ist nach einer halben Stunde der Ausgangspunkt unserer Fußtour erreicht: ein Forstweg auf dem Kamm des Gebirgszuges. Spätestens jetzt müssen die Sandalen weichen; in Wanderschuhen geht es weiter in östliche Richtung. Das Ziel: St. Hilarion.

Im Frühjahr und im Herbst, wenn die Sonne nicht gar so heiß vom Himmel brennt, ist Nordzypern ein außerordentlich reizvolles Wandergebiet. Das Beşparmak-Gebirge, das die Insel von West nach Ost durchzieht, stellt mit seinen zahlreichen Wirtschafts- und Forstwegen das Hauptwandergebiet dar. Diese Wege sind bequem begehbar, trittfestes Schuhwerk ist dennoch sinnvoll. Meist wandert man am Gebirgskamm entlang und genießt dabei abwechslungsreiche Ausblicke über die Mesarya-Ebene im Süden und die grüne Küstenlandschaft im Norden. Große Steigungen müssen Sie hier nicht mehr überwinden.

Aber nicht nur die Berghöhen locken: Schöne Wanderungen sind auch auf der dünnbesiedelten Karpaz-Halbinsel oder entlang der

»Die dem Wind trotzt«: Buffavento

Unter den drei Burganlagen des Beşparmak-Gebirges ist Buffavento ohne Zweifel das ›Stiefkind‹: Stark zerstört und nur schwer erreichbar, rangiert sie im touristischen Interesse hinter St. Hilarion und Kantara (s. S. 171). Aber gerade als Ruine besitzt Buffavento eigenen Reiz, und so mancher Besucher hält die

Anlage, eben weil der Schleier des Geheimnisses über ihr liegt, für die interessanteste und anregendste der drei nordzyprischen Burgen.

Buffavento liegt 17 km von Girne entfernt. Man folgt der Paßstraße nach Değirmenlik bis auf den Kamm; bei einem kleinen Parkplatz geht dort rechts ein unscheinbarer und nicht ausgeschilderter Weg ab (auf der gegenüberliegenden Straßenseite weist ein Schild zum Herbarium; s. S. 116). Von

Strandlinie möglich, so z. B. im nordwestlichen Küstenbereich in Richtung Sadrazamköy.

Unbeschwertem Wandern steht in Nordzypern eigentlich nur ein Hindernis entgegen: Die An- und Abfahrt zu den günstigsten Ausgangs- und Endpunkten sind mit öffentlichen Verkehrsmitteln meist nicht möglich. So muß man entweder Absprachen mit einem Taxifahrer treffen oder sich von vornherein organisierten Tageswanderungen anschließen bzw. Wanderwochen buchen. Von einem regionalen Reiseveranstalter angebotene Touren schließen nicht nur den Transfer ins Wandergebiet ein, sie garantieren auch eine sachkundige Führung. Wanderkarten sind nämlich (aus Gründen militärischer Sicherheit) für Nordzypern nicht erhältlich, und es gibt auch keine Wegmarkierungen oder Hütten. Passionierte Wanderer, die ohne Führer aufbrechen, müssen damit rechnen, unvermutet auf einen Schlagbaum oder Zaun zu stoßen, der militärisches Sperrgebiet abgrenzt.

Die Teilnehmer unserer kleinen Wandergruppe sind von den phantastischen Ausblicken fasziniert. Immer wieder ergeben sich neue Perspektiven, immer wieder wird ein kurzer Halt eingelegt, um die Fernsicht zu genießen oder von einem der Erdbeerbäume zu naschen. Nach zwei Stunden schälen sich zum ersten Mal die Ruinen von St. Hilarion aus dem Felsen – der ›Höhepunkt‹ dieser Wanderung (s. S. 110). Nach der Besichtigung der Festung steht unser Kleinbus wieder bereit, und ab geht es an den Strand.

Kaum zu beschreiben, welch erhöhten Genuß nach einer mehrstündigen Wanderung ein Bad im Meer bereitet!

hier aus sind es noch 7 km auf steiniger Forststraße bis zur Burg. Wer über die nötige Ausdauer verfügt, sollte seinen Wagen am Parkplatz abstellen und zu Fuß gehen. Der an der Südseite des Gebirges entlangführende Weg verspricht wechselnde Ausblicke auf die weite Mesarya-Ebene und führt durch lichte Pinienwälder, an Lorbeer- und Johannisbrotbäumen vorbei.

Wer die Autoanfahrt vorzieht, muß sich darauf einstellen, tüchtig durchgerüttelt zu werden; oft geht es dicht an steilem Fels entlang. An einem Parkplatz bei einem großen Olivenbaum endet die Fahrstrecke, spätestens ab hier kommt niemand um einen Fußmarsch herum. Für den schweißtreibenden Aufstieg auf steilem und steinigem Pfad – passendes Schuhwerk und Windjacke nicht vergessen! – benötigt man ca. 40 Minuten, dann ist das Tor dieser mit 954 m höchstgelegenen Burg Zyperns erreicht.

Über Buffaventos Geschichte ist wenig bekannt, nicht einmal das Gründungsdatum. Man darf jedoch davon ausgehen, daß die Festung von den Byzantinern angesichts der arabischen Attacken errichtet wurde. Das erste Mal erwähnt wird Buffavento 1191, als die Anlage kampflos an König Löwenherz fiel. Die Lusignans bauten die Burg weiter aus, erst die Venezianer erkannten in ihr keinen Nutzen mehr und ließen sie schleifen.

Auf einem steilen Gipfel erbaut, gliedert sich Buffavento in eine Unter- und eine Oberburg. Die Lage in abschüssigem, unwegsamem Terrain läßt darauf schließen, daß die Feste nicht als Sommerfrische des Adels diente, sondern als Flucht- und Trutzburg oder als Gefängnis. Wir wissen von mehreren Männern, die im Kerker von Buffavento ihr Leben ließen. Als der Hofmarschall Peters I. diesen über eine Liebschaft seiner Frau unterrichtete, war es – nach sprichwörtlichem Muster – der Überbringer der Nachricht, nicht der Täter, der dafür in Buffaventos Verlies wanderte, wo er kläglich verhungerte. König Heinrich II. arretierte 1310 seinen Bruder Amaury in der Bergfeste.

Rundgang

Die **Toranlage** passierend, gelangt man zu den ersten Bauten der Unterburg, entstanden in fränkischer Zeit. Über ihre genaue Funktion läßt sich nur spekulieren; das gilt natürlich nicht für eine der zahlreichen **Zisternen** der Burg. Von einem in westlicher Richtung angebauten kleinen **Balkon** genießt man in schwindelerregender Höhe einen grandiosen Blick über die Weite der Mesarya-Ebene. Gut läßt sich von hier aus auch das höher gelegene **Hauptgebäude** mit seinen byzantinischen Rundfenstern betrachten. Wer sich über einige Treppenstufen dorthin bemüht, den erwartet eine weite Aussicht über Girne und die westlichen Gebirgskämme.

Zur Oberburg führen mehr als 200 steile Steinstufen. Dieser **Treppenweg** ist nichts für Menschen mit Höhenangst; Kinder sollte man hier an die Hand nehmen. Den Pfad säumen Pinien. Sie haben ihre Wurzeln in Bergspalten geschlagen, wo sich Erde sammeln konnte. Die Mühen des Aufstiegs bleiben indes nicht ohne Lohn. Wie auf einem Präsentierteller liegt die gesamte Insel vor dem Betrachter.

Auch die Gebäude der Oberburg sind weitgehend zerstört, einige dienten wahrscheinlich als **königliche Gemächer**. Im Norden sind die Reste einer **Zisterne** zu erkennen, und die höchste Bergspitze bekrönt ein **Beobachtungs- und Signalhaus**. Fremde Truppen und Schiffe konnten von diesem Auslug frühzeitig ausgemacht, die Beobachtung mit Hilfe von Feuerzeichen nach Nicosia und Kyrenia übermittelt werden.

Das **Kloster Chrysostomos** (11. Jh.) südlich der Burganlage liegt auf Militärgelände und kann leider nicht besichtigt werden.

Anreise: Um Buffavento zu besuchen, bedarf es entweder des eigenen Pkw oder eines Leihwagens. Im übrigen s. S. 110. Keine Einkehrmöglichkeiten. Sie sollten ausreichend Verpflegung, vor allem Getränke, mitführen.

Gotisches Meisterwerk der Levante: Bellapais

6 km südöstlich von Girne liegt am Hang des Beşparmak-Gebirges

Bellapais 1 Toranlage 2 Kirche 3 Querhaus (Narthex) 4 Chor 5 Sakristei 6 Schlafsaal 7 Kreuzgang 8 Römische Marmor-Sarkophage 9 Cellarium (Wirtschafts- und Aufenthaltsräume) 10 Refektorium (Speisesaal) 11 Kanzel 12 Sitzplatz des Abts 13 Küche 14 Treppe zur Krypta (Kellergewölbe) 15 Kapitelsaal 16 Schatzkammer

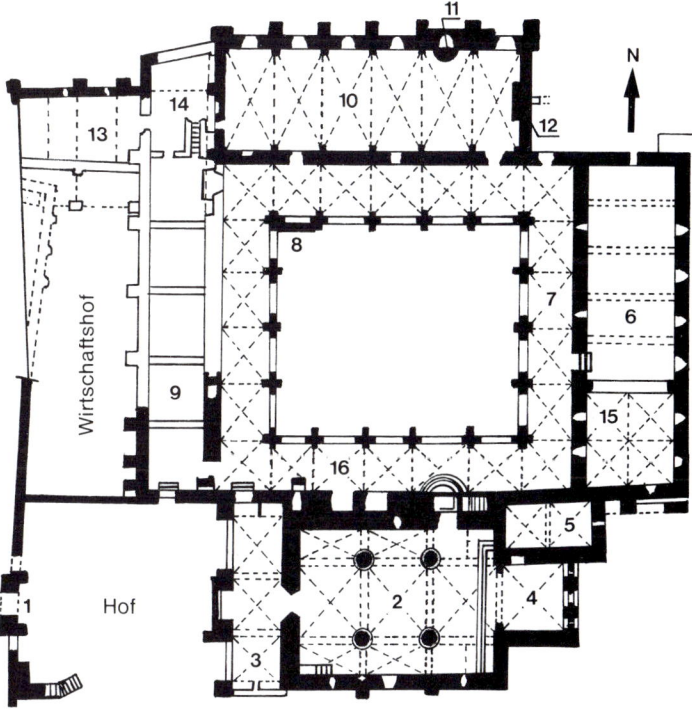

eine der herausragenden Sehenswürdigkeiten Nordzyperns, die gotische Abtei Bellapais.

Das Kloster wurde im Laufe seiner Geschichte mehrmals umbenannt. Unter den Lusignans hieß die Anlage *Abbaye de la Paix* (›Abtei des Friedens‹), die Venezianer machten daraus *Bellapaix* (›Schöner Frieden‹), was umgangssprachlich zu Bellapais umgewandelt wurde. Der heutige türkische Name lautet Bellabayis oder Beylerbeyi. Auch die Bezeichnung ›weiße Abtei‹ ist überliefert, in Anspielung auf die weißen Kutten, welche die Prämonstratenser-Mönche damals trugen.

Aber nicht Prämonstratenser, Augustiner haben die Abtei gegründet, und zwar im Jahre 1205. 1187 waren sie als ›Wächter des Heiligen Grabes‹ aus Jerusalem nach Zypern geflüchtet, begleitet von Prämonstratensern, die nach ihrem Ordensgründer (Norbert von Xanten, späterer Erzbischof von Magdeburg) auch Norbertiner genannt wurden. Bald nahmen die Augustiner die Regeln der Prämonstratenser an, und das Kloster, zu dem weitläufige Ländereien gehörten, erlebte einen raschen Aufschwung.

König Hugo III. (reg. 1267–1284) gilt als der eigentliche Gründer der heutigen Klosteranlage, denn er stellte die notwendigen finanziellen Mittel für ihren repräsentativen Ausbau zur Verfügung. Den Abt stattete der König mit besonderen Privilegien aus, so durfte dieser während des Gottesdienstes die Bischofsmitra tragen und außerhalb der Kirche Schwert und goldene Sporen anlegen.

Im 14. Jh. revoltierte die reiche und mächtige Abtei nicht nur gegen den Erzbischof von Nicosia, sondern sogar gegen den Papst. Noch im selben Jahrhundert aber setzte der Niedergang ein. Mit dem Griff Genuas nach der Insel verlor auch die Abbaye de la Paix an Einfluß und Vermögen. Sogar eine Plünderung mußte das Kloster über sich ergehen lassen.

Mit dem Beginn der venezianischen Herrschaft war aller vormalige Glanz schon erloschen. Historische Berichte sprechen eine deutliche Sprache: »Die weiße Abtei (...) liegt in Ruinen; die Liturgien werden nicht mehr abgehalten; alle Klosterbrüder haben Frauen, und die Einkünfte sind für deren Kinder bestimmt, so daß die Brüder in großer Armut leben. Wenn die Signoria keine Schritte unternimmt, diese widerrechtliche Verwendung zu beenden (...), wird alles verlorengehen. Es ist eine große Sünde mitanzusehen, wie solch eine großartige Abtei, so ein Wunder der Architektur, verfällt. (...) Einer der Mönche hat mir bestätigt, daß einige von ihnen bis zur drei Frauen haben.«

Nach der osmanischen Eroberung wurde die Abtei der orthodo-

◁ Perle der Levante: Bellapais

xen Kirche übergeben, die nur noch die Klosterkirche als Dorfkirche nutzte.

Rundgang

Bereits bei der Anfahrt erkennt man den wuchtigen, wehrhaften Charakter von Bellapais. Die Anlage erhebt sich auf einem Felsvorsprung, ihre nördliche Mauer stellt einen hohen, kaum überwindbaren Schutzwall dar.

Hinter dem Wärterhäuschen erreichen Sie zunächst die ehemalige **Toranlage (1)**, die mit Resten von Zinnen den festungsartigen Charakter der Abtei unterstreicht. Einst war dieses Tor nur über eine Zugbrücke erreichbar. Wer schwindelfrei ist kann auf den Torbogen hinaufsteigen und die gesamte Anlage aus ›erhöhter Perspektive‹ betrachten. Achtung jedoch! Einige Steine liegen locker.

Die **Kirche ›Heilige Maria vom Weißen Gewande‹ (2)** aus der Mitte des 13. Jh. stellt den ältesten noch erhaltenen Teil der Anlage dar (Schlüssel beim Wächter). Die Basilika gliedert sich in ein Längsschiff und zwei sehr schmale **Seitenschiffe** mit einem vorgelagerten **Narthex (3)** sowie **Chor (4)** und **Sakristei (5)** an der Ostseite. Der Glockenturm wurde erst in späterer Zeit hinzugefügt.

Reste von Wandmalereien sind im Narthex noch zu erkennen, die Nischen in seinem südlichen und nördlichen Teil waren wahrscheinlich als Grablegen für Hugo III., den Seneschall Balian d'Ibelin und

eine weitere hochgestellte Persönlichkeit gedacht. Die Ikonostase stammt aus sehr viel späterer Zeit, als die griechische Orthodoxie die Kirche übernommen hatte. Vom nördlichen Seitenschiff aus war neben der Sakristei auch der **Schlafsaal (6)** schnell und bequem erreichbar – wollten die Mönche die Mitternachtsmesse besuchen, hatten sie einen kurzen Weg.

Den von einem **Kreuzgang (7)** umschlossenen Klosterhof im Zentrum der Anlage markieren vier große Zypressen. Malerisch, wie sie sich in die Höhe recken, gehören sie zu den meistfotografierten Motiven Nordzyperns. Gepflanzt hat die Baumschönheiten in den 40er Jahren dieses Jahrhunderts ein Wächter der Abtei. Seiner Initiative ist auch die heutige Gartenanlage zu danken, die der gotischen Ruine zusätzlichen Reiz verleiht.

Schon der Romancier und Essayist Lawrence Durrell (1912–1993), der mehrere Jahre im Dorf Beylerbeyi (Bellapais) gelebt hat, erlag der Faszination dieses Gartens inmitten von Ruinen und verlieh ihm in seinem Roman ›Bittere Limonen‹ (1957) literarischen Ausdruck: »Die Kreuzgänge des Klosters mit ihren schwerbeladenen Orangenbäumen und den leuchtenden Blumengärten waren eine Studie von Kontrasten. Die erste, kontemplative Ruhe der Gotik wurde überall von mediterraner Üppigkeit gelber Früchte und schimmernder grüner Blätter unterbrochen – wie Schweigen von Musik.«

Vom Maßwerk der im Flamboyant-Stil gehaltenen Kreuzgang-Arkaden sind nur noch Fragmente erhalten, doch verstärkt gerade dies den anmutigen Gesamteindruck. Konsolen, Kapitelle und Schlußsteine des Kreuzgangs sind reich verziert, zu ornamentalem Dekor gesellen sich dabei verschiedentlich auch Tier- und Menschenhäupter. Die beiden mit Girlanden, Löwenköpfen und Menschenfiguren eindrucksvoll verzierten römischen **Marmor-Sarkophage (8)**, Werke aus dem 2. Jh. n. Chr., dienten den Prämonstratenser-Mönchen als Waschbecken.

Vom ehemals zweistöckigen **Cellarium (9)** mit den Wirtschafts- und Aufenthaltsräumen der Laienbrüder, das den Klostergarten im Westen abschloß, ist nichts mehr vorhanden.

Zurück zu den übereinandergestellten Sarkophagen. Auf der Nordseite des Kreuzgangs öffnet sich hier eine Pforte zum **Refektorium (10)** des Klosters. Über dem Eingang erinnern Wappen an die fränkischen Herrscher: Der Löwe rechts steht für das Geschlecht der Lusignans, das große Kreuz in der Mitte, von vier kleineren umgeben, bildet das Wappen der Könige von Jerusalem ab, und zur Linken vereinigt ein weiteres Wappen beide Sinnbilder zum Ausweis der Könige von Jerusalem und Zypern.

Das 11 × 30 m große Refektorium selbst ist in noch relativ gutem Zustand und zählt zu den prägnantesten gotischen Bauleistungen der Levante. Von den Fenstern der Nordwand öffnet sich ein schöner Blick über die ehemaligen Ländereien des Klosters auf die Meeresküste. Von einer kleinen, verzierten **Kanzel (11)** wurde den Klosterbrüdern während der Mahlzeiten aus erbaulichen Schriften vorgelesen. An der Ostwand des Speisesaals saß erhöht der Abt **(12)**, von den Bänken der Mönche an der Nord- und Südwand zeugen noch Spuren der Halterungen in den Wänden.

Durch die Tür in der Westwand gelangte man in den anschließenden **Küchenbereich (13)**. Eine Treppe führt von hier in das **Kellergewölbe (14)** unterhalb des Speisesaals, das wahrscheinlich als Lagerraum und Werkstätte diente und durch eine Pforte mit dem ehemaligen Klostergarten verbunden war.

Von dem östlichen, ehemals zweigeschossigen Gebäude (7) sind zwar nur noch Ruinen vorhanden, doch künden die Reste der Strebepfeiler und Mauern von den einstigen Ausmaßen dieses Komplexes, der in seinem Erdgeschoß den Gemeinschafts- und Arbeitsraum der Mönche beherbergte – wahrscheinlich der einzige Raum des Klosters, der im Winter beheizt war. An den großen Quadern haben die Steinmetze eine Vielzahl von Ritzmarken hinterlassen: Erkennungszeichen ihres Arbeitsanteils.

Über dem Gemeinschaftsraum erstreckte sich der schon erwähnte Schlafsaal der Mönche. Die Nischen in den Wänden dienten zur Ablage der persönlichen Habe.

Den südöstlichen Teil des Erdgeschosses nahm der **Kapitelsaal (15)** ein: Hier erteilte der Abt seinen Klosterbrüdern Instruktionen. Die Marmorsäule in der Mitte des Saals entstammt einer frühchristlichen Basilika, möglicherweise der von Lapethous/Lambousa (s. S. 104). Sieben der acht figürlich gestalteten Konsolen an den Wänden haben sich erhalten, freilich vom ›Zahn der Zeit‹ benagt; von Nordosten her: ein Mann mit Leitern auf seinen Schultern; ein Mann (möglicherweise Odysseus) zwischen zwei Sirenen; eine lesende Frau; ein Mann (Daniel?), der mit zwei Ungeheuern kämpft (eines reißt seinen rechten Arm ab); eine Frau mit einem Medaillon; ein Esel und eine Katze auf einem Birnbaum, davor ein Mann mit einem Schild; als letzte Konsole: ein Mönch.

Die nach Osten weisende Tür führte einst in den Krankensaal und zu weiteren Gebäuden, die nicht mehr vorhanden sind. Auch eine sich nach Norden anschließende Terrasse ist verschwunden.

Über zwei Treppen gelangt man auf das Dach der Kirche, wo ein kleiner Raum mit Kreuzgewölbe und Nischen in den Wänden einst als **Schatzkammer (16)** diente.

 Anreise: Mit dem Leihwagen (Parkplatz im Osten der Anlage) oder von Girne aus mit dem Taxi. Keine öffentlichen Verkehrsverbindungen.

Unterkunft: Im Weiler Beylerbeyi (Bellabayis) werden einige nicht ganz billige private Ferienwohnungen vermietet. *Gardens of Irini* sind gut ausgestattete Studios mit sehr individuellem Ambiente in einem abgeschlossenen Garten und Blick über das Dorf (✆ 8 15/28 20). Die Bungalowanlage ***Ambelia Village* (✆ 8 15/21 75) verfügt über Swimming-Pool und Restaurant. Denselben Komfort bieten die nicht weit entfernten Bungalows ***Bellapais Gardens* (✆ 8 15/60 66).

Restaurants: Stilvoll speisen läßt es sich im Restaurant *Kybele* innerhalb der alten Abtei. Ein besonderer Tip ist das mit zahlreichen Flaschenkürbissen geschmückte *Abbey Bell Tower* direkt neben dem Kloster. Kenner rühmen vor allem die Mezeler. Von der Terrasse des *Tree of Idleness* (gleich neben dem *Abbey Bell Tower*) hat man eine gute Aussicht auf die Abtei.

Römischer Sarkophag in Bellapais

Von Girne
in den äußersten Nordwesten

Eine lohnende Tagestour: Über das idyllische Bergdorf Karaman und den historisch bedeutsamen Ort Lapta geht es, vorbei an schönen Stränden, bis zum rauhen Kap Koruçam Burnu.

Karaman/
Nekropole von Karmi

Auf einer gut ausgebauten Straße verläßt man Girne zunächst in westliche Richtung; nach 5 km, in Karaoğlanoğlu, geht es dann nach links, also südwärts in die Berge, wo schon von weitem die Häuser von **Karaman** (griech.: *Karmi*) freundlich in der Sonne blinken. Es gilt einige Serpentinen zu überwinden, dann ist das in 300 m Höhe am Hang gelegene Dorf erreicht. Die Straße endet im Ort, der seinen Namen von einem Karmeliter-Orden erhielt, zu dessen Besitz das Dorf im Mittelalter zählte. Karamans Häuser sind auffallend herausgeputzt, handelt es sich doch um ein Vorzeigeprojekt des nordzyprischen Tourismus.

Es leben hier nahezu ausschließlich Engländer und Deutsche, die die Häuser des 1974 endgültig aufgegebenen Dorfes auf 25 Jahre vom Staat pachten konnten. Die Pacht war mit der Auflage verbun-

den, die Häuser im traditionellen Stil wiederherzurichten. Da sich viele der Pächter nur wenige Wochen auf der Insel aufhalten, werden eine ganze Reihe von Häusern und Wohnungen an Touristen vermietet. Wer einen individuellen und ruhigen Urlaub in behaglicher Atmosphäre schätzt, ist hier am richtigen Platz. Allerdings ist ein Mietwagen fast obligatorisch, denn es gibt keine Busverbindung nach Girne. Schöne Badestrände in und um Karaoğlanoğlu sind mit dem Auto schnell zu erreichen. Die Gegend eignet sich für Spaziergänge: In westlicher Richtung ist der einzige ganzjährig schüttende Wasserfall Nordzyperns zu Fuß zu erreichen, und auch die Festung St. Hilarion liegt sozusagen ›vor der Haustür‹ (erreichbar in einer drei- bis vierstündigen Wanderung, am besten mit Führer). Die kleine Kirche des Ortes gleich neben dem zentralen Parkplatz steht sonntags für einige Stunden offen. Ein Lebensmittel-Geschäft und einige Restaurants mit empfehlenswerter Küche sichern auch in kulinarischer Hinsicht einen angenehmen Aufenthalt.

Auf dem Rückweg (mit der Anfahrt nach Karaman identisch) geht es einige hundert Meter nach Verlassen des Ortes rechts ab zur **Nekropole von Karmi**, einem früh- und mittelbronzezeitlichen Friedhof (2000–1600 v. Chr.) mit mehreren Kammergräbern. Das etwa 20 × 20 m große Gräberfeld liegt am Ende der Teerstraße. Beachtung verdient, daß häufig ein gemeinsamer Eingangskorridor *(Dromos)* mehrere Grabkammern erschließt, manche Kammern auch mehrere Zugänge aufweisen. Die Räume selbst wurden mit großen Steinen verschlossen.

1960 entdeckte man an einer Wand des Dromos (unterhalb des Steinhauses) das Relief einer menschlichen Gestalt, das älteste derartige ›Grabdenkmal‹ Zyperns aus der frühen Bronzezeit. Über einen Meter hoch ist diese sehr einfach und roh stilisierte Figur, ähnliche Funde sind aus Ägypten bekannt. In einem weiteren Grab wurde eine Tasse gefunden, die ihrem Typus nach auf Handelskontakte mit dem minoischen Kreta hinweist und die Archäologen bewog, von einem ›Grab des Seemanns‹ zu sprechen.

Lapta/Lambousa

15 km westlich von Girne erinnert rechts der Küstenstraße ein kolos-

Girne und Umgebung

sales **Denkmal** an die Landung der ersten türkischen Truppen in einer nahegelegenen Sandbucht am 20. Juli 1974. Kurz dahinter das ›**Friedens- und Freiheitsmuseum**‹ von Alsançak, wo von den griechischen Zyprern erbeutete Waffen ausgestellt werden. Man kann sich wahrlich bessere Zeugnisse für den Frieden vorstellen, als dieses nationalistisch geprägte Museum sie bietet.

In der fruchtbaren Region bei den Dörfern **Alsançak** und **Lapta** gedeihen, gespeist von Quellen des nahen Gebirges, Orangen und Zitronen, Oliven- und Johannisbrotbäume, Walnüsse und Sykamoren. Zahlreiche Maulbeerbäume erinnern daran, daß die Seidenindustrie hier einst einen zentralen Erwerbszweig darstellte. Noch bis vor wenigen Jahren war die Ge-

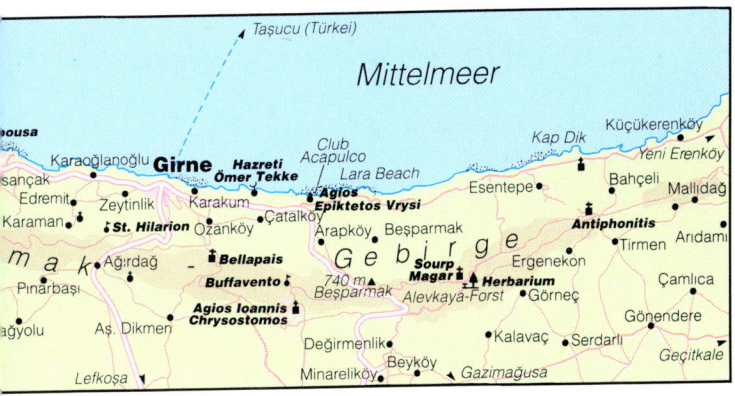

gend auch für ihre Töpferwaren bekannt.

Die Fruchtbarkeit dieses Teils der Insel bildet den natürlichen Hintergrund für eine mehrtausendjährige Siedlungsgeschichte. In und um Lapta – das antike Lapithous – wurden Funde aus dem Neolithikum und dem Chalkolithikum gemacht. Gräber aus der frühen Eisenzeit enthielten wie bei den Königsgräbern nahe Salamis Hinweise auf Menschenopfer (s. S. 156 f.). Die einen sehen Achäer von der Peloponnes, andere Phönikier als Stadtgründer des antiken Lapithous an. Unzweifelhaft und durch zahlreiche Funde belegt ist die Existenz eines frühen gleichnamigen Stadtkönigtums (5./4. Jh. v. Chr.). Aus dieser Zeit stammt u. a. ein Terrakottamodell, das eine Geburtsszene darstellt. Lapta, das unter den Byzantinern Bischofssitz war und in fränkischer Zeit zu den reichen Ländereien zählte, beginnt allmählich am Tourismus zu partizipieren. Besucher können zwischen Ferienwohnungen und Hotelanlagen wählen. Der Ort verfügt über zwei Moscheen aus dem 17. und 19. Jh.

Eine römische und frühbyzantinische Stadt, das alte **Lambousa**, nur wenige Kilometer von Lapta entfernt, ist heute fast gänzlich von Militär besetzt. Lambousa war einer der beiden römischen Häfen an der Nordküste Zyperns, und bereits die Phönikier werden hier über einen Hafenplatz verfügt haben. Reste einer römischen Mole, der antiken Akropolis und eines Mosaikfußbodens können leider nicht besichtigt werden. Das gilt auch für die beiden Kirchen – die Kirche des Klosters Acheiropoietos und die Kapelle Agios Eulalios aus byzantinisch-fränkischer Zeit. Der berühmte Silberschatz von Lambousa, ein byzantinischer Hortfund, der um die

Als Engländer in Nordzypern

82 Jahre britische Herrschaft haben nicht nur im öffentlichen Leben Zyperns, z. B. in Form des Linksverkehrs auf den Straßen, Spuren hinterlassen. Zahlreiche Engländer wählten Zypern als Ruhesitz im Alter. Ursprünglich kamen viele von ihnen aus den ehemaligen britischen Kolonien in Afrika oder Indien; für sie, die häufig ein halbes Leben außerhalb des ›Abendlandes‹ zugebracht hatten, war die Insel im östlichen Mittelmeer ein Refugium am Rande Europas, nicht zu nah und nicht zu fern.

Mittlerweile hat sich die Situation stark verändert. Manch ›kühlen Briten‹ zieht es aus London oder Manchester als Pensionär in das sonnige Zypern, in die schönen Landhäuser außerhalb der Städte und Dörfer. Vorteil: die günstigen Sätze für Immobilien wie auch für die Lebenshaltung insgesamt. Nachteil: Die Versorgung im Alter und bei Gebrechlichkeit ist in Nordzypern längst nicht so umfassend geregelt wie daheim – auf der ›anderen Insel‹.

Einer, der schon 25 Jahre auf der Insel lebt, ist William Dreghorn, der ein Häuschen mitten in Girne bewohnt. Er gehört zu den ca. 200 Engländern, die sich in und um Girne niedergelassen haben. Schon immer hat William Dreghorn, inzwischen 85 Jahre alt, sich in das Inselleben eingemischt und tut es auch heute noch. Kein Wunder, daß ihn beinahe jeder in Nordzypern kennt. Er ist fast zu einer Legende geworden.

Von Beruf ist bzw. war William Dreghorn Geologe, und so hat er denn die ersten fünf Jahre seines Ruhestandes genutzt, das Beşparmak-Gebirge geologisch zu erforschen. Daraus resultierte nicht nur eine große wissenschaftliche Veröffentlichung; vielmehr versuchte der unermüdliche Engländer, auch dem wissenschaftlichen Laien Geologie

Jahrhundertwende entdeckt wurde, ist auf mehrere Museen im Ausland verteilt.

Außerhalb der ehemaligen Stadtmauer Lambousas, jenseits des militärischen Sperrgebiets, sind westlich des Hotels Mare Monte byzantinische Gräber, ebenso frühchristliche Kapellen zugänglich. Beachtung verdienen auch sechs Fischtanks aus römischer Zeit direkt am Strand, durch Kanäle mit dem Meer verbunden. So also versorgte man sich, unabhängig vom Fangergebnis auf der See, im römischen Zypern mit frischem Fisch.

nahezubringen, indem er eine kleine, allgemeinverständliche Broschüre über seine Ergebnisse veröffentlichte.

Diesem Anspruch auf Breitenwirkung blieb er treu, als er sich in den Folgejahren verstärkt der Archäologie zuwandte und seine Erkenntnisse in weitere Broschüren, ausgestattet mit vortrefflichen eigenen Zeichnungen, einfließen ließ. Mit diesen populären Veröffentlichungen hat William Dreghorn das Wissen um Nordzypern und das Bild des Landesteils gerade im englischsprachigen Raum entscheidend mitgeprägt.

Auch mit 85 Jahren ist er noch äußerst agil. Täglich geht er im Meer schwimmen – im Sommer früh am Morgen, im Winter nachmittags. Und oft kann man ihn mit einem Zeichenblock unter dem Arm begegnen und beobachten, wie er ein architektonisches Detail kenntnisreich zu Papier bringt. Der Erlös seiner Bilder – neben Zeichnungen auch Ölgemälde und Kalligraphien – geht übrigens an ein Armen-Hospital. Mit viel Engagement setzte er sich zuletzt für einen Hain 400 Jahre alter Olivenbäume ein, der Gefahr lief, abgeholzt zu werden.

William Dreghorn kann wahrlich nicht zu den Leuten gerechnet werden, die sich von der lokalen Bevölkerung abgrenzen und sich in einer Ausländergemeinde abkapseln. Zu sehr sieht er darin die Gefahr sozialer Spannungen, gerade in einem so kleinen Gemeinwesen wie Nordzypern. Er lernte Griechisch ebenso wie Türkisch und legt höchsten Wert auf gute Kontakte zur einheimischen Nachbarschaft, von der er in lobenden Tönen erzählt.

Als einer der wenigen, die einen griechisch-zyprischen Paß besitzen und in den Süden der Insel fahren dürfen, verbringt William Dreghorn die Sommermonate gern im kühleren Troodos-Gebirge. Er kennt und schätzt beide Seiten der Insel, doch Nordzypern ist zu seiner eigentlichen Heimat geworden, nicht zuletzt »because it is an outdoor museum«.

Koruçam Burnu/ Koruçam

Etwa 10 km hinter Lapta zweigt rechts/nordwärts eine Straße ab, die durch eine felsige, meist karge Landschaft mit niedrigem Macchia-bewuchs nahe dem Meer und vorbei an einigen Sandstränden bis zum nordwestlichen Kap der Insel führt: Koruçam Burnu. Gelegentlich passiert man allerdings auch landwirtschaftlich genutzte Flächen. Oliven- wechseln mit Johannisbrotbäumen, und zuweilen sieht

man sogar Gerstenfelder. Im Dörfchen **Kayalar**, am Weg zum Kap gelegen, gesellen sich zu alten, ärmlichen Häusern einige Villen in Hanglage, von wuchernden Geranienbüschen umgeben. Je näher das Kap rückt, um so karger die Vegetation; baumlos nun das Land. **Koruçam Burnu** ist ein rauher Inselzipfel.

Für den Rückweg empfiehlt sich die Strecke über das Dörfchen **Koruçam**. Hier lebt die Mehrzahl der in Nordzypern verbliebenen Maroniten (s. S. 168). Die riesige Kirche im Zentrum erinnert mit ihrem hellen Sandstein, den zwei Glockentürmen und dem mächtigen, von Rundsäulen eingefaßten Portal ein wenig an eine Benediktinerabtei – jedenfalls wirkt sie viel zu groß für das kleine Dorf. Jeden Tag ist sie morgens bis ca. 10 Uhr, nachmittags zwischen 14 und 17 Uhr geöffnet, sofern der Pater nicht gerade anderweitig beschäftigt ist. Seine Gemeinde umfaßt ca. 200 Gläubige; an Festtagen kommen allerdings, wie der Pater stolz berichtet, bis zu 2000 Besucher.

Karaman, eine grüne Oase am
Beşparmak

aus Steinquadern. Ein Denkmal,
das an den Stierkultus im minoischen Kreta erinnert und wahrscheinlich auch von dorther inspiriert ist.

Verkehrsverbindungen: Die Tour
kann in der vorgeschlagenen
Weise nur mit dem Pkw absolviert werden. Da die Entfernungen gering sind
(von Girne bis zum Kap: ca. 45 km), genügt ein Tag.

Anmerkung: Wenn Sie in umgekehr-
ter Richtung, also von Çamlıbel her,
zum Kap anreisen, verweigern die Militärposten gelegentlich die Durchfahrt.
In diesem Fall müssen Sie zurück und
sich bei der Polizeistation in Çamlıbel
einen Passierschein besorgen (der Reisepaß genügt dazu als Ausweis; keine
Gebühren).

Unterkunft: Westlich von Girne
reihen sich Hotels und Bungalowanlagen an der Küste. Fast immer gehört
ein kleiner Sandstrand dazu. Manchmal
ist auch ein Swimming-pool vorhanden.
Das Hotel ****_Jasmin Court_, 2 km westlich des Zentrums von Girne, (✆ 8 15/
14 50, Fax 14 88), verfügt über Appartements und Studios der gehobenen
Preisklasse (Swimming-pool). Ähnlich
exquisit das ****_Hotel Celebrity_ (✆ 8 21/
87 51-3, Fax 87 61) und das ****_Cha-
teau Lambousa_ (✆ wie Celebrity), beide
etwa 15 km vom Zentrum Girnes entfernt. – Die Hotel- und Bungalowanlage
***_Mare Monte_ (✆ 8 21/83 10, Fax
88 87) liegt 12 km von Girne entfernt an
einer langen Sandstrandbucht. – Westlich davon, 10 km von Girne, das Hotel
***_Deniz Kızı_ (✆ 8 21/87 10-1, Fax

Richtung Lefkoşa, 2,5 km hinter
der letzten Tankstelle von Çamlıbel, zweigt rechts ein unscheinbares
Sträßchen zum spätbronzezeitli-
chen **Heiligtum von Myrtou-Piga-
des** ab. In der ca. 70 × 70 m großen
Anlage aus dem 13. Jh. v. Chr. deuten die Fundamentlinien auf zahlreiche winzige Räume hin. Dazwi-
schen: eine mehrere Meter tiefe
Zisterne. Zentrale Sehenswürdigkeit ist das rekonstruierte Heiligtum: Auf einem nach oben sich
verjüngenden altarähnlichen Sockel
erhebt sich ein stilisierter Stierkopf

84 33) mit einem äußerst verlockenden flachen Sandstrand. – Die Appartementanlage **Espri in Yeşiltepe liegt inmitten eines großen Gartens mit Swimmingpool (✆ 8 21/89 32). – Unter den Bungalowanlagen zwischen Girne und Lapta seien **Top Set (✆/Fax 8 22/22 04) und **Riviera Mocamp (✆ 8 15/33 69, Fax 50 71) in Karaoğlanoğlu hervorgehoben.

In Karaman werden mehrere Häuser und Wohnungen von einem deutschen Paar liebevoll betreut (s. S. 200). Fast alle bieten einen herrlichen Blick über die weite Küstenlandschaft.

Restaurants: Fein speisen läßt es sich in Karaman: Das Levante (✆ 8 22/54 31), mitten im Ort, bietet beste levantinische Küche (schöne Terrasse); am Ortseingang (die Terrasse hat nicht weniger Reiz als die im Levante) das Treasure (✆ 8 22/54 00) mit einheimischen und englischen Gerichten. Spezialität ist hier Muluhiya, ein dem Spinat ähnliches Gemüse, das in Ägypten häufig serviert wird. Apropos: Die ausgestellten Treasure-Antiquitäten stehen zum Verkauf!

Auch an der Küstenstraße sowie in und um Lapta und Karaoğlanoğlu wird der Gaumen verwöhnt: Das Restaurant Dünya (✆ 8 22/23 92) in Karaoğlanoğlu, direkt an der Küstenstraße einige hundert Meter westlich des Abzweigs nach Karaman, ist zwar einfach eingerichtet, serviert aber mehr als nur Hausmannskost. Über ein Dutzend Vorspeisenteller umfaßt die Palette der Mezeler. Dazu spielen abends manchmal zyprische Musiker auf. – Rita aus dem Restaurant Rita on the Rocks (✆ 8 21/ 89 22) ebenfalls an der Küstenstraße, kurz vor Lapta gelegen, bietet gute internationale und zyprische Küche. Zum Restaurant gehört – mancher wird's

gern vernehmen – ein Swimming-pool. – Im Restaurant Altınkaya (✆ 8 21/ 83 41), 8 km westlich von Girne, ist Fisch die Spezialität. Auswahl und Zubereitung lassen nichts zu wünschen übrig. – Ingo's Restaurant in Lapta rühmt sich, als einziges Nordzyperns deutsche Küche zu servieren. – Schließlich noch der Hinweis auf das Başpınar (✆ 8 21/86 61) oberhalb von Lapta. Auch hier stimmt die Küche; und es schmeckt doppelt so gut auf der Terrasse, wo sich ein wunderbarer Blick über die Küstenlinie eröffnet.

Ausflüge: Karaman ist ein idealer Ausgangspunkt für Wanderungen, z. B. nach St. Hilarion oder ins Nachbardorf Ilgaz, wo Sie sich in Flintstones Bar für den Rückweg stärken können. Auch von Lapta aus lassen sich Beşparmak und die Gebirgsausläufer in bequemen Spaziergängen, aber auch in anspruchsvollen Bergwanderungen erkunden.

Strände: Mit einem Mietwagen ausgestattet, werden Sie unter den vielen Stränden westlich von Girne – meist kleinere Sandbuchten – gewiß ihren ›Strandfavoriten‹ finden.

Hotelstrände dürfen in der Regel auch von ›non-residents‹ gegen ein geringes Entgelt mitbenutzt werden. Der Strand (mit Strandbar) des Hotels Deniz Kızı, 10 km westlich von Girne, zählt zu den optisch schönsten. Flachsandig geht es auch beim Hotel Mare Monte, 12 km westlich von Girne, in die blaugrünen Wellen. Der Vorteil dieser und anderer Hotelstrände: Sie werden regelmäßig von angeschwemmtem Plastik gesäubert (s. S. 18) – Karaoğlanoğlu und Lapta verfügen über sandige Gemeindestrände mit Strandeinrichtungen.

Klöster und Strände östlich von Girne

Reizvolle Kontraste: eine rauhe Küstenlandschaft, zahllose Sandbuchten, die zum Baden einladen, verlassene Klöster in den Höhen des Beşparmak. Zwei lohnende Autotouren erschließen die einsame Region.

Die Strandroute

Von Girne geht es ostwärts auf der Küstenstraße, die sich 15 km jenseits der Stadt zu einer an Kurven und Schlaglöchern reichen Strecke verengt. Wer diese Route wählt, sollte also Zeit mitbringen. Zur Rechten begleitet von den bewaldeten Höhenzügen des Beşparmak, kommen hier vor allem Freunde einer rauhen, nur dünn besiedelten Küstenlandschaft auf ihre Kosten. Die Strände sind meist steinig oder mit Kies bedeckt, manchmal allerdings öffnen sich naturbelassene Sandbuchten, die zum Baden einladen. Jedoch nicht alle sind mit dem Auto erreichbar, so daß man einen kleinen Fußmarsch nicht scheuen darf. Wäre da nicht der Plastikmüll (s. S. 18, man könnte von einem Strandidyll sprechen . . .

Eine erste, bescheidene Bademöglichkeit bietet **Karakum**. Bald darauf, ca. 6 km von Girne entfernt, geht es links ab zur **Hazreti Ömer Türbesı**, einem islamischen Heiligtum direkt am Meer. Ömer, der im 7. Jh. zusammen mit weiteren muslimischen Soldaten hier getötet wurde, wird auf Zypern zu den ›Glaubensmärtyrern‹ gerechnet.

Weiter nach **Ozanköy** und **Çatalköy,** wo in den letzten Jahren einige Feriensiedlungen entstanden, aber auch interessante archäologische Funde gemacht wurden. Natürlich sind sie in Museen gewandert; bei aller Geschichtsträchtigkeit dürfen Sie vor Ort nirgendwo Spektakuläres erwarten (s. S. 158)

Einen sehr schönen Strand besitzt der *Club Acapulco*, 11 km von Girne entfernt. Auch Nicht-Hotelgäste können ihn mitsamt den Strandeinrichtungen gegen einen kleinen Obolus benutzen. Eine der ältesten Siedlungen Nordzyperns, **Agios Epiktetos Vrysi**, liegt auf dem Gebiet dieser Ferienanlage.

In den Klippen, direkt neben dem Club-Restaurant, sind von englischen Archäologen ab 1964 Reste einer Altsiedlung ergraben worden, die zwischen 4000 und 3000 v. Chr. bewohnt war. Die Funde in den kleinen neolithischen Rundhäusern deuten auf Verbindungen zum anatolischen Festland hin, wo

Vor einem
Kaffeehaus in
Çatalköy

ähnliche Töpferware hergestellt wurde. Unter Tausenden von Scherben und Einzelfunden befanden sich neben Steinfiguren, die offensichtlich kultischen Zwecken dienten, auch über 200 Steinnadeln, die auf eine wichtige Tätigkeit dieser Landwirtschaft treibenden Siedlergruppe hinweisen: das Weben von Wolle. Die Häuser bestanden lediglich aus einem Raum, die Toten wurden unterhalb des Fußbodens begraben (s. S. 20).

Einige Kilometer weiter, auf dem Gelände eines im Bau befindlichen neuen Kraftwerks (und deshalb der Öffentlichkeit nicht zugänglich) hat man noch ältere Werkzeugfunde gemacht. Sie stammen meist noch aus der Zeit vor der Erfindung der Töpferei (sogenanntes akeramisches Neolithikum; auf Zypern bis ca. 5000 v. Chr.).

Ca. 1,5 km hinter der Ferienanlage Acapulco folgt **Lara Beach** mit Sand und Strandeinrichtungen. Vorbei an *St. Kathleen's Restaurant* (wo wegen der guten Küche ein Zwischenstopp lohnt) erreichen Sie eine Dünenlandschaft mit feinem Sandstrand, einen der wichtigsten Eiablageplätze der Meeresschildkröten (s. S. 114). Auch die benachbarten Sandbuchten, durch staubige Stichstraßen erschlossen, eignen sich für einen Strandaufenthalt. Auf touristische Einrichtungen muß man hier natürlich verzichten.

Große Sehenswürdigkeiten dürfen Sie auf der weiteren Fahrt Richtung Osten nicht erwarten. ›Entdeckernaturen‹ seien auf die versteckten byzantinischen Gräber kurz vor Esentepe hingewiesen, die auf eine noch nicht ausgegrabene Stadt in der Nähe hindeuten (*Kharcha* gen.).

Wollewäscherinnen bei Kaplıca

Die Bewohner von Dörfern wie **Esentepe, Tatlısu** und **Kaplıca** sind meist in der Landwirtschaft tätig. Sie betreiben kleine Gewächshäuser, ganze Familien sind im Herbst bei der Nuß- und Olivenernte zu beobachten. Von diesen und weiteren Dörfern lassen sich Abstecher in die Berge unternehmen, doch sind die schmalen Staub- und Steinstraßen oft nur mühsam befahrbar und laden eher zum Wandern ein.

Eine weitere größere Badebucht kurz vor **Kaplıca** besitzt sogar eine Taverne. Zur Festung Kantara ist es von hier nicht mehr weit (s. S. 171).

Die Klosterroute

Hinter Çatalköy zweigt von der Küstenstraße in südlicher Richtung die Hauptstrecke nach Gazi-

Zuflucht für Meeresschildkröten

Die Verschmutzung des Mittelmeers (s. S. 18), die Nutzung fast sämtlicher seiner Küstenstriche durch Agrikultur und Tourismus machen den großen Meeresschildkröten den geringen Lebensraum an Land streitig, den sie für ihre Eiablage dringend benötigen. Gefährdet sind die Arten *Chelonia Mydas* und *Caretta Caretta*, vor allem erstere. Die Sorge, die Tiere könnten binnen weniger Jahrzehnte aussterben, erscheint angesichts der dramatischen Verschlechterung ihrer Lebensbedingungen nicht unbegründet.

Denn für Eiablage und Schlüpfen der Jungen müssen besondere Voraussetzungen gegeben sein. Meeresschildkröten benötigen einen sandigen Küstenstreifen, wo sie ihre Eier vergraben können. Die Ablage findet meist in den Sommermonaten statt, reicht jahreszeitlich aber noch in den Oktober hinein.

In der Dunkelheit nähern sich die Weibchen dem Ufer und prüfen, ob die Gegend ruhig genug ist und ob keine nahen Lichter stören. Akzeptieren sie den Strandabschnitt, kommen die Tiere an Land. Das ist nicht gerade einfach, wird ein ausgewachsenes Tier doch über 1 m lang und ca. 250 kg schwer. Der Untergrund für die Eiablage darf weder zu hart sein noch aus allzu feinkörnigem Sand bestehen, der beim Graben des Loches wieder zurückfließen würde. Auch muß die Abla-

mağusa ab. Wo auf der Paßstraße am Parkplatz auf dem Kamm der Weg rechts zur Festung Buffavento abzweigt (s. S. 92), weist nach links ein kleines Schild zum Herbarium, das von hier aus auf einer holprigen Forststraße zu erreichen ist.

Eine bequemere Zufahrt ermöglicht einen Abzweig einige Kilometer weiter südlich. Diese zweite Strecke ist geteert und belohnt zudem mit einem schönen Blick über die weite Mesarya-Ebene. Nach 6 km trifft man, dem Teersträßchen gestelle hoch genug am Strand liegen, damit sie selbst bei stürmischem Wetter nicht von den Wellen überspült wird.

Das ›Ausschachten‹ des Loches ist Schwerstarbeit, nur unter Einsatz aller vier Gliedmaßen gelingt sie dem Weibchen. In das fertige Sandnest legt es danach um die vierzig tennisballgroße Eier ab; mit Sand überdeckt, ist das Gelege als solches bald nicht mehr erkennbar. Nach diesem Akt, der in den kurzen Sommernächten bis zum Morgengrauen dauern kann, zieht sich das erschöpfte Weibchen wieder ins Meer zurück.

Knapp zwei Monate später schlüpfen die nicht einmal 4 cm langen Jungtiere. Wie auf ein Kommando eilen sie – meist in der Morgendämmerung – in das ihnen vorbestimmte Naß.

Nach Meinung von Wissenschaftlern reift von 4000 Jungtieren jedoch nur ein einziges zu einer erwachsenen Schildkröte heran. Dafür sind nicht nur natürliche Feinde im Meer und an Land verantwortlich. Häufig werden die Schildkröten bei der Eiablage gestört, auf Licht und Lärm reagieren sie sehr empfindlich. So mancher Zweibeiner scheut auch nicht davor zurück, mit dem Pkw auf die Strände zu fahren und zerstört dabei unwissentlich die versteckten Gelege. Als zusätzliches Problem erweist sich in Nordzypern angeschwemmter Müll an den Stränden, der es den ungeschickt ›krabbelnden‹ Jungtieren erschwert oder sogar unmöglich macht, das Meer zu erreichen.

Seit einigen Jahren engagiert sich die Gesellschaft zum Schutz der Meeresschildkröten in Nordzypern (Abkürzung: KKKKD oder SPOT) für die Tiere. Sie leistet Aufklärungsarbeit in Medien und Schulen, veröffentlicht Broschüren und ruft regelmäßig zu Reinigungsaktionen an den Küsten auf. Ihre Mitglieder entdeckten an Dutzenden von Stränden im Norden und Osten der Insel Hunderte von Gelegen. An fast allen diesen Stränden wurden zweisprachige (türkisch/englisch) Warnschilder aufgestellt, die zur Rücksichtnahme auffordern. Das Betreten ist also nicht verboten; Autos und Müll haben hier aber wirklich nichts zu suchen.

folgend, auf einen der größten Picknick-Plätze des Landes mitten im **Alevkaya-Forst**, wo vor allem an Sonntagen Dutzende von Autos parken und zyprische Familien einem ihrer größten Vergnügen nachgehen: Überall wird an Feuerstellen mitgebrachtes Fleisch gebrutzelt, man trinkt Wein und Rakı; Kinder tollen herum, es herrscht eine friedliche und zugleich heitere Sonntagsnachmittagsstimmung. An Wochenenden, wenn hier auch ein kleines Restaurant geöffnet hat, sind die besten Plätze schon am frühen Vormittag belegt.

Das kleine **Herbarium** in der Forststation nebenan ist in einem einzigen Raum untergebracht. In liebevoller Weise präsentiert es Fotos und Zeichnungen der heimischen Pflanzenwelt; viele Pflanzen wurden gepreßt und katalogisiert. Blumenliebhaber erhalten einen sehr guten Einblick vor allem in die reiche Orchideenwelt der Insel.

Von einer der verstreut liegenden Picknickstellen beim Herbarium führt eine Straße in nördlicher Richtung steil hinunter zum zerstörten armenischen **Kloster Sourp Magar**. Man sollte die kurze Strecke nicht mit dem Wagen fahren, sondern auf jeden Fall zu Fuß gehen, zu tief ist der Boden ausgewaschen.

Das verlassene Kloster befindet sich in einem erbärmlichen Zustand: Die tragische Verfolgung der Armenier reichte bis in dieses abgelegene Gebirgstal. Ursprünglich gehörte die Anlage koptischen Christen aus Ägypten, die sie dem hl. Makarios aus Alexandrien (309–404) gewidmet hatten. Erst 1425 übernahmen armenische Christen den Besitz. Im 19. Jh. ersetzten sie die ursprüngliche Klosteranlage durch einen Neubau. Nach den Armenier-Verfolgungen in der Türkei Ende des 19./Anfang des 20. Jh. diente das Kloster als Wallfahrtsort und Sommersitz eines Waisenhauses in Nicosia. Erst in den 70er Jahren dieses Jahrhunderts wurde die Klosteranlage mutwillig zerstört.

Nach Osten hin ist – mit gewissem Spürsinn – ein weiteres verlassenes Kloster zu finden; kein Wegweiser hilft bei der Orientierung auf den vielen Forstwegen. Folgt man der Straße in Kammnähe vom Picknickplatz beim Herbarium weiter ostwärts, gelangt man nach ca. 10 km an eine Wegspinne mit vier Forststräßchen. Eine steile, für Pkws ungeeignete Trasse führt hier in nördlicher Richtung in ein Tal hinunter; nach einigen hundert Metern steht man vor dem idyllisch gelegenen **Kloster Antiphonitis**.

Im Frühjahr wirkt der Klosterhof wie mit Blüten bestreut, die roten Tupfer des Mohns leuchten neben dem Lila hoher Disteln. Aber es sind nicht allein die reizvolle Lage inmitten von Bergwäldern und Olivenhainen und der wunderbare Blick aufs Meer, die einen Besuch lohnen; vielmehr handelt es sich hier um die letzte erhaltene byzantinische Kuppelkirche vom Achtstützentypus auf Zypern (in der architektonisch gleichartigen Kirche von St. Hilarion ist die Kuppel ja eingestürzt, s. S. 89). Im 12. Jh. wurde die Antiphonitis-Kirche erbaut, der Narthex mit seinem Tonnengewölbe und die südlich angebaute Loggia mit ihren malerisch wirkenden Arkaden stammen aus dem 14./15. Jh. Acht riesige Rundpfeiler tragen die mächtige Kuppel, die beinahe den gesamten Kirchenraum überwölbt. Zwei der Pfeiler, nicht mit der Wand verbunden, trennen optisch den Altar- vom Gemeinderaum.

Das versteckt gelegene Kloster Antiphonitis birgt sehenswerte Fresken aus dem 12.–15. Jh.

Zwar sind viele der Fresken aus dem 12.–15. Jh. mittlerweile stark zerstört – einige wurden auch von Kunsträubern entfernt –, doch vermögen sie den Besucher noch immer zu fesseln. Die Kuppel beherrscht Christus als Pantokrator. Darunter ist ein Zug von Engeln zu erkennen, geführt von Maria und Johannes dem Täufer. Im nächsten Register werden die zwölf Apostel auf Thronen sitzend dargestellt. Am Südwestpfeiler erkennt man die Taufe Christi: Jesus schreitet nackt durch den Jordan, Johannes der Täufer steht am Ufer. Neben vielen weiteren Szenen und Heiligenfiguren ist eine Darstellung der Mariengeburt am Nordwestpfeiler von Interesse, verbinden sich dabei doch byzantinische (Darstellung Mariä) Elemente mit der italienischen Renaissance (Palast im Hintergrund). In der Apsis eine weitere Mariendarstellung (der Kopf der Maria leider bis zur Unkenntlichkeit versehrt); die Erzengel Michael und Gabriel flankieren in prächtigen Gewändern.

Über das nicht weit entfernte **Bahçeli** gelangt man wieder zur Küstenstraße und über Esentepe zurück nach Girne.

Verkehrsverbindungen: Die Touren entlang der östlichen Küstenstraße und zu den Klöstern können nur mit dem eigenen bzw. einem Leihwagen absolviert werden. Wer will, kann sie über Kantara oder Büyükkonuk zur Bucht von Gazimağusa fortsetzen (dort sehr schöne Bademöglichkeiten) und danach über die Hauptstraße von Gazimağusa nach Girne zurückkehren. Man sollte dann aber frühzeitig aufbrechen.

Der Besuch der Klöster läßt sich im übrigen mit kleinen Wanderungen verknüpfen – und natürlich auch mit einer Besichtigung von Buffavento (s. S. 92, vgl. S. 110).

Unterkunft: Auf den ersten Kilometern östlich von Girne mehrere Ferienanlagen; weiter nach Osten werden die Unterkunftsmöglichkeiten sporadisch (zu den Hotels bei Bellapais s. S. 102). – Oberhalb von Çatalköy, 7 km vor Girne entfernt, liegt in den Vorbergen die noble Hotel- und Bungalowanlage ****Olive Tree (☎ 8 41/42 00, Fax 89 92) mit Swimming-pool und Tennisplatz; Buspendelverkehr verbindet sie mit Girne. – Die schon erwähnte Anlage (Hotel, Bungalows) ***Club Acapulco (☎ 8 24/44 50, Fax 44 55) bietet einen ausgedehnten, flach abfallenden Sandstrand, ferner Swimming-pool, türkisches Bad und Sauna, Strandbar sowie ein Casino. Regelmäßige Busverbindung mit Girne.

Restaurants: 2 km östlich von Kyrenia weist ein Schild zum *Courtyard Inn*, wo Sie englische Küche erwartet (»it doesn't have to be bad«). – Kurz vor Çatalköy folgt das *Lemontree*, wo die Fisch-Mezeler besonders zu empfehlen sind. Im *Happy Garden* (im Dorf Ozanköy) sitzt man unter Obstbäumen und einer Palme so behaglich, wie es der Name des Restaurants verspricht; gleich daneben brutzelt der Wirt im Freien. – Ein weiterer kulinarischer Tip ist das *Old Mill*, in einer alten Mühle von Ozanköy untergebracht. – *Zia's Restaurant* am Ortseingang von Çatalköy ist für seine schmackhaften Fischspezialitäten bekannt.

Preisbewußte versuchen es entlang der Küstenstraße, wo verschiedene kleine Restaurants das Prädikat ›billig – intim – gut‹ verdienen – und zudem mit einer Bademöglichkeit im nahen Meere verwöhnen.

 Strände: Eigentlich ist dazu alles gesagt (s. S. 18). Die erste Bademöglichkeit östlich von Girne besteht in Karakum; zu den schönsten Sandstränden der nördlichen Küste zählt der des Acapulco; in Lara Beach noch einmal Strandeinrichtungen; weiter östlich Sandstrände, die Meeresschildkröten als Eiablageplätze dienen (entsprechende Rücksichtnahme ist geboten; eine letzte große Badebucht schwingt vor Kaplıca aus der Küstenlinie.

Begegnungen mit dem antiken Zypern

»Kennst Du das Land, wo die Zitronen blühn?« Das Städtchen Güzelyurt kann diese alte Italien-Sehnsucht befriedigen. Und genauso den Wunsch nach großer Kultur, denn im Westen warten historische Stätten wie Soloi und Vouni …

Güzelyurt, das ehemalige *Morphou*, die einzige ›größere‹ Stadt im Westen der Insel, liegt 40 km von Lefkoşa entfernt und ist von dort über eine gut ausgebaute Straße zu erreichen. Güzelyurt bedeutet soviel wie ›Schönes Land‹ – ein passender Begriff für die fruchtbare Region, über der im Frühjahr der intensive Duft der Apfelsinen- und Zitronenbäume hängt. Die großen Zitrus-Plantagen sind aber nicht nur ein Dufterlebnis, sondern ein gewichtiger Wirtschaftsfaktor des Landes: Die Früchte werden z. T. vor Ort verarbeitet und gehen dann in den Export. Fruchtbar war der Landstrich seit je: Wo heute Obst, Gemüse und Getreide gedeihen, unterhielten bereits die fränkischen Grundbesitzer große Baumwoll- und Zuckerrohrpflanzungen.

Zahlreiche archäologische Fundstätten deuten auf eine frühe Besiedlung dieses grünenden und blühenden Zypern hin: Agia Irini oder Toumba tou Skourou sind z. B. durch Funde aus der Bronzezeit bekannt geworden, darunter (Agia Irini) mehr als 2000 Terrakotta-Figuren – Adoranten, Stiere, Krieger (s. S. 158).

Güzelyurt

Zwei Sehenswürdigkeiten stehen im Mittelpunkt des 12 000 Einwohner zählenden Provinzstädtchens.

Die **Klosterkirche des hl. Mamas** nahe der modernen Moschee in der Stadtmitte gründet über einer byzantinischen Kirche; diese wiederum soll einen Aphrodite-Tempel abgelöst haben. Und so fanden denn in der heutigen Klosterkirche, die in ihren wesentlichen Teilen aus dem 18. Jh. stammt, auch ältere Bauelemente Verwendung. Spätgotischen Flamboyant-Stil zeigen unübersehbar das Nord- und Südportal, die Säulen des Hauptschiffes, zwei Marmorsäulen im Westfenster sowie das Grab des hl. Mamas (s. u.). Die Kapitelle der Säulen sind reich verziert mit Köpfen, Pflanzendarstellungen sowie Ornamentik; bemerkenswert auch die Reliefs mit vegetabilen Motiven im unteren Teil der Ikonostase, be-

Orangenernte bei Güzelyurt

deutende Zeugnisse venezianischen Kunsthandwerks aus dem
16. Jh.

Der byzantinische Sarkophag
des hl. Mamas ist gleich neben
dem Eingang in die Nordwand ein-
gelassen. Auf vielen kleinen Tafel-
bildern im Tympanon der Grabni-
sche ist die Lebensgeschichte des
Heiligen dargestellt, wobei sich ältere Traditionen und lokale Legen-
den mischen: die vom kleinasiati-
schen Schafhirten Mamas, der im
3. Jh. lebte, und jene andere von
einem zyprischen Eremiten gleichen Namens.

Ein Relief am Westportal zeigt
Mamas, wie er, ein Lamm im Arm,
auf einem Löwen reitet. Dazu berichtet der zyprische Strang der
frommen Legende uns folgendes:
Der Heilige lebte als Einsiedler in
einer Höhle. Da er am öffentlichen
Leben nicht teilnahm, verweigerte
er dem byzantinischen Herrscher
die Zahlung von Steuern. Als Soldaten ihn aufgrund dieses – entweder sehr geistlichen oder sehr welt-
lichen – Vergehens verhafteten und
nach Nicosia bringen wollten, griff
unterwegs ein Löwe das vom hl.
Mamas mitgeführte Lamm an. Mamas bändigte den Löwen, schwang
sich auf seinen Rücken und ritt so
in Nicosia ein. Der byzantinische
Statthalter soll ihm daraufhin die
Strafe wie auch zukünftige Steuern
erlassen haben.

Angesichts solcher Erfolge und
solch spiritueller Schwungkraft
nimmt es nicht wunder, daß einer
aus dem Mamas-Sarkophag angeb-

Geschichten
um den Johannisbrot-Baum

Manch einer erinnert sich noch gut an die süßlichen Johannisbrot-Schoten als begehrte Nascherei in der Vorkriegszeit oder an den Kaffee-Ersatz, der daraus hergestellt wurde. Doch die Zeiten, in denen Johannisbrot als ›schwarzes Gold‹ gepriesen wurde, sind vorbei.

Woher der deutsche Name dieses Baumes rührt, ist nicht ganz geklärt. Die einen führen ihn auf die Legende zurück, Johannes der Täufer habe sich in der Wüste von den Früchten dieses Baumes ernährt; andere verknüpfen ihn mit dem Orden der Johanniter, die den Baum auf ihren Ländereien kultivierten.

Das englische Wort *carob* wie auch das ältere deutsche Wort *Karube* erinnern an eine alte Funktion der sehr harten, gleichmäßig geformten und beständigen Kerne der Johannisbrot-Schoten. Unter dem Namen Karat (vom griechischen *keration* = ›kleines Horn‹) wurden sie zur maßgeblichen Gewichtseinheit (ca. 0,2 g) für Edelsteine. Reines Gold hat 24 Karat.

Über viele Jahrhunderte schätzte man Johannisbrot wegen seiner vielseitigen Verwertbarkeit. Aufgrund ihres hohen Zuckergehaltes wurden die Früchte zu Branntwein verarbeitet, das harte Holz des Baumes zählte bei Tischlern zu den begehrten Materialien, Rinde und Blätter fanden in Gerbereien Verwendung. Auch zum Aromatisieren von Tabak, zum Konservieren von Früchten, zur Herstellung von Sirup und als Abführmittel oder als Erfrischungsgetränk fanden die Schoten Verwendung.

Johannisbrot *(Ceratonia siliqua)* ist eine für regenarme Gebiete besonders geeignete Pflanze. In Nordzypern gedeihen Johannisbrot-Bäume meist in küstennahen Ebenen sowie an den Berghängen zum Meer hin. Die Ernte kann bis zu sieben Tonnen je Hektar betragen, das ist weit mehr als die meisten anderen Anbaugebiete im Mittelmeerraum erzielen. Die jährlichen Erträge sind dabei einem Vierjahresrhythmus unterworfen: Innerhalb dieses Zeitraums werden normalerweise eine gute, zwei mittlere und eine schwächere Ernte erzielt.

Erst nach sieben Jahren tragen neue Setzlinge die erste verwertbare Frucht. Doch es lohnt sich zu warten: Fünfzig Jahre lang erbringt der immergrüne Baum regelmäßig Ernteertrag. Ende August ist es jeweils so weit, ausgerechnet in der heißesten Zeit des Jahres. Buchstäblich im

Schweiße ihres Angesichts mühen sich dann Bauern und Saisonarbeiter. Mit langen Stangen schlagen sie die ca. 20 cm langen Hülsenfrüchte von den Bäumen; die Schoten werden aufgelesen und in Säcke verpackt. Der überwiegende Teil der Ernte geht auch heute noch in den Export, wenngleich die Zeiten längst vorbei sind, in denen Johannisbrot – wie in den 50er Jahren – zu den wichtigsten Devisenbringern des Landes zählte. Der Johannisbrot-Baum »gedeiht auf der Insel üppiger als anderswo. Und die cyprische Johannisbrotsorte erzielt als die anerkannt beste und zuckerreichste auf dem Weltmarkt die höchsten Preise, weshalb denn auch Carubenhändler gern Johannisbrot anderer Länder als cyprisches ausgeben«, so ein Bericht von 1913.

Heute wird aus den Pflanzen z. B. eine gummiartige Lösung für die verschiedensten industriellen Zwecke gewonnen. Die Schoten dienen wegen ihres Eiweiß- und Traubenzuckergehaltes als Viehfutter, der gemahlene Samen als Basisstoff in der Nahrungsmittelindustrie, weiterverwendet als Bindemittel für Saucen und Suppen, aber auch als Bestandteil von Eis und Backwaren. Aus Johannisbrot entstehen schokoladeähnliche Riegel sowie Pulver, das als Ersatzstoff für Kakao dient. Da Johannisbrot keinerlei Koffein enthält, hat es in Bioläden der USA, Großbritanniens und Australiens – und neuerdings auch im deutschen Sprachraum – als Bestandteil einiger Müslisorten Anklang gefunden. Eine Neubesinnung auf den Wert dieser in Nordzypern mittlerweile gefährdeten Pflanze erscheint schon aufgrund ihrer wichtigen ökologischen Funktion für das Land wünschenswert.

lich austretenden Flüssigkeit heilende Wirkung bei zahlreichen Krankheiten zugesprochen wird.

Den Schlüssel für die Klosterkirche erhält man im nur wenige Schritte entfernten **Naturkundlichen und Archäologischen Museum**, dem ehemaligen Sitz des orthodoxen Bischofs (täglich 8–17 Uhr).

Ein wenig skurril wirkt die im *Erdgeschoß* des Gebäudes untergebrachte naturkundliche Sammlung: Von Fischen über Schildkröten,

Schlangen und Vögeln sowie einem angeblich dreiköpfigen Schaf werden hier ausgestopfte Tiere präsentiert. Daß bei den Vögeln einige der Beschriftungen durcheinandergekommen sind, wird Kennern sogleich auffallen.

Die eigentliche Attraktion stellt die archäologische Sammlung im *Obergeschoß* dar.

Raum 1 beherbergt Objekte aus Neolithikum und Bronzezeit (7000–1050 v. Chr.). In der ersten Vitrine werden die ältesten Steinfunde

(7000–6000) präsentiert; in den nächsten folgen ›red on white ware‹ (4000) und ›red polished and black polished ware‹ aus der frühen Bronzezeit (bis 2000) – mit Einritzungen versehene Töpferware. Neben Messerspitzen und Bronzeschwertern verdienen vor allem ein stierförmiges Tongefäß aus der frühen Bronzezeit sowie eine Terrakottafigur (1400–1200), wahrscheinlich eine vogelgesichtige Göttin, Interesse.

Auf dem Korridor haben Vasen und Krüge aus der geometrischen Zeit (1050–750) und der archaischen Periode (750–475) ihren Platz gefunden.

Raum 2 und 3 stellen Funde aus Toumba tou Skourou vor (s. S. 158), zumeist Vasen und Schalen mit geometrischen Mustern. Besonders anmutig wirken die Terrakottafigurinen– darunter Pferdegespanne und Reiter – aus der archaischen Zeit. Dieser und der geometrischen Periode gehören auch die sehenswerten Exponate in *Raum 4* zu.

Raum 5 bietet Objekte aus der hellenistischen, römischen und byzantinischen Epoche, darunter fein gearbeitete goldene Ohrringe und Terrakottalämpchen aus hellenistischer Zeit sowie glasierte Tongefäße mit eingeritzten Figuren, die in ihrer Abstraktion sehr modern wirken. Ohne Zweifel aber zieht eine 1980 bei Salamis gefundene Statue der ephesischen Artemis aus dem 2. Jh. n. Chr. besondere Aufmerksamkeit auf sich. Ist der Oberkörper der Göttin nun ganz mit üppigen Brüsten bedeckt oder aber mit Hodensäcken von Stieren behängt? Die Forschungsmeinungen gehen darüber auseinander, in jedem Fall aber handelt es sich hier um Fruchtbarkeitssymbole.

Gemikonağı/Lefke

Ein anderes Kapitel der zyprischen Geschichte hat 20 km südwestlich von Güzelyurt bei **Gemikonağı** – der Name bedeutet soviel wie ›Schiffsquartier‹ – entsprechend andere Spuren hinterlassen: die rostenden Anlagen einer ehemals florierenden Erzindustrie. Förderbänder und Anlegestellen ragen erwartungsvoll ins Meer hinaus, so als hätten sie den vollzogenen Niedergang nicht begriffen und müßte das nächste Schiff gleich am Horizont erscheinen. Vielleicht weil man es allzulange so gewohnt war, denn schon zu Zeiten des Stadtkönigtums Soloi (s. S. 124) diente dieser Platz als Erzhafen. Doch der Kupferabbau, der sich tief in die Geschichte zurückverfolgen läßt, wurde in den 60er Jahren aus Rentabilitätsgründen endgültig eingestellt.

Wenige Kilometer südöstlich schließt sich **Lefke** an, im Mittelalter eine der wichtigsten Baronien der Insel. Nach dem Ende des Kupferbaus, aus dem das Örtchen bis ins 20. Jh. hinein Gewinn zog, dominiert nun die Landwirtschaft. Fruchtbarer Schwemmlandboden und ein naher Stausee schenken dem Dorf inmitten von Zitrus- und Dattelplantagen reiche Ernteerträge.

Bei einem Bummel durch Lefkes Gassen fallen traditionelle osmanische Häuser mit dem typischen Holzerker auf. Entlang einiger Straßen sind Reste der traditionellen, offenen Bewässerungskanäle intakt geblieben; sie spenden, direkt von den Bergen her gespeist, erfrischendes Naß. Über Seitenleitungen wird es zur Bewässerung in Gärten und Felder geleitet.

Neben einigen kleineren Dorfmoscheen bietet vor allem die von Palmen umgebene **Piri Osman Paşa-Moschee** am Ortsrand einen malerischen Anblick (Abb. S. 2/3). Am Eingang die reich verzierte Grabstätte jenes osmanischen Pascha.

Soli (Soloi)

Die Ausgrabungsstätte, gleich hinter den großen Verladeanlagen von Gemikonaği gelegen, ist schon aus der Ferne zu erkennen. Ein kleines Schild weist nach links zu einem Parkplatz.

Geschichte
Legende und Historie bieten mehrere Versionen der Stadtgründung an, die aber alle mit der kolonialen Expansion Griechenlands in Ver-

Hoher Mittag am Meer bei Güzelyurt

bindung stehen. Ist das alte Soloi vielleicht, wie es der Mythos will, von Akamas, Sohn des athenischen Königs Theseus und Geliebter der göttlichen Aphrodite, gegründet worden? Nach einer anderen, nicht weniger mythischen Version hat die Stadt ursprünglich weiter im Landesinneren gelegen und ist auf Rat des griechischen Philosophen und Staatsmanns Solon (der 600 v. Chr. angeblich zu einem Besuch auf Zypern weilte) ans Meer verlegt worden. Daher der Ehrenname Soloi.

Wie üblich sind Fakten desillusionierend und wenig spektakulär: Bereits im 7. Jh. v. Chr. taucht Soloi unter dem Namen Si-il-lu in assyrischen Tributlisten auf. Die nahen Erzminen, eine fruchtbare Landschaft mit Wasser aus dem Gebirge sowie der benachbarte Ankerplatz für Schiffe boten äußerst günstige Bedingungen für eine Siedlung. In archaischer Zeit (750–475 v. Chr.) entwickelte sich Soloi zu einem der unabhängigen Stadtkönigtümer, deren Zahl auf Zypern zwischen 7 und 11 schwankte. Bis in frühbyzantinische Zeit hinein blieb Soloi, vor allem dank seiner Kupferminen, eine Stadt von Bedeutung. Erst im 4. Jh. setzte ihr Niedergang ein, im Jahre 648 wurde die Stadt schließlich von arabischen Piraten zerstört.

Noch im 18. Jh. konnten Reisende von zahlreichen Ruinen berichten, die seither untergegangen sind. Steinraub ließ Soloi veröden; selbst die Ägypter nutzten die Stadt als Stein-

bruch, als sie Mitte des 19. Jh. Port Said erbauten.

Rundgang

Direkt hinter dem Parkplatz stößt man auf eine in den 60er Jahren ausgegrabene dreischiffige **Basilika**. Ihre Ursprünge liegen wahrscheinlich in der zweiten Hälfte des 4. Jh., aus dem 5./6. Jh. stammen nachweislich Umbauten. Heute sind leider nur noch Grundmauern, Säulenreste und Steine erhalten; noch am ehesten läßt sich die alte Struktur von der Apsis her erkennen.

Versäumen Sie nicht, einen Blick auf die farbigen **Mosaikreste** inmitten der Grundmauern zu werfen! Die kleinen bunten Steine – *Tesserae* nennt man sie – fügen sich z. T. zu geometrischen Figuren, vielfach sind auch Tiere zu erkennen: Enten, Delphine sowie die berühmte Darstellung eines Schwans. Eine Stifterinschrift in der Apsis besagt: »Oh Christus, rette den, der das Mosaik spendete!«, Inschriften an der Südseite des Atriums berichten von Christenverfolgungen unter Diokletian.

Leider sind die Mosaiken Wind und Wetter, aber auch rücksichtslosen Besuchern schutzlos ausgeliefert, so daß ihre Zerstörung rasch voranschreiten dürfte.

Reste einer auf den Ruinen der Basilika errichteten kleineren **Kirche aus dem 12. Jh.** sind im östlichen Teil, also zum Meer hin, erkennbar.

In den 30er Jahren dieses Jahrhunderts legten schwedische Archäologen, nur wenige Meter entfernt von der Basilika, ein römisches **Theater** aus dem 2. Jh. n. Chr. frei. Zwischen 3000 und 4000 Besucher fanden hier einst Platz. Das Halbrund des Zuschauerraums wurde – etwas steril – restauriert, von dem einst prunkvollen Bühnengebäude sind nur noch spärliche Reste erhalten. Eindrucksvoll: der Blick von der obersten Zuschauerreihe über Bucht und Küstenlinie.

Wer sich im Umfeld des Theaters und in der weiteren Umgebung mit Geduld ein wenig näher umschaut, kann – in der Nachfolge kanadischer Archäologen, die Anfang der 70er Jahre hier gruben – Nekropolen verschiedenster Epochen sowie Grundmauern von öffentlichen Bauten und Tempeln ausmachen. Alle Funde sind in Museen untergebracht, darunter auch die berühmte, vor fast sechzig Jahren von einem zyprischen Bauern entdeckte ›Aphrodite von Soli‹, eine Marmorstatue des 1. Jh. v. Chr., die im Zypern-Museum von Nicosia (jenseits der *green line*) zu bewundern ist. Sollten die abgebrochenen Grabungen endlich wieder aufgenommen werden, ist gerade auf dem Boden von Soloi eine reiche Ausbeute zu erwarten.

Vouni

5 km westlich von Soloi, auf einem 250 m hohen Hügel, der eine wunderbare Aussicht auf Meer und Troodos-Gebirge gewährt, lassen die Ruinen der Palastanlage von Vouni in Architektur und Anlage beispielhaft erkennen, wie man zur Zeit der zyprischen Stadtkönigtümer (s. S. 22) residierte. Um die Wende vom 6. zum 5. Jh. v. Chr. erbaut, wurde der Palast bereits 380 v. Chr. wieder zerstört.

Schwedische Archäologen, die 1928/1929 hier gruben, bestimmten vier verschiedene Bauphasen. Ob die ursprüngliche Anlage, die sich eher an orientalische Formen der Architektur anlehnt, die Residenz eines persischen Gouverneurs oder des zyprischen, mit Persien sympathisierenden Königs Doxandros darstellt, bleibt weiterhin umstritten (Phase I und II). Möglicherweise sollte von Vouni aus das nahegelegene griechenfreundliche Soloi in Schach gehalten werden.

Spätere Umbauten des Palastes (Phase III und IV) werden von manchen Archäologen als politisch motivierte Annäherung an die griechische Megaron-Architektur interpretiert.

Dafür spricht die Tatsache, daß mit der Landung des athenischen Feldherrn Kimon 449 v. Chr. die Insel unter griechischen Einfluß geriet, doch lassen die vorliegenden schriftlichen Quellen noch keine abschließende Interpretation zu.

Die Anlage, die in Gänze von einem Wall umgeben war, dehnt sich über drei Geländestufen aus.

Im südlichen Teil, auf der *höchsten Stelle* des Berges, sind die

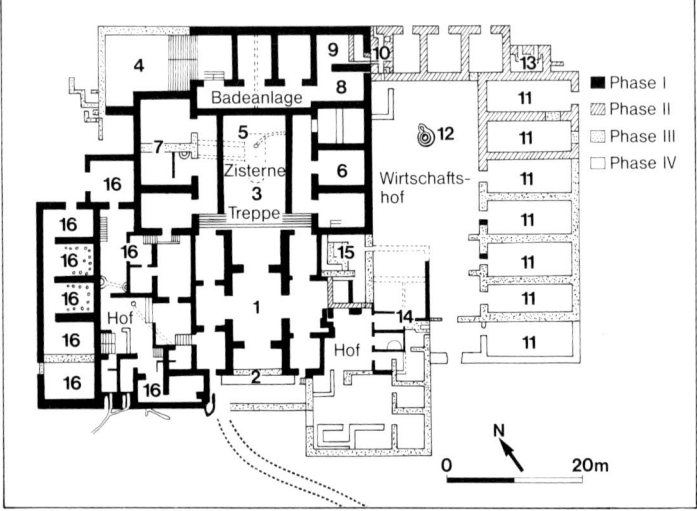

Palast von Vouni 1 Hauptsaal 2 Alter Haupteingang 3 Innenhof 4 Neuer Eingang 5 Steinstele 6 Wohnräume 7 Hauptraum der ersten Bauphase 8 Caldarium 9 Frigidarium 10 Sudatorium 11 Wirtschaftsräume 12 Zisterne 13 Latrine 14 Küchentrakt 15 Fundort des Schatzes von Vouni 16 Wohn- und/oder Wirtschaftsräume

spärlichen Reste eines wahrscheinlich der Athena geweihten Tempels zu erkennen. Zu den hier gemachten Funden gehören die berühmte Bronzekuh und ein Bronzerelief mit Löwen, die einen Stier angreifen, beide heute im Zypern-Museum in Nicosia.

Auf *mittlerer Ebene* gliedert sich der eigentliche Palast auf einer Fläche von 4200 m² über fast 140 Räume.

Die *unterste, zum Meer hin gelegene Stufe* trug einst weitere Unterkünfte und Kultstätten.

Rundgang
Von Südwesten her, nur wenige Schritte vom Parkplatz entfernt, gelangt man in einer Reihe repräsentativer Räume mit einem **Hauptsaal (1)** in der Mitte. Der ehemalige **Haupteingang (2)** aus phönikischer oder persischer Zeit wurde in einer späteren Bauphase verschlossen. Mit dieser Veränderung während der dritten Bauperiode öffnet sich nun dieser Teil des Palastes allein zum angrenzenden, von Wohnräumen umgebenen **Hof (3)** hin, der sich am Fuße einer breiten, heute

noch vorhandenen Treppe anschließt. Von einigen Forschern
wird diese Maßnahme im Sinne einer ›Gräzisierung‹ des Baus nach
Maßgabe der hellenistischen Megaron-Architektur interpretiert (s. o.).
Daß gleichzeitig – in der nordwestlichen Ecke des Palastes – ein **neuer Eingang (4)** geschaffen wurde,
scheint in diese historische Rekonstruktion zu passen. Die **Steinstele
(5)** auf dem Innenhof (vor dem
Brunnen) wurde übrigens wohl erst
nach der Zerstörung des Palastes
hier aufgestellt. Von den umliegenden **Zimmern (6)** bildeten einige in
der ersten Bauphase einen **einzigen Raum (7)**, unter dem sich eine
große Zisterne befand.

Besonderes Interesse verdient
die **Badeanlage (8–10)** im nordöst-
lichen Teil des Palastes. An ein **Caldarium (8)**, einen Raum mit Warm-
wasserbecken, schließt sich ein
Kaltbad oder **Frigidarium (9)** an; in
späteren Bauphasen wurde noch
ein Dampfschwitzbad oder **Sudatorium (10)** angeschlossen. Die da-
zugehörigen Heizanlagen und Röh-
ren zur Versorgung mit Wasser sind
noch gut zu erkennen. Gut möglich, daß Sie hier in das älteste Bad
der griechischen Architekturge-
schichte hineinschauen …

Der östlich angrenzende Wirtschaftshof war von **Nutzbauten
(11)** umgeben, die aus der zweiten
bis vierten Bauphase stammen. Die
flaschenförmige **Zisterne (12)** auf
dem Hof selbst wurde dadurch gespeist, daß man das Regenwasser
der umliegenden Dächer sorgsam

Große Treppe von Vouni

Geheimnisse des Hellim

Wie in der Türkei Schafskäse zum Frühstück gehört, so darf bei einem zyprischen Frühstück Hellim nicht fehlen. Dieser ›Zypernkäse‹ ähnelt von der Konsistenz her der italienischen Mozzarella – sein Geschmack ist allerdings unvergleichlich! Er wird aus Ziegen-, Schafs- und/oder Kuhmilch zubereitet und – um ihn haltbar zu machen – in Salzwasser eingelegt.

Obwohl man Hellim mittlerweile auch industriell herstellt, ist die traditionelle Art und Weise der Zubereitung in den Dörfern unverändert erhalten geblieben. Zunächst sammeln mehrere Frauen dafür die Milch ihrer Ziegen, Schafe und Kühe; anschließend treffen sie sich in einem Haus, um gemeinsam den Hellim-Vorrat für die nächsten Monate zu kochen. Oftmals findet das ›soziale Ereignis‹ aber auch unter freiem Himmel statt.

Dabei werden mindestens 50 l Milch in einen großen Kupfertopf gegossen und über offenem Feuer erhitzt. Gemeinsam heben die Frauen den schweren Kessel vom Feuer, anschließend rührt die Hausherrin eine Messerspitze Hefe unter; in ihr schlummert das Geheimnis des Wohlgeschmacks. Nun packen die Frauen ihre mitgebrachten Handarbeiten aus; denn die Zeit, die die Hefe braucht, um die Milch ausflokken zu lassen, soll nicht müßig vertan werden! Schließlich wird Brennmaterial nachgelegt, der Kessel erneut auf das Feuer gesetzt, bis sich die ausgeflockte Masse verfestigt hat und oben schwimmt. Mit

ableitete. Einer der angrenzenden Räume ist vermutlich Teil einer **Toilettenanlage (13)** gewesen. Südlich schließt sich an den Wirtschaftshof ein raumreicher **Küchentrakt (14)** an. In diesem Teil der Anlage wurde der berühmte ›**Schatz von Vouni**‹ **(15)** geborgen, ein Hortfund mit zahlreichen Münzen klassischer Zeit.

Noch um einen weiteren Hof, im Westteil des Palastes gelegen, gruppieren sich **Wohn- und/oder**

Wirtschaftsräume (16). Welchem Zweck dieses Ensemble genau diente, ist ebenso ungeklärt wie die anderer, natürlich stets nur in Fundamenten erhaltener Bauten. Einige von ihnen könnten religiöse Funktionen besessen haben.

Verkehrsverbindungen: Güzelyurt kann mit Linienbussen und Sammeltaxis von Girne (50 km entfernt), Lefkoşa (40 km) und Gazimağusa (95 km) aus auf guten Straßen bequem erreicht werden. Wer die nahen Ausgra-

Schaumkellen schöpft man sie zum Abtropfen in ein an vier Seiten festgehaltenes Mulltuch. Über geschrubbten Stein- oder Holzplatten wird dann ein frisches Tuch ausgebreitet; auf ihm legt man die von Hand geformten und mit einer schwarzen Olive oder einem Pfefferminzblatt gefüllten Käselaibchen aus.

Ist die Käsemasse aufgebraucht, werden die Enden des Tuches eingeschlagen, mit einer Platte abgedeckt und diese wiederum mit einem Stein beschwert, um die restliche Molke herauszupressen. Die Wartezeit verbringen die Frauen bei einem Kaffee, beschäftigt wiederum mit Häkel- oder Strickarbeiten oder auch – je nach Jahreszeit – mit dem Putzen von Gemüse oder dem Sortieren von Oliven. Die im Topf verbliebene Molke wird erneut erhitzt und die gepreßten Käsestücke solange darin gegart, bis sie oben schwimmen.

Jetzt heißt es, die mitgebrachten Gefäße bereitzustellen, vor allem aber Teller und Gabeln aufzutischen, denn es gibt nichts Besseres als ganz frischen, noch heißen Hellim! Schnell sind ein paar Käselaibe in Häppchen geschnitten und herumgereicht. Bald wird der gegarte Käse aus der Molke genommen und – noch heiß mit reichlich Salz bestreut – in die Vorratsgefäße gefüllt.

In den Geschäften Nordzyperns ist Hellim in Einzelstücken oder auch in Folie eingeschweißt erhältlich; sollte er zu salzig sein, gibt es einfache Abhilfe: Legen Sie ihn ein paar Stunden in heißes Wasser!

Hellim läßt sich aber nicht nur als kleiner Imbiß oder Brotbelag genießen, er eignet sich auch ausgezeichnet zur Zubereitung schmackhafter Gerichte. *Afiyet olsun!*

bungsstätten besuchen möchte, benötigt einen Leihwagen oder muß sich einem der lokalen Reiseveranstalter anvertrauen, zu deren Angebot Tagesausflüge nach Soloi und Vouni gehören.

 Unterkunft: Der Südwesten des Landes ist touristisch unerschlossen. Bescheidenes Quartier finden Sie im *Hotel Güzelyurt* (Ortszentrum; ✆ 7 14/34 12).

 Restaurants: Im Stadtzentrum von Güzelyurt mehrere Restau-

rants, am bekanntesten darunter das *Barış*. – Bei Gemikonağı laden einige Strandtavernen zur Rast ein, so das *Restaurant Martı* mit einer großen Auswahl an zyprischen und türkischen Spezialitäten, zu denen selbstgebackenes, stets ofenfrisches Fladenbrot serviert wird.

Strände: Kleinere Badebuchten in der Region von Gemikonağı; keine Hotels, keine Strandeinrichtungen; die Landschaft wird hier nach Süden hin äußerst abwechslungsreich.

Gazimağusa und der wilde Osten

Reichtum und Ruinen: Gazimağusa

Vor den Toren von Gazimağusa

Die Karpaz-Halbinsel

Lala Mustafa Paşa-Moschee, Gazimağusa

Reichtum und Ruinen: Gazimağusa

Famagusta: das heißt fränkische Gotik und venezianische Mauern, geschäftiges Treiben und südliche Gelassenheit. Und wie war das eigentlich mit Othello?

Gazimağusa – auch der alte Name *Famagusta* ist weiterhin gebräuchlich – gehört zu den Perlen der Levante. Noch heute umgeben wuchtige venezianische Festungsmauern des 15./16. Jh. die Altstadt, streben über enge Gassen Kirchenruinen der Gotik in die Höhe, und zwar ohne die Konkurrenz der sonst doch unvermeidlichen Hochhausbauten. Jenseits des traditionellen Stadtkerns, außerhalb der Mauern hat der Beton freilich seinen Siegeszug angetreten.

Ohne Tribut an den sogenannten ›Fortschritt‹ geht es indessen auch im historischen Zentrum nicht. Durch die engen Gassen von Gazimağusa schieben sich nun lange Autokolonnen, und moderne Geschäfte, auf ausländische Touristen ebenso eingestellt wie auf Tagesbesucher vom nahen türkischen Festland, die hier beruflichen Angelegenheiten nachgehen oder lediglich die günstigen Einkaufsmöglichkeiten nutzen, locken mit den bekannten Plakaten und flotten Sprüchen. Doch das alles kann die besondere Atmosphäre innerhalb der alten Mauern nicht zerstören. Nehmen Sie sich also genügend Zeit für Ihren Stadtbummel!

Ein Gang durch die Geschichte

Es begann unspektakulär: Gegründet wurde der Ort im 3. Jh. v. Chr. vom zweiten Ptolemäer-König Philadelphos unter dem Namen Arsinoë. Dies war der Name seiner Schwester, die er zur Frau nahm. (Die Antike feierte diese Vollgeschwister-Ehe übrigens als Abglanz des göttlichen Zeus-Hera-Bundes – Hera war ja Schwester und Gemahlin des Zeus zugleich.) Über einen unbedeutenden Hafenplatz kam jenes Arsinoë ein Jahrtausend lang jedoch nicht hinaus. Im Jahre 648 n. Chr. nahm der Ort – der zu dieser Zeit unter dem Namen *Ammochostos*, ›der im Sand Verborgene‹ bekannt war – Überlebende aus dem zerstörten Salamis auf. Auch unter byzantinischer Herrschaft entwickelte sich die Siedlung nur in bescheidenem Ausmaß. Immerhin wurde ein neuer Hafen angelegt. Berichte erzählen von Araberüberfällen und der Ansiedlung von Armeniern (1136 durch den byzantinischen Kaiser Johannes II. Komnenos).

Die Franken kannten die Stadt nach 1191 als Famagusta – eine verschliffene Form des alten Namens Ammochostos – und statteten sie mit einem Festungsring aus. Der Beginn einer neuen Ära setzte jedoch erst ein Jahrhundert später nach dem Fall von Akkon ein, jener letzten Bastion der Kreuzfahrer im Nahen Osten, die 1291 von vielen christlichen Flüchtlingen verlassen wurde. Zahlreiche Händler retteten sich nach Famagusta und trugen dort zum raschen Aufblühen der Stadt bei. Unterschiedlichste Nationalitäten und Glaubensrichtungen waren vertreten: Juden, Armenier, Katholiken, Orthodoxe und auch Muslime. Zwar hatte der Papst den Handel mit ›Ungläubigen‹ unter Androhung strengster Strafen verboten, doch Zehntausende von Kaufleuten wollten auf ihren Gewinn nicht verzichten und organisierten von Famagusta aus das lukrative Geschäft mit dem Vorderen Orient. Der Handel erfolgte mit Hilfe nicht-katholischer Mittelsmänner, denn über Angehörige anderer Religionsgemeinschaften hatte der Oberhirte in Rom schließlich nicht das Gebot.

So wurden in der Stadt im 14. Jh. sagenhafte Reichtümer angehäuft, die sie in der ganzen damaligen Welt bekannt machten. Aus dieser Zeit stammen auch fast alle heute noch erhaltenen Kirchen. Jede Religionsgemeinschaft baute sich ihr eigenes Gotteshaus, und reiche Kaufherren taten mit der frommen Stiftung einer Kirche etwas für ihr Seelenheil.

Geisterstadt Varosha

Gazimağusa 1 Landtor 2 Canbulat-Bastion 3 Seetor 4 Othello-Turm (Zitadelle) 5 Lala Mustafa Paşa-Moschee (Nikolaus-Kathedrale) 6 Reinigungsbrunnen 7 ehem. Koranschule 8 Palazzo del Provveditore 9 Namik Kemal-Museum 10 Franziskanerkirche 11 Cafer Paşa-Hamam (Bad) 12 Sinan Paşa-Moschee (Kirche ›St. Peter und Paul‹) 13 Zwillingskirche der Templer und Hospitaliter 14 Nestorianerkirche 15 St. Anna 16 Karmeliterkirche 17 Armenische Kirche 18 Martinengo-Bastion 19 Kertikli-Hamam (Bad) 20 Kirche ›St. Georg der Lateiner‹ 21 Kathedrale Agios Georgios 22 Kirche Agios Nikolaos 23 Kirche Agia Zoni 24 Busterminal 25 Sammeltaxis 26 Sammeltaxis 27 Busse

Der Legende nach gab es innerhalb der Stadtmauer 365 Kirchen, für jeden Tag des Jahres eine.

Doch bereits Ende des 14. Jh. begann die schöne Blüte Famagustas zu welken. Genuas Truppen eroberten die Stadt und brachten sie für 90 Jahre unter ihre Kontrolle; 1489 fiel sie in venezianische Hände. Nachdem jedoch die westlichen Kauffahrer ihren Handel wieder direkt mit dem Vorderen Orient abwickeln durften, konnten die alten Glanzzeiten für die Stadt nicht mehr wiederkehren.

Die Venezianer bauten die fränkischen Festungsanlagen aus und errichteten die gewaltigen Mauern, die bis heute beeindrucken. Doch alle Mühe sollte vergebens sein. Nach fast einjähriger Belagerung (September 1570 bis August 1571) durch Lala Mustafa Paşa osmanische Truppen wurde die Stadt 1571 eingenommen. Zehntausenden kostete der Kampf um Famagusta das Leben. Die Stadt erlangte unter osmanischer Herrschaft keine größere ökonomische Bedeutung mehr, der Hafen versandete langsam.

Erst unter den Engländern wurden die Hafenanlagen erneuert, und ein zaghafter Aufschwung setzte ein – nach dem Zweiten Weltkrieg durch den aufkeimenden Tourismus begünstigt. Doch erneut wurde 1974 erbittert um die Stadt gekämpft. Die türkischen Zyprer zogen sich in die Altstadt innerhalb der Mauern zurück, die türkische Armee rückte im August 1974 ein. Auch der südlich der Altstadt gelegene Strand von Varosha, nach dem Zweiten Weltkrieg mit über 80 Hotels und Ferienanlagen Inbegriff des Zypern-Tourismus, wurde dabei von türkischem Militär besetzt. Ein Akt, der die griechische Seite besonders erbittern mußte, da Varosha als christliche Neugründung nach dem Fall Famagustas 1571 entstanden war. ›Bewohnt‹ ledig-

lich von einigen Militärposten, ist Varosha heute eine zerbröckelnde Geisterstadt.

Ein Gang durch Gazimağusa

Die **Festungswälle** um die Altstadt zählen zu den bedeutendsten Sehenswürdigkeiten Famagustas, und es sei empfohlen, den historischen Stadtkern entlang des 3,5 km langen Mauerzuges zu umrunden. Für eine kürzere Tour bietet sich das Stück zwischen Landtor und Canbulat-Bastion an. Man geht dabei im ehemaligen Wassergraben spazieren, der früher freilich noch tiefer war und der Stadt zusätzlichen Schutz gewährte.

Bis auf eine Höhe von 18 m und bis zu einer Breite von 7 m ragen die mächtigen, aus großen Steinquadern gefügten Festungswälle empor. In ihrer jetzigen Gestalt wurden sie vom venezianischen Militärarchitekten Giovanni Sanmichele konzipiert. Die alten fränkischen Verteidigungsanlagen, mit ihren hohen Mauern und Ecktürmen auf traditionelle Verteidigungsformen ausgerichtet (Pfeil und Bogen, Armbrust und Katapulte), mußten mit der Durchschlagskraft der neuen Pulvergeschütze im 15. Jh. in ihrer Höhe reduziert und vor allem verbreitert werden, um unter dem zu erwartenden Hagel von Stein- und Eisenkugeln, die teilweise die Größe von Fußbällen erreichten, bestehen zu können. Der Ausbau der

Die Welt der Moschee

Moderne, erst kürzlich errichtete Moscheen (z. B. die Moschee von Güzelyurt), traditionsreiche, wiewohl schlichte Dorfmoscheen (z. B. die alte Moschee von Ozanköy), und ehemalige Kirchen, die zum islamischen Gotteshaus umfunktioniert wurden, bilden in Nordzypern ein Dreigestirn. Frühere Kirchen können dabei auf den ersten Blick immer noch als christliche Stätten erscheinen, denn die Architektur wirkt unverändert, und manchmal fehlt ein Minarett als deutlicher Hinweis auf die neue Bestimmung, deuten an alten Kirchtürmen nur kleine Lautsprecher, aus denen der Ruf des *Muezzins* erschallt, auf die gewandelte Funktion des Gebäudes hin.

Daß Gotteshäuser anderer Religionsgemeinschaften umstandslos in den Islam einbezogen werden, hängt mit dem muslimischen Verständnis von Kultus zusammen. Der Begriff *Moschee* geht auf ein arabisches Wort zurück, das soviel wie ›Ort, an dem man sich niederwirft‹ bedeutet, und meint ursprünglich nichts anderes als diejenige Stelle, wo man vor Gott zum Gebet auf die Knie sinkt. Das muß bis heute nicht notwendigerweise ein architektonisch gestalteter Raum sein, denn nach islamischer Auffassung ist jeder Platz gottgeweiht, »wo die Gebetsstunde dich erreicht«. Diese Lehre des Propheten resultiert aus der alten nomadischen Lebensform der Araber. So verlangt die islamische Lehre zwar das tägliche Gebet zu den vorgeschriebenen Zeiten (s. u.), doch allein zum gemeinsamen Freitagsgebet soll möglichst die Moschee der Stadt oder des Viertels aufgesucht werden.

Obligatorisch ist dagegen die Ausrichtung des Gebets nach Mekka, der Heiligen Stadt – eine Haltung, die der Prophet Mohammed seit 624 eingenommen hatte. Bei neuerbauten Moscheen wird man diese Orientierung nach Mekka ebenso vorfinden wie in übernommenen Gotteshäusern, wo manchmal eine eigens eingezogene Mauer die korrekte Richtung weist. Eine Gebetsnische *(Mihrab)* ziert diese nach Mekka hin gelegene Wand. Sie erinnert zwar an eine Kirchenapsis, besitzt jedoch keine vergleichbare Bedeutung für die Architektur des Raumes und liegt deshalb auch nicht zwangsweise in der Mittelachse des Bethauses.

Meist befindet sich gleich rechts neben dem *Mihrab* der *Minbar*, eine der christlichen Kanzel vergleichbare Erhöhung, erreichbar über eine Treppe mit ornamentierten Seitenteilen, von der der *Imam* (Geistliche) bei besonderen Anlässen predigt. Als Vorbeter begibt er sich dagegen vor die *Mihrab*-Nische, wo in größeren Moscheen ein Podium seine Stellung erhöht. Ein spezielles Abteil für Frauen ist entweder durch Holzschranken abgegrenzt oder auf die Estrade über die Eingangsseite der Moschee gelegt.

Der Betraum ist – nach unserem Begriff eines Gotteshauses – sehr kärglich ausgestattet, die Inneneinrichtung beschränkt sich auf Lampen und einige Holzgestelle *(Kursi)* für die Ablage des Koran. Der Boden ist mit farbigen, zuweilen auch einfarbig grünen Teppichen ausgelegt, und zwar rechtwinklig zur *Mihrab*-Wand. Nach figürlichen Darstellungen wird man in einer Moschee vergeblich suchen. Das islamische Bilderverbot führte vielmehr zu einer hohen Kunstfertigkeit in Ornamentik und Kalligraphie. Zum Teil zieren kunstvolle Schriftzüge – meist Worte des Propheten – die Wände.

Fünfmal am Tage dient das prominenteste Erkennungsmerkmal einer Moschee, das *Minarett,* seiner Bestimmung. Von hier aus ruft der *Muezzin* die Gläubigen zum Gebet. Heute haben in der Regel moderne Lautsprecheranlagen und auch Tonbänder diese Funktion übernommen, nur noch selten wird man den Gebetsrufer selbst auf den schlanken Minaretten erblicken.

Die genaue Uhrzeit der fünf Gebete ändert sich – entsprechend dem Mondkalender – täglich in genau festgelegten Abständen vom Zeitpunkt des Fastenbeginns an. Man unterscheidet ein Morgen- *(Güneş),* Mittags- *(Öğle),* Nachmittags- *(Ikindi)* und Abendgebet *(Akşam)* sowie das Gebet nach Sonnenuntergang *(Yatsı).* Der ritualisierte Gebetsruf hat Gesangscharakter und beginnt stets mit denselben Worten: »Allah ist groß! (4 ×)/Ich bezeuge, daß es keinen Gott gibt außer Allah (2 ×)/Ich bezeuge, daß Mohammed der Gesandte Allahs ist (2 ×)/Auf zum Gebet (2 ×)/Auf zum Heil (2 ×)/Allah ist groß (2 ×)/Es gibt keinen Gott außer Allah!«

Da das Gebet nur im Zustand der ›Reinheit‹ verrichtet werden darf, müssen die Gläubigen zuvor rituelle Waschungen vornehmen. Dazu dient ein Reinigungsbrunnen im Hof *(Şadırvan)* oder eine Waschgelegenheit an der Außenseite der Moschee. Vor dem Betreten des Betraumes sind die Schuhe auszuziehen, was auch Touristen unbedingt beachten müssen. Zur Zeit des Gebets ist Ruhe zu bewahren, zu anderen Tageszeiten reden die Anwesenden hier aber auch schon einmal zwanglos miteinander. Dies verweist auf die traditionelle Funktion der Moschee als öffentlicher Versammlungsort und allgemeiner Treffpunkt. Stets war sie ein Ort des Kontaktes, an dem unterrichtet wurde und wo Gläubige ausnahmsweise sogar übernachteten.

In der Lala Mustafa Paşa-Moschee

Mauern wurde 1490 begonnen und erst um 1565 abgeschlossen. Neben Land- und Seetor, den beiden einzigen Eingängen zu dieser Zeit, und der Zitadelle am Hafen verstärkten zehn Bastionen den Mauerring.

Das **Landtor (1)** beherrscht die Südwestecke der Altstadtmauer. Die ehemalige Pulverkammer wurde durchbrochen, um eine neue Stadtzufahrt zu schaffen. Von den Türken erhielt das Tor den Namen *Akkule* (›Weißer Turm‹), denn hier war 1571 die erste weiße Fahne als Zeichen der Kapitulation Venedigs gehißt worden.

Den besten Überblick über die weit vorgeschobene Bastion, die den Beschuß der Angreifer nach allen Seiten ermöglichte, gewinnt, wer über die breiten Rampen hinaufsteigt, die erbaut wurden, um auf der Mauerkrone schwere Geschütze in Stellung bringen zu können.

Die Toranlage selbst eröffnet ein ca. 9 m hoher Bogen; das kleine Gebäude linker Hand (wo heute eine Außenstelle der Post untergebracht ist) war früher die erste von den Osmanen errichtete Medrese Zyperns. Innerhalb des Torgangs bildete einst eine eisenbeschlagene Holztür die letzte von insgesamt drei aufeinanderfolgenden Verteidigungsmöglichkeiten. Aus Deckenöffnungen konnten Angreifer vorher mit siedendem Öl übergossen werden. Wo man heute über eine kleine Holzbrücke schreitet, sicherte einst eine Zugbrücke die Verbindung zum ersten Verteidigungsring, der sogenannten Vorbastion, die militärisch völlig selbständig agieren konnte.

Die **Canbulat-Bastion (2)** direkt neben der Einfahrt zum Freihafen und einem weiteren Zugang zur Stadt war während der osmanischen Belagerung 1570/71 eines der Hauptziele der Angreifer. Fast alle alten Gebäude in der unmittelbaren Nachbarschaft wurden von Kanonenkugeln zerschmettert. Ihren Namen trägt die Bastion nach einem türkischen Offizier, der sich der Legende nach durch besondere Tapferkeit auszeichnete. Eine todbringende Maschine der Venezianer, eine Art Wagenrad mit daran befestigten Messern, dazu gedacht, jeden Eindringling zu zerstückeln, der unbefugt einen schmalen Eingang passierte, blockierte Canbulat, indem er mit seinem Pferd, den sicheren Tod vor Augen, in diese Maschine ritt. Das Rad drehte sich nicht weiter, die Bastion konnte gestürmt werden – und der erste osmanische ›Märtyrer‹ erhielt an der Stelle seiner Heldentat ein Grab. Es gehört nun zu den wichtigsten muslimischen Pilgerzielen Nordzyperns.

Im Inneren der Bastion ist mittlerweile ein kleines volkskundliches Museum untergebracht, das neben einigen wenigen Ausstellungsstücken zur Stadtgeschichte auch Exemplare der Stein- und Eisenkugeln präsentiert, von denen während

der osmanischen Belagerung weit über 100 000 auf die Stadt niederregneten (Mo–Fr 8–13, 15–18 Uhr).

Das **Seetor (3)** – ›Porta del Mare‹ nannten es die Venezianer – wurde 1496 von Nicolao Prioli errichtet, der geflügelte Markuslöwe blickt noch heute von der Außenseite des jetzt geschlossenen Tores herab. An der Innenseite des Seetors bewachen zwei steinerne Löwen einen vergrabenen venezianischen Schatz – so erzählt zumindest die Legende –, doch gefunden wurde er bislang nicht.

Auch nicht im nahegelegenen **Othello-Turm (Zitadelle) (4),** wo ihn so mancher vermutet, fiel diese Bastion doch beim osmanischen Angriff als letzte (Mo–Fr 8–13, 15–18 Uhr).

Der Name der unter dem venezianischen Gouverneur Nicolo Foscarini 1492 modernisierten fränkischen Verteidigungsanlage bezieht sich auf Shakespeares gleichnamiges Eifersuchtsdrama. Das intrigante und blutige Geschehen um Othello, Desdemona und Jago soll sich hier abgespielt haben. Da Shakespeare in seinem Stück nur von einem »seaport in Cyprus« spricht, sonst aber keine genaueren Ortsangaben macht, bleibt die Zuweisung umstritten. Immerhin residierte zwischen 1506 und 1508 tatsächlich ein Cristoforo Moro (›Mohr‹) als venezianischer Vizegouverneur in Famagusta. Ob er das Vorbild für den unglücklichen Othello, jenen ›Mohren von Venedig‹ abgab?

Oder war es ein gewisser Francesco de Sassa, der venezianischen Quellen zufolge wegen seiner dunklen Hautfarbe »capitano moro« genannt wurde?

Wie Dichtung und Wahrheit auch immer verbunden sein mögen, die Zitadelle mit ihren dunklen Winkeln, der sehenswerten gotischen Halle aus dem 14. Jh., den malerisch im Innenhof verstreuten Säulenfragmenten und dem reliefierten Markuslöwen über dem Eingang wird jeden Besucher faszinieren. Der obere Teil der Verteidigungsanlage gewährt einen guten Ausblick über Hafen und Altstadt.

Durch diese Altstadt und ihre Gassen führt uns die zweite Hälfte unseres Stadtbummels. Wir beginnen ihn bei der ehemaligen Nikolaus-Kathedrale, der heutigen **Lala Mustafa Paşa-Moschee (5).**

Im Jahre 1298 wurde der Grundstein für diese gotische Kathedrale gelegt, 28 Jahre später konnte sie eingeweiht werden, im selben Jahr also wie die Kathedrale von Nicosia (s. S. 62). Wurden dort die Könige von Zypern gekrönt, so wurden sie anschließend in der Nikolaus-Kathedrale zu – nominellen – Königen von Jerusalem inthronisiert. Hier in Famagusta ging die letzte zyprische Königin, Caterina Cornaro, die Ehe mit Jacques II. ein, den sie wegen seiner illegitimen Geburt (er war Sohn einer Mätresse) den ›Bastard‹ nannten; hier auch unterschrieb sie die Abdankungsurkunde und machte damit endgültig

den Weg frei für die Herrschaft Venedigs. Nach dem Sieg der Osmanen wurde der Kathedrale 1571 ein Minarett aufgepflanzt, als ›Sophienmoschee von Famagusta‹ war sie nun bekannt. Der heutige Name, den der Bau erst seit 1954 trägt, erinnert an den Oberbefehlshaber der türkischen Sturmtruppen von 1570/1571: Lala Mustafa Paşa, jenen Mann, der Brigadino, den Befehlshaber der venezianischen Verteidiger, eigenhändig verstümmelte und dann die Haut vom Leibe ziehen ließ.

Den prächtigsten Anblick bietet die Westfassade der Kathedrale zum Vorhof hin: Auch wenn gemäß islamischer Tradition die figürlichen Steinmetzarbeiten von Haupt- und Seitenportalen entfernt wurden, imponieren die zahlreichen ornamentalen Verzierungen, ebenso das Maßwerkfenster über dem Hauptportal. Ohne Zweifel zählt die Kirche (sie mißt 55×23 m) zu den herausragenden Beispielen französischer Gotik auf Zypern.

Wie in der Kathedrale in Lefkoşa wurde auch hier der Innenraum den islamischen Vorschriften entsprechend umgestaltet. Teppiche bedecken den Boden, Wandmalereien und figürliche Arbeiten wurden abgetragen, *Mihrab* und *Minbar* eingebaut (s. S. 138).

Eine *Sykomore,* ein ägyptischer Maulbeerfeigenbaum, angeblich so alt wie die Kathedrale selbst, gewährt Schatten im Vorhof (s. vordere Umschlagklappe). Ihn säumt auf der Südseite die Loggia eines venezianischen Gebäudes aus dem 16. Jh.; heute befindet sich dort der **Reinigungsbrunnen (6)** für die Gläubigen (s. S. 54). Eine ehemalige **Koranschule (7)** an der Nordseite des Vorhofs beherbergt mittlerweile eine islamische Bank.

Gegenüber der Kathedrale erhob sich einst der ehemalige königliche Palast der Lusignans, der von den Venezianern als **Palazzo del Provveditore (8),** als Sitz des Militärgouverneurs, genutzt wurde. Nur noch das Renaissanceportal zum Hauptplatz hin markiert seinen ehemaligen Standort, die vorgelagerten Granitsäulen stammen aus Salamis. Das ursprüngliche Palastgelände dient jetzt als Parkplatz.

Gleich hinter dem Portal wurde für den türkischen Dichter Namik Kemal (1840–1888) ein kleines **Museum (9)** eingerichtet. Der Ort ist richtig gewählt, denn Namik, ein ›jungtürkischer‹ Kritiker des Sultanats, saß zwischen April 1873 und Mai 1876 in diesem Palazzo, der damals als Staatsgefängnis diente, eine über ihn verhängte Festungshaft ab, übrigens unter ganz annehmlichen Bedingungen.

Dem Gefängnis gegenüber erhebt sich eine der zahlreichen Kirchenruinen Famagustas. Die bizarr in den Himmel ragenden Mauerreste der um 1300 erbauten **Kirche der Franziskaner (10)** lassen die einstige Größe des Gotteshauses noch erahnen. Es gehörte zu einem untergegangenen Klosterkomplex. Im ehemaligen **Cafer Paşa-Bad (11),** gleich neben den Ruinen der Fran-

ziskanerkirche, ist heute eine Bar untergebracht.

Nur wenige Schritte südwestlich des Palazzo del Provveditore erhebt sich, noch weitgehend erhalten, die imposante Kirche **St. Peter und Paul/Sinan Paşa-Moschee (12).** Ein venezianischer Kaufmann hat sie aus seinen Gewinnen im Orienthandel finanziert. Die mächtigen Strebepfeiler verhinderten offenbar, daß die zwischen 1358 und 1360 errichtete dreischiffige Kirche – wie so manch anderer Sakralbau – den Erdbeben des 17. Jh. zum Opfer fiel. Den Osmanen diente sie als Moschee: die Engländer nutzten den geräumigen Bau als Kartoffel- und Getreidespeicher, heute ist in dem denkmalgeschützten Gebäude eine öffentliche Bibliothek untergebracht.

In der Kışla Sok., der ›Kasernengasse‹, nur einen Steinwurf von der Kirche der Franziskaner entfernt, folgt auf unserem Rundgang die **Zwillingskirche der Templer und Hospitaliter (13),** auch sie ein Bau aus dem 14. Jh. Beide Kirchen sind direkt aneinander gebaut worden. Die Kirche der Templer beherbergt heute eine private Kunstgalerie.

Die **Nestorianerkirche (14)** aus dem Jahre 1359, deren Räume heute von der Universität genutzt werden, ist auf dem Weg in den nordwestlichen Teil der Altstadt die letzte zugängliche Kirchenruine. Andere historische Bauten, z. B. **St. Anna (15),** die **Klosterkirche der Karmeliter (16),** die **Armenische Kirche (17)** oder auch die **Marti-**

nengo-Bastion (18) liegen auf militärischem Gebiet und sind leider nicht zugänglich.

Auf dem Rückweg über die Naim Efendi Sok. passieren Sie die verfallenden Reste eines typisch osmanischen Bades – mit Namen **Kertikli Hamam (19).** Die kreisrunden Löcher in den Kuppeln der Badeanlage – der türkische Name bedeutet übrigens soviel wie ›das Bad mit der Scharte‹ – ergeben noch heute, je nach Sonnenstand faszinierende Lichteffekte.

Und noch eine Kirchenruine: **St. Georg der Lateiner (20),** knapp 200 m vom Othello-Turm entfernt. Errichtet wurde das Gotteshaus vermutlich Ende des 13. Jh., den Angriff der Osmanen überstanden nur Mauerreste.

In fast dörfliches Ambiente führt ein Bummel durch den Südosten der Altstadt, den ehemals griechischen und orientalischen Teil des mittelalterlichen Famagusta. Man staunt über Palmen und Kakteen, über kleine Gärten mit Orangen- und Olivenbäumen. Wer hätte einen derart ländlichen Stadtteil im Zwinggriff der Festungsmauern vermutet?

Dann gleich die umgekehrte Frage: Wenn schon ländlich, warum dann gleich mehrere Kirchenruinen, unter denen die einstige Kathedrale der orthodoxen Gemeinde Famagustas, erbaut in der zweiten Hälfte des 14. Jh., monumental herausragt: **Agios Georgios (21)** heißt sie. In dieser Kirche aus dem 15. Jh. sind noch spärliche Reste von Ma-

lereien erkennbar, allerdings macht die Ruine insgesamt einen sehr baufälligen Eindruck.

Direkt angebaut sind die Reste einer zweischiffigen byzantinischen Basilika, in der Epiphanios, Erzbischof von Salamis, seine letzte Ruhe fand. Reste zweier Kreuzkuppelkirchen, **Agios Nikolaos (22)** und **Agia Zoni (23)** liegen 200 m weiter südlich inmitten von Gärten.

ℹ️ Touristeninformation: Sie finden das kleine Büro der Touristeninformation im Fevzi Çakmak Bulvari, der südlich an den Stadtmauern entlang führt (✆ 3 66/28 64).

🚌 Verkehrsverbindungen: Busse nach Girne und Lefkoşa fahren in der Naim Efendi Sok. nahe der Lala Mustafa Paşa-Moschee ab; Sammeltaxis in der Nähe des Landtores. Am Platz vor der genannten Moschee auch ein Taxistand.

🛏️ Unterkunft: Die meisten Touristen wohnen nördlich Gazimağusas in den Strandhotels (s. S. 164). – Vornehmstes Hotel in der Stadt selbst ist das ****Palm Beach Hotel (✆ 3 66/20 00; Fax 20 02) südöstlich der Altstadt direkt am Strand (Casino, Disco), angrenzend an Varosha. In Gazimağusas Altstadt selbst gibt es nur einfache Unterkünfte wie das Hotel *Altun Tabya (✆ 3 66/34 04).

🍴 Restaurants: Das *La Cheminée* in der Kemal Server Sok. 17 (nicht weit vom Palm Beach Hotel), nicht ganz billig, bietet gute französische und italienische Küche. – In der Liman Yolu, der Straße, die vom Seetor zur Moschee führt, sei unter mehreren Restaurants das *Viyana* empfohlen; dort können Sie geruhsam in einem schattigen Garten mit Springbrunnen sitzen. – Direkt am Seetor verdient die Konditorei *Petek Pastaneleri,* deren Leckereien weit über die Stadtgrenzen hinaus bekannt sind, einen Besuch. Mehrere Restaurants reihen sich an der Ausfallstraße Richtung Lefkoşa/Girne.

 Einkaufen: Im überdachten Lebensmittelmarkt, ca. 50 m von der Lala Mustafa Paşa-Moschee entfernt, finden Sie alles, was den Gaumen erfreut, dazu eine breite Auswahl duftender Gewürze. – In den Straßen zwischen der Moschee und dem Landtor bieten zahlreiche Läden und Lädchen Textilien, Schmuck, Lederwaren, Keramikarbeiten etc. an. – Ein ›geballtes‹ Angebot an Souvenirs – Teppiche, Schmuck, Kupfergefäße und vielerlei Handarbeiten – erwartet Sie am Seetor.

 Baden: Direkt beim *Palm Beach Hotel* ein öffentlicher Sandstrand.

 Bank: Mehrere Banken und Geldwechsler im Umfeld der Lala Mustafa Paşa-Moschee.

Post: Hauptpost und Telefonamt liegen am Polat Paşa Bulvari südlich der Stadtmauern; ein kleines Postamt im Landtor (s. S. 140).

Traum vergangener Größe: Agios Georgios

Vor den Toren von Gazimağusa

Einmal mehr die schönste Zweisamkeit von Strand und Kultur. Kilometerlanger Sand im Norden Gazimağusas – und gleich daneben das antike Salamis, die Königsgräber und das Barnabas-Kloster.

Salamis

8 km nördlich von Gazimağusa, direkt an der Hauptstraße gelegen, erstreckt sich das Ausgrabungsgebiet von Salamis. Ein ausgeschilderter Weg kurz hinter der Abzweigung nach Yeniboğazici führt zum Eingang direkt am Meer.

Ein Gang durch die Geschichte

In der Mythologie wird Teukros, ein Sohn des Telamon und einer der griechischen Helden aus Homers ›Ilias‹, als Gründer der Stadt genannt. Den Namen soll er in Erinnerung an seine alte Heimat – er stammte von der Insel Salamis bei Athen – gewählt haben. Noch lange Zeit führten zyprische Herrscher ihre Abstammung auf diesen legendären Gründer zurück.

Aus der Frühgeschichte von Salamis sind nur wenige archäologische Spuren überliefert. In dieser Zeit (11. Jh.–8. Jh. v. Chr.) übernahm es die Rolle des verlassenen Enkomi (s. S. 160). Vor allem die nahegelegenen Königsgräber geben Aufschluß über diese Zeit (s. S. 156). Wie Münzfunde und schriftliche

Berichte seit dem 6. Jh. v. Chr. bestätigen, gehörte Salamis zu den bedeutenden Wirtschafts- und Handelszentren des östlichen Mittelmeeres. Es zählte zu den mächtigsten Stadtkönigtümern Zyperns, auch wenn es meist fremden Herrschern tributpflichtig blieb. Nach dem Siegeszug Alexanders d. Gr. konnte auch auf Zypern der persische Einfluß endgültig gebrochen werden, in der hellenistischen Welt stieg Salamis zur Hauptstadt der ptolemäischen Kolonie Zypern auf. In römischer Zeit wurde die Stadt während des jüdischen Aufstands von 116/117 n. Chr. verwüstet, in frühchristlicher Zeit zweimal durch schwere Erdbeben zerstört, jedoch immer wieder aufgebaut, zuletzt unter Kaiser Constantius II. (reg. 337 bis 361), zu dessen Ehren sie in der Folge Constantia hieß. Die meisten der heute sichtbaren Ruinen stammen aus den ersten nachchristlichen Jahrhunderten; nur ca. 5 % der antiken Innenstadt konnten übrigens bisher freigelegt werden.

Mit der zunehmenden Versandung des Hafens und der Zerstörung der Stadt im 7. Jh. durch arabische

Überfälle verlor Salamis/Constantia an Bedeutung. Die letzten Münzfunde stammen aus dem 13. Jh., anschließend wurde der Platz offenbar endgültig verlassen und versank schließlich im Sand der Dünen. Famagusta trat an die Stelle von Salamis.

Rundgang

Mancher Besucher nimmt sich einen ganzen Tag Zeit für das Ausgrabungsgelände – was Gelegenheit gibt, zwischendurch im Meer Abkühlung zu suchen. Das gesamte Gelände ist zwar prinzipiell auch mit dem Wagen befahrbar, doch ist

es wesentlich reizvoller, zu Fuß über das mit Pinien, Akazien, Eukalyptusbäumen und Zypressen bestandene Areal zu streifen. Im Frühjahr schenkt eine Fülle von Blüten und Blumen Salamis frische Farben.

Kurzbesucher sollten zumindest zwei der imposantesten Ausgrabungsstätten sehen, beide nur wenige Schritte vom Eingang entfernt: das Gymnasium mit den Thermen sowie das Theater.

Folgt man wenige Meter rechts hinter dem Eingang einem unscheinbaren Pfeil, erreicht man das **Gymnasium;** man betritt es von Osten her. Die Anlage wurde in römischer Zeit mehrfach durch Erdbeben zerstört, im 4. Jh. erfolgte ein letzter Auf- und Umbau. Dies er-

Salamis und Umgebung

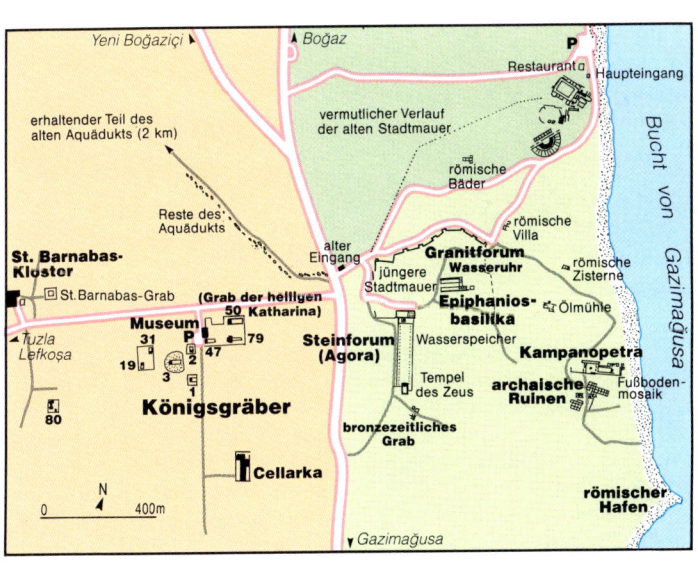

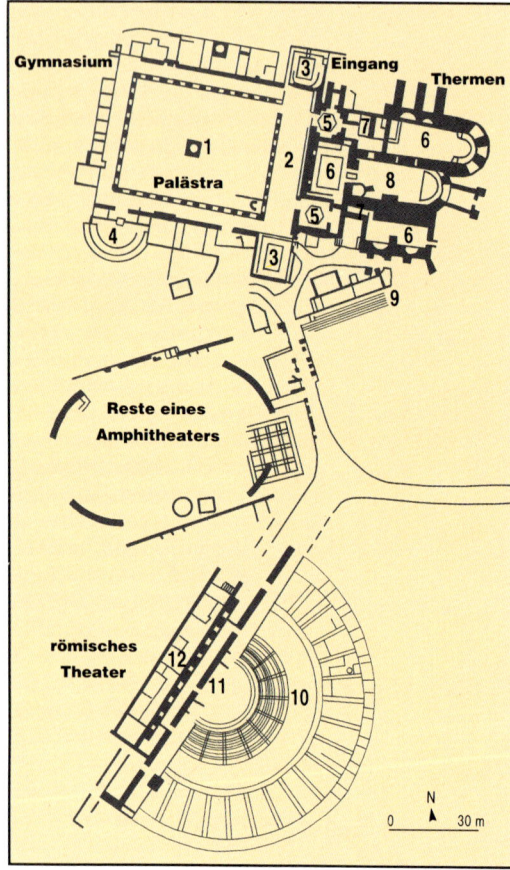

Gymnasium
mit Therme
und Theater
von Salamis
 1 Dorische
    Säule
 2 Stoa
 3 Schwimm-
    bassin
 4 Latrinen
 5 Frigidarien
 6 Sudatorien
 7 Heizungs-
    anlagen
 8 Caldarium
 9 Wassertank
10 Zuschauer-
    raum
11 Orchestra
12 Bühne

klärt auch die vielfältige Gestalt der Säulen, die die Palästra umgeben (s. Umschlagrückseite oben); man entnahm sie für den letzten Wiederaufbau zum Teil aus umliegenden Gebäuden.

Die Palästra war einst ein Platz für sportliche Betätigung, unter den Römern aber auch ein Ort der Begegnung und des Gesprächs. Dabei darf man jedoch nicht vergessen, daß von den weit über 100 000 Einwohnern dieser Stadt nur einige Tausend Bürgerrechte besaßen und somit überhaupt Zutritt zu öffentlichen Gebäuden hatten.

Die imposanten Ruinen von Salamis

Die hoch in den Himmel ragenden Säulen, deren Kapitelle zumeist noch vorhanden sind, markieren die Größe der ursprünglich
überdachten Säulengänge, die den
offenen Hof umschlossen (52,5 ×
39,5 m). In seiner Mitte, wo sich
früher ein Wasserbecken befand,
erhebt sich seit dem letzten Wiederaufbau im 4. Jh. auf einem Podium der Stumpf einer **dorischen
Säule (1).**

An den **östlichen Wandelgang (2),**
dessen Boden von verschiedenarti-
gen, farbigen Steinen bedeckt ist
(opus sectile), schließen sich im
Norden und Süden zwei kleine
Schwimmbassins (3) an. Um das
nördliche Becken stellten die Aus-
gräber mehrere Statuen auf. Sie

stammen zwar aus dem Gymnasium, nur einige haben aber ursprünglich an ihrem jetzigen Platz
gestanden. Allen diesen Statuen
fehlen Köpfe bzw. Gesichter. Im
Zuge der Durchsetzung des Christentums sollte allen heidnischen
Kulten auch dadurch ein Ende bereitet werden, daß man die alten
Kunstwerke verstümmelte.

Im Südwesten des Säulenum-
gangs schloß sich die antike **Toilettenanlage (4)** an. In einem halbkreisförmigen Bogen reihen sich Sitzge-
legenheiten für 44 Personen. Der
Begriff ›Latrinengerücht‹ bekommt
auf diese Weise praktischen Ge-
halt. Fast ökologisch im modernen
Sinne mutet die intelligente Mehr-
fachnutzung des Wassers an, das
die Stadt über Aquädukte von weit-
her bezog. Ein Zuleitungssystem
führte das kostbare Naß zunächst
in ein Handwaschbecken, von wo

Statue der
Persephone,
Gemahlin
desHades,
in Salamis

aus es über einen kleinen Kanal entlang der Sitzplätze floß. Mit einem Schwamm konnte man sich reinigen. Anschließend fungierte das Wasser als Dauerspülung der Toilette. Ursprünglich konnten die Toilettenbenutzer das Geschehen auf der Palästra beobachten, das mit dem Christentum aufkommende neue Schamgefühl ließ eine derartige Öffentlichkeit aber nicht mehr zu, so daß eine Blendmauer errichtet wurde.

Die sich im Osten an das Gymnasium anschließenden **Thermen** verfügen über alle Einrichtungen eines klassischen römischen Bades. Zwei Kaltwasserbäder oder **Frigidarien (5)** – die Wassertemperaturen betrugen hier 18–20° Celsius – flankieren einen der eindrucksvollsten Räume der Anlage, ein **Sudatorium (6).** Dieser Schwitzraum – mit 30–35° heißem Wasser – war einst mit Marmorplatten gekachelt, an den Wänden konnten sich die Badenden auf Liegeplätzen ausruhen. Gut nachvollziehbar ist auch heute noch das Heizungssystem des Bades (Hypokaustenheizung).

Warme Luft, die in zwei **Heizungsanlagen (7)** erzeugt wurde, gelangte durch ein Labyrinth von Abzugsgängen unter den Boden des Sudatoriums. Das Wasser des Bassins in der Mitte wurde ebenfalls auf diese Weise erhitzt. Über dem südlichen Eingang sind noch Spuren der ursprünglich das gesamte Bad verzierenden Freskenmalerei erhalten. Sie zeigen Hylas, den Knappen des Herakles, auf dem Wege zum Wasserholen. Den Speer in der Rechten, wehrt er mit der Linken eine weibliche Gestalt ab, eine Quellnymphe, die den Arm nach ihm ausstreckt. Wie uns der Mythos berichtet, fiel er der weiblichen Versuchung aber doch zum Opfer.

Östlich des Schwitzbades schließt sich mit mehreren Becken ein 29 × 13,7 m großes Warmwasserbad oder **Caldarium (8)** an. Die Wassertemperaturen betrugen hier um 25° Celsius. Wie in den nördlichen und südlichen Schwitzbädern zierte im Caldarium einst reicher Mosaikschmuck Nischen und Wände. Leider konnten nur noch Reste gesichert werden, darunter an der Südmauer des südlichen Sudatoriums (nur von außen zu erreichen) die eines Mosaiks wohl aus dem 3. Jh. n. Chr., das in einer mythologischen Szene Apollo und Artemis darstellte, wie sie mit ihren Pfeilen die Kinder Niobes töten. Apolls linkes Knie ist noch zu erkennen, ebenso sein Köcher, dem bereits die Pfeile fehlen. Ein weiteres Mosaik zeigt den Flußgott Eurotas und Schwanenflügel. Es spielt (in subtiler Weise) auf Zeus' Liebesabenteuer mit Leda an, der er sich in Gestalt eines Schwans genähert hatte.

Im Süden grenzt, überspannt von einem großen Tonnengewölbe, der ehemalige zentrale **Wassertank (9)** an die Thermen.

Vorbei an den spärlichen Resten eines großen Amphitheaters erreicht man das **römische Theater.** In den Tagen des Kaisers Augustus, also um die Zeitenwende erbaut, fiel es den großen Erdbeben im 4. Jh. zum Opfer und diente in der Folgezeit als Steinbruch. Im halbkreisförmigen **Zuschauerraum (10)** wurden 20 der einst über 50 Sitzreihen aus weißem Kalkstein rekonstruiert – nur die untersten Reihen sind original erhalten. Über 15 000 Besucher fanden hier Platz. Oberhalb der sechsten Reihe müssen sich in der Mitte des Zuschauerraums die Ehrenlogen der städtischen Potentaten befunden haben. Die halbkreisförmige **Orchestra (11)** mit einem Durchmesser von 27,5 m war früher mit verschiedenfarbigen Marmorplatten bedeckt; in ihrem Zentrum erhob sich ein Altar für den Gott Dionysos. Von der eigentlichen Bühne und vom reich geschmückten **Bühnengebäude (12)** haben sich nur mehr Fundamentmauern erhalten.

An manchen Sommerabenden werden im Theater Ballett-, Musik- oder Theateraufführungen veranstaltet. Es ist eine Freude dabei zu sein, wenn sich der alte klassische Rahmen mit neuem Leben füllt, zumal

Der Heilige Barnabas

Der Namensgeber des Barnabas-Klosters bei Gazimağusa spielt eine herausragende Rolle für die orthodoxe Kirche Zyperns. Sein Wirken legte den Grundstein für die eigenständige zyprische Kirche, die zu den ältesten der Christenheit zählt und ebenso eine apostolische Gründung darstellt wie die Kirchen von Jerusalem, Antiochien und Rom. Der zyprisch-griechische Erzbischof, der den Rang eines Patriarchen einnimmt, wird als Nachfolger des hl. Barnabas angesehen.

Zusammen mit Paulus und Johannes missionierte Barnabas zur Zeit des römischen Kaisers Tiberius, also im ersten Drittel des 1. Jh. n. Chr., auf Zypern, wie in der Bibel (Apg. 4 und 13) nachzulesen ist: »Auch Josef, ein Levit aus Zypern, der von den Aposteln Barnabas, das heißt übersetzt Sohn des Trostes, genannt wurde, verkaufte einen Acker, der ihm gehörte, brachte das Geld und legte es den Aposteln zu Füßen.« – »Vom heiligen Geist ausgesandt kamen sie nach Seleukia und segelten von da nach Cypern. Als sie in Salamis angekommen waren, verkündeten sie das Wort Gottes in den Synagogen der Juden.«

Es blieb nicht bei dieser einmaligen Missionsreise des Barnabas in seine Heimat Zypern: »Barnabas nahm Markus mit und segelte nach Zypern.« In Salamis, wo er Heiden wie Juden zu bekehren suchte, fand er schließlich den Tod und ging als Märtyrer in die Geschichte ein.

Die Unabhängigkeit (Autokephalie) der Kirche von Zypern war schon während des Konzils von Ephesus 431 bestätigt worden, doch der Patriarch von Antiochien beanspruchte auch weiterhin die Oberhoheit. Der Legende nach führte 477 die überraschende Entdeckung der Gebeine des hl. Barnabas zur endgültigen Bestätigung der Autokephalie: Dem damaligen Erzbischof von Zypern, Anthemios, der in Constantia, dem früheren Salamis, residierte, soll danach der hl. Barnabas im Traum erschienen sein und ihn angewiesen haben, an einer genau bezeichneten Stelle, unter einem einzeln stehenden Baum, sein Grab zu öffnen. Dort fand Anthemios, wie die Legende berichtet, eine unterirdische römische Grabkammer und auf der Brust des Leichnams eine Kopie des Matthäus-Evangeliums in der Handschrift des hl. Barnabas. Mit diesem Geschenk konnte Kaiser Zenon (reg. 474–491) in Konstantinopel dafür gewonnen werden, der zyprischen Nationalkirche endgültig ihre Unabhängigkeit zu schenken. Von nun an trug deren Oberhaupt den Titel Erzbischof von Zypern und war mit allen Rechten und Zeichen seiner Würde ausgestattet.

die Akustik des Theaters bis heute überzeugen kann.

Die Reste weiterer **Bäder** sowie einer **Villa** aus römischer Zeit bieten Besuchern kaum Sehenswertes und sind schlecht zugänglich. Dies gilt auch für die **römische Zisterne** ca. 200 m südlich des Theaters, in der man in zwei (den Besuchern leider verschlossenen) Höhlen frühchristliche Malereien gefunden hat. Möglicherweise handelt es sich hier um einen heimlichen Versammlungsort der ersten Christen.

Der Zisterne gegenüber, auf der anderen Straßenseite, lassen die Reste einer **Ölmühle** byzantinischer Zeit mit Mühlsteinen und Auffangbehälter für das gepreßte Olivenöl die ursprüngliche Funktionsweise noch gut erkennen. Dagegen liegen Bedeutung und Aufgabe der anschließenden römischen Gebäude, einst stattlich mit Marmor errichtet, im dunkeln.

Die frühchristliche **Basilika Kampanopetra** aus dem 4. Jh. grenzt ca. 300 m östlich an den Sandstrand (an dem es sich übrigens wunderbar baden läßt). Der dreischiffigen (bzw. fünfschiffigen, wenn man die schmalen Seitentrakte hinzurechnet, in denen sich jene drängten, die auf die Taufe vorbereitet wurden) Kirche mit Narthex waren zu beiden Seiten im Osten und Westen je ein Atrium vorgelagert. Reste der Säulenumgänge und Bögen ragen malerisch in den Himmel. Kleine Bäder und sogar eine kleine Bäckerei gehörten zu dem Komplex. Unter mehreren Fußboden-

mosaiken ist jenes im östlichen Teil der Anlage hervorzuheben: eine kreisrunde Fläche, aus deren Zentrum sich, von über 2000 Steinchen gebildet, eine Spiralform entfaltet.

Wer am Strand entlang ca. 600 m weiter südwärts, also Richtung Gazimağusa geht, erkennt im Flachwasser, von Wellen überspült, Grundmauern der ehemaligen römischen **Hafenanlage.** Von dort auf demselben Weg zurück zur Basilika.

Nun nach Westen. Vorbei an den Resten einer römischen **Wasseruhr** und am sogenannten **Granitforum** – so benannt nach den hier verstreuten Säulen aus ägyptischem Granit – erreichen Sie die **Epiphanios-Basilika,** einen monumentalen Bau (58 × 42 m) vom Ende des 4. Jh. und ein Wahrzeichen des erstarkenden Christentums. Vermutlich war diese Kirche die Kathedrale von Constantia/Salamis. Lediglich Fundamente und bescheidene Reste konnten ergraben werden, darunter aber ein marmorverkleidetes Grab, angeblich das des hl. Epiphanios, in dessen Amtszeit als Bischof der Bau der Basilika fiel. Die bilderfeindlichen Schriften des gelehrten Bischofs mögen den christlichen Wandalismus gegen Mosaiken und Fresken (s. o.) geschürt haben. Im 7. Jh. wurde die Kirche zerstört, aus dem 8./9. Jh.

Kapelle beim Barnabas-Kloster ▷

153

stammt eine dreikupplige Kirche, die der Basilika im Osten angebaut wurde.

Nur wenige Schritte sind es von hier bis zum großen **Wasserspeicher** der Stadt, 36 Säulen trugen sein Gewölbe. Die Zisterne stammt aus dem 7. Jh. und wurde über einen 60 km langen Aquädukt versorgt, der Quellwasser aus dem Beşparmak-Gebirge (beim heutigen Değirmenlik) herleitete. Das Speichervolumen erlaubt Rückschlüsse auf die Einwohnerzahl von Constantia/Salamis, die man von daher auf 100 000 Menschen geschätzt hat.

Vom Wasserspeicher schweift der Blick über die Agora, auch **Steinforum** genannt. Dieser 228 × 55 m große Markt- und Versammlungsplatz reicht vermutlich bis in hellenistische Zeit zurück und war einst von Säulen und Läden umgeben.

Im Süden schloß sich auf einem Podium ein Tempel des Zeus an (zerstört, aber inschriftlich bezeugt). Nur wenige Meter südlich davon ein Grab aus dem 11. Jh. v. Chr. – eine der wenigen bisher freigelegten Stätten des bronzezeitlichen Salamis.

Die Königsgräber

Die Nekropole von Salamis grenzt jenseits der Küstenstraße an das Ausgrabungsterrain von Salamis. Von der Straße nach Lefkoşa, kurz bevor man das St. Barnabas-Kloster

(s. u.) erreicht, zweigt links ein Sträßchen zum Büro des Wärters ab. Der kleine Museumsraum daneben enthält die Rekonstruktion eines Kampfwagens mit Bronzeschmuck (s. u.), dazu Fotos und Zeichnungen zu den Ausgrabungen.

Obwohl bereits lange vor der wissenschaftlichen Erforschung fast alle Gräber geplündert wurden, bot der Friedhof einen vorzüglichen Einblick in den Totenkult und die Bestattungsbräuche vornehmer Bürger zwischen dem 8. und 6. Jh. v. Chr. Aufgrund des großen Reichtums an Beigaben wurden die Grüfte als ›Königsgräber‹ bekannt. Vieles von dem, was den Plünderern an Funden entgangen war oder für nicht wertvoll erachtet wurde, ist heute in den Museen im südlichen Landesteil ausgestellt, den Besuchern Nordzyperns bleibt der Blick in die Grablegen selbst.

Von den mit Nummern bezeichneten Bestattungen – sie markieren die Reihenfolge der Ausgrabungen – sind die meisten nur für Archäologen von Interesse. Einen guten Einblick in die Beerdigungspraxis gewähren die Gräber Nr. 47, 79 und 50 sowie die sogenannte Cellarka.

Grab 47 gleich neben dem kleinen Parkplatz beim Büro des Wärters gehört zu den größten Anlagen und verdeutlicht das grundsätzliche Schema auch der anderen Gräber. Ein 20 m langer Dromos führt über vier Stufen zum gepflasterten Vorhof (Propylaion) der Grablege

(10,6 × 4,6 m), an den sich die eigentliche Grabkammer als ein Rechteck von 4 × 2,5 m anschließt. Ihr einst aus einer einzigen Platte bestehendes Dach haben Plünderer zerstört. Das Grab wurde mehrfach genutzt, die Reste zweier geopferter Pferde der ersten Bestattung (Ende des 8. Jh. v. Chr.) sind jedoch an Ort und Stelle verblieben. Die Pferde zogen, wie Reste hölzerner Deichseln und Jochbalken vermuten lassen, wahrscheinlich einen Wagen mit dem aufgebahrten Leichnam in den Dromos.

Auch im anschließenden **Grab Nr. 79** sind noch die Pferdeopfer zu sehen. Im Dromos dieses Grabes wurden die bislang reichsten Funde gemacht. Bronzeschmuck von Pferden und von Kampf- bzw. Leichenwagen weist reichhaltige Verzierungen auf, die an orientalische und ägyptische Vorbilder erinnern. Mit Elfenbeinplatten und Silber besetzte, hölzerne Throne und ein Bett assyrischen Ursprungs verweisen ebenso wie zwei Bronzekessel auf den hohen Rang der hier Bestatteten.

Grab Nr. 50 wird im Volksmund als ›Grab der hl. Katharina‹ bezeichnet. Die Legende berichtet von einer Königstochter, die sich dem Christentum zuwandte und sich daraufhin freiwillig – andere Versionen sagen gezwungenermaßen – in ihr steinernes Gefängnis zurückzog. Berichte über diese kleine Kapelle aus spätrömischer Zeit, die noch vor einigen Jahrzehnten genutzt wurde und der hl. Katharina geweiht war, reichen bis ins 14. Jh. zurück. Erst in den 60er Jahren entdeckte man, daß sich die Kapelle über älteren Grablegen erhob, die wiederum mehreren Bauphasen entstammen. Der älteste Grabplatz, fast 3000 Jahre alt, besteht lediglich aus zwei riesigen Steinen.

Im Dromos von **Grab Nr. 2** wurde das Skelett eines Menschen gefunden, aus dessen Lage man den Schluß zog, daß er gefesselt war. Es könnte sich also um ein Menschenopfer gehandelt haben, wie es ja auch Homer beschreibt oder Herodot von den Skythen berichtet.

Von nicht ganz so hoher Stellung scheinen die Bestatteten der kleineren **Gräber Nr. 19** und **31** gewesen zu sein. Neben dem Leichenbrand fand man hier die Skelette von geopferten Eseln (statt der kostbareren Pferde), und die Bearbeitung der Steingruft war weniger sorgfältig als bei den größeren Gräbern.

Einen Besuch lohnt die nur wenige hundert Meter nach Süden hin entfernte **Cellarka** (›Zellen‹, ›Grabkammern‹), ein Friedhof für die einfacheren Bewohner von Salamis. Auf einer Fläche von mehr als 1 km² wurden in den 60er Jahren dicht an dicht, über hundert Gräber entdeckt. Bis auf eine einzige Ausnahme (Nr. 105) sind sie alle in den anstehenden Fels gehauen. Immer wieder wurden die Grabstellen zwischen dem 6. und dem 4. Jh. v. Chr. neu genutzt, umgebaut und verkleinert. Eine Besonderheit auf Zypern stellen Reste von kleinen

Verborgene Kulturschätze

Nordzyprische Fundorte wie Petra tou Limniti, Toumba tou Skourou, Vounous und Troulli, Agia Irini und Krini können einen festen Platz in der Geschichte der Archäologie beanspruchen. Doch endet ein Besuch dieser frühgeschichtlichen Ausgrabungsstätten für viele Interessierte mit einer herben Enttäuschung: Sofern es überhaupt gelingt, die Fundstelle aufzuspüren – denn Ausschilderungen sind nicht üblich –, blickt man konsterniert auf irgendeine überwachsene Vertiefung im Boden oder in eine leere Grabkammer. Da Schautafeln oder Erklärungen fehlen und die Schätze, die bei den Grabungen geborgen wurden, natürlich nicht an Ort und Stelle verblieben sind, gewinnt man als Museumsbesucher in Amsterdam, Istanbul oder New York ein besseres Bild als vor Ort. Oder auch als Besucher des Zypern-Museums von Nicosia, denn dort haben viele der archäologischen Funde aus Grabungen vor der Teilung der Insel ihren musealen Platz gefunden. Für Nordzypern-Touristen (und natürlich für die Nordzyprer selbst) sind sie damit nicht zugänglich. Immerhin bieten die Museen in Güzelyurt (s. S. 122) und im Barnabas-Kloster (s. S. 160) vorzügliche und aussagekräftige Exponate aus allen Epochen der Inselgeschichte.

Auf zwei Fundorte – Vounous und Agia Irini – soll im folgenden kurz eingegangen werden. Zum einen aufgrund ihrer Bedeutung für die Erforschung der Inselgeschichte, zum anderen, weil die dort gefundenen Gegenstände zu den herausragenden kulturellen Leistungen des frühen Zypern zählen.

Die bedeutendste Ausgrabungsstätte aus der Frühbronzezeit (2300–1850 v. Chr.) Zyperns liegt östlich von Girne zwischen den Dörfern Ozanköy und Çatalköy (s. S. 111). Die Nekropole von Vounous umfaßt bis zu 2 m hohe und 6 m breite Grabkammern, in denen die Toten in Hockstellung begraben wurden. Die zahlreichen hier gefundenen Keramiken verdeutlichen das hohe künstlerische Niveau jener Zeit. Anatolische Grundformen sind ebenso unverkennbar wie deren Neufassung mit Hilfe zyprischer Stilelemente. Häufig ist rotpolierte Keramik mit Ritzmustern; an einigen Gefäßen fallen auch aus der Oberfläche heraustretende Ornamentik und plastische Figuren auf. Brettartige Idole in nur angedeuteter menschlicher Form scheinen die Abstraktionskunst der Moderne vorwegzunehmen, aber auch Vasen in Tiergestalt gehören zu den Funden (vgl. ähnliche Exponate im Museum des Barnabas-Klosters). Daß einfache Alltagsgegenstände teils in

Tonmodell eines Pfluggespanns aus Vounos

spielerischer Weise umgeformt, teils mit kultischen Signalelementen versehen waren, weist auf den relativen Reichtum jener Epoche hin, der wohl in erster Linie auf dem Kupferexport gründete.

Zwei Funde aus Vounous beeindrucken durch ihre Aussagekraft. Ein Terrakotta-Heiligtum in Miniaturform gewährt Einblick in eine offenbar kultische Handlung und gibt damit Aufschluß über das kulturelle Leben jener Zeit. Es stellt das bislang einzige Zeugnis frühbronzezeitlicher Religion auf Zypern dar. Mehr als ein Dutzend Personen befinden sich zusammen mit mehreren Tieren innerhalb einer runden Einfriedung (faktisch: eine Art Schüssel), die von Wissenschaftlern als Nachbildung einer Kultstätte im Freien interpretiert wird. Einige Gestalten tragen Stierkopfmasken und halten Schlangen in den Händen, ein auf dem Arm gehaltenes Kind wird von manchem Wissenschaftler mit Kinderopfern in Zusammenhang gebracht. Ein witziger Effekt ergibt sich aus einer kleinen Figur, die von außen über die Mauer blickt und die Szenerie heimlich zu beobachten scheint.

Ein anderes Terrakottamodell aus Vounous zeigt eine Pflugszene mit mehreren Ochsen und Menschen – ein hervorragendes Dokument früher Ackerbaumethoden und sicherlich auch ein Zeugnis dafür, daß das Pflügen des Bodens stets als kultische Handlung angesehen und damit der Darstellung für wert befunden wurde.

Bei dem zweiten Fundort, Agia Irini nördlich von Güzelyurt, handelt es sich um ein Heiligtum, das 700 Jahre lang genutzt wurde (ca. 1200 500 v Chr.). Was das Modell von Vounous über ein Jahrtausend zuvor im kleinen zeigte, ließ sich hier im Gelände nachweisen: eine Einfriedung von ca. 50 × 40 m, mit einer Feuerstelle und einem Opferaltar in der Mitte. Zu den bemerkenswerten Funden an dieser Ausgrabungsstätte, die vor Ort nur wenig Sehenswertes bietet, gehörten ca. 2000 (!) Terrakotta-Figuren (heute teilweise im Zypern-Museum von Nicosia): Krieger und Betende, dazu Stiere und Streitwagen in Gruppen und Einzelfiguren, die teilweise sogar Lebensgröße erreichen. Unwillkürlich erinnert man sich an die 7000 Figuren umfassende ›tönerne Armee‹ in Chinas alter Kaiserstadt Xian.

159

Scheiterhaufen in den Dromoi oder neben den Gräbern dar. Vermutlich wurden den Toten dort Opfer dargebracht; jedenfalls deuten Reste von Schüsseln und Getreidekörner darauf hin.

In der Nähe des Dorfes Tuzla, ca. 2 km südwestlich der Cellarka, barg das ›**Scheingrab des Nikokreon**‹, ein Tumulus, zwar keine Toten, dafür aber zahlreiche lebensgroße Tonfiguren (4. Jh. v. Chr.), die offensichtlich bei einer feierlichen Zeremonie auf einem Scheiterhaufen verbrannt worden waren. Möglicherweise handelt es sich hierbei um die Reste einer Totenfeier für den letzten selbständigen Herrscher von Salamis. Jener Nikokreon wurde 311 oder 310 v. Chr. von den Ptolemäern zum Selbstmord gezwungen, als er Zypern dem ägyptischen Einflußbereich zu entziehen suchte.

St. Barnabas-Kloster

Nur einen kurzen Fußweg von den Königsgräbern entfernt, auf der nördlichen Seite der Straße nach Enkomi und Lefkoşa, liegt inmitten der Ebene das St. Barnabas-Kloster, das seit kurzem ein Archäologisches Museum beherbergt. Benannt wurde es nach dem in Salamis geborenen hl. Barnabas (s. S. 152), einem der apostolischen Missionare des Christentums auf Zypern. Die Legende von der Durchsetzung der Autokephalie der zyprischen Kirche, die im 5. Jh. zur Errichtung ei-

nes Vorläuferbaus führte, ist in der **Klosterkirche** auf Wandmalereien festgehalten (gleich rechts vom Eingang). Im Innern der Mehrkuppelkirche bezeugen Mauerreste und byzantinische Säulenfragmente einen älteren Bau aus dem 10. Jh. Eine dunkle, grünlich schimmernde Marmorsäule gleich rechts vom Eingang wird im Volksmund als ›schwitzende Säule‹ bezeichnet; der angeblich austretenden Flüssigkeit schreibt man Heilwirkung zu (vgl. die Legendenbildung um den Mamas-Sarkophag S. 120). Die Kirche dient heute als Ausstellungsraum für eine Ikonensammlung, deren Exponate aus allen Teilen Nordzyperns zusammengetragen wurden.

Ein wahres Kleinod stellt das 1992 in dem zur Kirche gehörenden Kloster eröffnete **Archäologische Museum** dar. Von einfachen Werkzeugen aus dem Neolithikum bis hin zu Kunstwerken byzantinischer Zeit präsentiert es einen Querschnitt archäologischer Funde aus mehreren Jahrtausenden.

Ca. 100 m östlich des Klosters erhebt sich an der Stelle, wo sich ursprünglich die Grabstätte des Apostels Barnabas befunden haben soll, eine kleine **Kapelle.** Auch Muslimen gilt dieser Platz als heilig.

Enkomi (Alasia)

Vom Barnabas-Kloster sind es in südwestlicher Richtung nur noch ca. 800 m bis zur Ausgrabungsstätte von Enkomi direkt an der Straße. Der Name ist klangvoll genug, doch sollten Besucher ihre Erwartungen nicht allzu hoch schrauben, denn ein ›Sightseeing‹ von ›Highlights‹ findet hier nicht statt. Ein wenig Phantasie und viel Interesse an Archäologie sind schon vonnöten, soll aus der Erkundung des ›Häusermeers‹ von Enkomi eine spannende Unternehmung werden.

Nicht, daß es der alten Siedlung an historischer Bedeutung fehlte. Im Gegenteil: Enkomi, dessen Gründung auf ca. 2000 v. Chr. datiert, spielte schon früh eine wichtige Rolle als Kupferproduzent im östlichen Mittelmeerraum. In den Dokumenten dazu (s. S. 23) ist gelegentlich von einem Alasia die Rede, das Archäologen heute gleichermaßen als Bezeichnung für die Stadt Enkomi wie als Bezeichnung für die Insel Zypern insgesamt interpretieren.

1896 fanden hier die ersten, wenig sachgerechten Grabungen statt; noch Jahrzehnte war man der Ansicht, es handle sich in Enkomi um Grabanlagen einer nahen, verschollenen Stadt oder des 2,5 km entfernten Salamis. Erst ab 1934 festigte Bodenforschung unter dem Ugarit-Spezialisten Claude Schaeffer die Ansicht zur Gewißheit, bei der ›Nekropole‹ handle es sich in Wirklichkeit um eine Siedlung, deren Gräber nicht abseits, sondern mitten in der Stadt befanden. Bis in die 70er Jahre hinein wurden in verschiedenen Grabungskampagnen immer neue Siedlungsschich-

ten und Bauten aufgedeckt. Neben zahlreichen Häusern und Gräbern konnten dabei auch Werkstätten für die Kupferbearbeitung freigelegt werden; fein gearbeitete Bronze- und Goldwaren bezeugen den einstigen Reichtum dieses frühen städtischen Zentrums. Wie in einem Puzzle entstand so, bereichert durch spektakuläre Einzelfunde, allmählich das Bild einer versunkenen Stadt, die im 2. Jt. v. Chr. vermutlich das wirtschaftliche und politische Zentrum der Insel darstellte (s. S. 22). Um 1075 v. Chr. wurde Enkomi endgültig verlassen. Der nahe Pedias-Fluß, über den eine Verbindung zum Meer bestand, versandete, Erdbeben und Überfälle fremder Völkerschaften trugen weiter zum Abstieg bei – von dem dann Arsinoë/Salamis mit seinem Seehafen profitierte.

Am Wärterhäuschen vorbei gelangt man im östlichen Teil Enkomis zu einigen Grabbauten syrischen Typus: Möglicherweise handelt es sich nicht nur typologisch, sondern ganz real um die **Grabstätten dreier syrischer Prinzen**, die alten Dokumenten zufolge auf die Insel verbannt wurden. Umgekehrt bestätigen zyprische Fundstücke in Ugarit, das ja keine 100 km übers Meer entfernt lag, den engen kulturellen und wirtschaftlichen Austausch zwischen Zypern und Syrien. Zwischen der 4. und 5. Straße

›Die Seele baumeln lassen‹: ▷
Onur Camping

– die Straßen sind von den Archäologen numeriert worden –, nicht weit vom bisher einzigen bekannten **öffentlichen Platz** der Stadt, wurde das ›**Heiligtum des Barrengottes**‹ entdeckt. An einer Tieropferstätte kam neben mehreren anderen Figuren sowie Kultgefäßen die 35 cm hohe Bronzefigur eines bärtigen Gottes zum Vorschein, der auf einem kleinen Kupferbarren stand. Bewaffnet war die spätbronzezeitliche Figur mit Schild und Lanze (jetzt im Zypern-Museum von Nicosia).

An der Verlängerung der 5. Straße, aber westlich der Nord-Süd-Tangente wurde das bislang größte Gebäude Enkomis freigelegt, das sogenannte ›Bauwerk 18‹ – wohl ein Fürstensitz, der nach 1300 v. Chr. aus großen, bis zu 3 m langen Quadern errichtet wurde und eine Fläche von mehr als 1800 m^2 einnahm. Nach seiner Zerstörung – vermutlich durch die Seevölker – wurde der Palast in kleine Werkstätten für lokale Bronzegießer unterteilt, so daß seine einstige Größe heute kaum noch nachvollziehbar ist.

In einem weiter nordöstlich gelegenen **Heiligtum** kam die wohl berühmteste Figur Enkomis zutage, die 55 cm hohe, massiv gegossene Bronzestatue eines Gottes im Schurz, dessen Kopf von einer Pelzkappe mit Stierhörnern bedeckt ist (heute ebenfalls im Zypern-Museum von Nicosia). Möglicherweise handelt es sich bei dieser Götterfigur aus dem 12. Jh. v. Chr. um einen mythischen Vorgänger des Apollon Kereates, der als Beschützer des Hornviehs und der Herden galt.

Verkehrsverbindungen: Das Ausgrabungsgebiet von Salamis, die Königsgräber und das Barnabas-Kloster liegen nur einige hundert Meter voneinander entfernt – und allesamt ca. 8 km nördlich von Gazimağusa/Famagusta. Sind Sie nicht mit einem Leihwagen unterwegs, müssen Sie in Ermangelung öffentlicher Verkehrsverbindungen, ob Bus oder Sammeltaxi, in Gazimağusa ein Taxi nehmen; am besten handeln Sie gleich den Preis für einen ganzen Besichtigungstag aus, sonst kann es bei ausgedehnteren Wartezeiten Ärger geben. Von einigen der Hotels nördlich Famagustas sind die antiken Stätten übrigens bequem zu Fuß zu erreichen.

Wer von Girne bzw. Lefkoşa her anfährt, stößt ca. 14 km vor Gazimağusa auf den ausgeschilderten Abzweig nach Salamis; die Straße berührt erst Enkomi, dann St. Barnabas, schließlich die Königsgräber, ehe Salamis selbst erreicht ist.

Unterkunft: An den kilometerlangen Sandstränden der Bucht von Gazimağusa liegen nördlich der Stadt die meisten großen Hotels und Bungalowanlagen, meist direkt am Meer.

Hotel Salamis Bay (☎ 3 78/82 00, Fax 82 09), 11 km von Famagusta, unmittelbar am Sandstrand gelegen, ist unübersehbar der größte Hotelbau im nordzyprischen Osten. Architektonisch nicht gerade ein Vorzeigeobjekt, empfiehlt sich das Hotel, zu dem auch Bungalows und Appartements gehören, durch Ausstattung und Service: Swimming-pool, Kinderplanschbecken, Sauna, Tennis, Diskothek, Casino, Klimaanlage, Hotelbus nach Famagusta. – Gleich neben dem Salamis Bay das ***Hotel Mimoza* (✆ 3 78/82 19) und etwa 1 km weiter südlich das im Landhausstil erbaute ****Park Hotel* (✆ 3 78/82 17, Fax 51 13). – Erwähnung verdient auch das **Hotel Giranel* (✆ 3 71/24 55), 17 km nördlich von Gazimağusa direkt an der Straße nach Boğaz (am Abzweig nach Iskele/Kantara).

Unter den Bungalowanlagen, die in den vergangenen Jahren in der Bucht von Famagusta entstanden, seien aufgrund ihrer schönen Lage ***Cyprus Gardens* (✆ 3 71/25 52) hervorgehoben. Ca. 18 km nördlich von Famagusta direkt am Strand gelegen, verfügt diese Anlage über einen Swimming-pool und bietet Reitmöglichkeiten. Nur 2 km entfernt die *Long Beach Bungalows* (✆ 3 78/82 82).

Camping: Der einzige offizielle Platz in der Region ist das bescheidene *Onur Camping* gegenüber dem *Hotel Giranel* (s. o.), ca. 17 km nördlich von Gazimağusa. Aber auch einige hundert Meter südlich des Hotels *Salamis Bay* und bei Salamis (*Silver Beach,* mit kleiner, improvisierter Taverne) ist Camping möglich.

Restaurants: Am Eingang zur Ausgrabungsstätte von Salamis liegt *Bedij's Restaurant* (schöne Terrasse). – An der Küstenstraße, unweit des Abzweigs nach Salamis, bietet das *Cennet* ausgezeichnetes Ofenkebap. – Weitere Restaurants in der Nähe des Hotels *Salamis Bay* an der Küstenstraße Richtung Boğaz.

Strände: Die Bucht von Famagusta bietet über 20 km Sand, der nicht nur zum Baden, sondern auch zu Strandwanderungen einlädt, so z. B. vom Hotel *Salamis Bay* in südlicher Richtung bis zur militärischen Sperrzone jenseits von Salamis. Fast überall fällt der Strand flach ins Wasser ab, nur angeschwemmter Plastikmüll trübt bisweilen das Badevergnügen (s. Abbildung unten).

Die Karpaz-Halbinsel

Viele schon sind ihm erlegen, dem stillen Reiz der Halbinsel ganz im Nordosten. Die Stichworte: einsame Sandstrände, unberührte Dörfer, naturbelassene Flora. Die Karpaz-Halbinsel ist ein Juwel besonderer Art.

Einem Stachel gleich streckt sich die Karpaz-Halbinsel nach Osten. Man kennt sie unter den Namen *Karpasia* und *Kirpaza* oder auch als ›der Karpaz‹. Touristisch ist die Halbinsel ganz unerschlossen. Nur zwei Hotels werben um Gäste, doch wer sich dort einquartiert, muß auf Strom und Telefon verzichten. Das Straßennetz? Nur dürftig ausgebaut. Tankstellen? Dünn gesät. Größere Orte? Fehlanzeige. Sehenswürdigkeiten: nur unspektakuläre. Einsamkeit: Reichlich vorhanden.

Badequalität pur verheißen lange und völlig menschenleere Badestrände. Und die einzigartige Pflanzen- und Tierwelt, die sich in der räumlichen Abgeschiedenheit erhalten konnte, garantiert ein ungestörtes Naturerlebnis. Eigentlich dürfte es auch nicht an kulturgeschichtlichen Zeugnissen fehlen, denn antike Quellen sprechen von mehreren

Städten auf der Halbinsel, von einer dichten Besiedlung sogar, doch schlummert dieser kulturelle Reichtum unter der Erde; nur eine einzige Altsiedlung konnte bislang lokalisiert werden.

Eine große Frage ist die nach der Zukunft der Karpaz-Halbinsel. Sollen hier, mit zwanzig- oder dreißig-

Von Gazimağusa nach Boğaz

Jenseits der endlos langen Sandstrände an der Bucht von Gazimağusa mit ihren Hotels und Bungalowanlagen (s. S. 134) liegt, 22 km von Gazimağusa entfernt, nur we-

jähriger Verspätung, die Sünden des Mittelmeer-Tourismus, die ›Torremolinisierung‹ der schönsten Kustenlinien und Strände nachgeholt werden? Wachsen bald auch auf dem Karpaz die Betonklötze des internationalen Tourismus? Oder setzt sich ein ökologisches Konzept durch, vielleicht sogar die Bestrebung, diesen Teil der Insel als Nationalpark unter besonderen Schutz zu stellen?

nige Kilometer westlich der Hauptstraße der Ort **Iskele.** Viele seiner Einwohner stammen aus dem alten Iskele, dem türkischen Hafenviertel (*Iskele* heißt soviel wie ›Anlegeplatz‹) von Larnaca, aus dem sie 1975 hierher umsiedeln mußten. Die kleine Kreuzkuppelkirche **Agios Jakobos** in der Ortsmitte stammt aus dem 15. Jh. Sollten Sie das Glück haben, die Kirche offen zu finden, lohnt ein Blick in die mit

Maroniten
Die unbekannte Minderheit

Während der jahrelangen innenpolitischen Auseinandersetzungen im Libanon gerieten auch die Maroniten als eine der einflußreichsten christlichen Bürgerkriegsparteien in die Schlagzeilen der Weltpresse. Kaum bekannt ist allerdings, daß Angehörige dieser Glaubensrichtung aus ihrem syrisch-libanesischen Siedlungsgebiet schon im Mittelalter in beträchtlicher Zahl nach Zypern auswanderten und im Norden der Insel entlang des Beşparmak ansässig wurden.

Sie entstammten einem Raum, aus dem Weltreligionen wie auch zahlreiche konfessionelle Splittergruppen hervorgingen. Die maronitische Glaubensrichtung hatte sich nach den Lehrstreitigkeiten des 4. bis 6. Jh. um die göttliche und/oder menschliche Natur Christi und in Anlehnung an die Entschließungen des Konzils zu Chalkedon (451) herausgebildet. Obwohl ihre Überzeugungen anläßlich des Konzils von Konstantinopel (680) als Irrlehre verworfen wurden, hielten die Maroniten an dem fest, was sie glaubten. Das Kloster des hl. Maron war seit dem 7., verstärkt seit dem 8. Jh. Mittelpunkt der jungen Gemeinde, die sich unter dem wachsenden Druck muslimischer Zuwanderung, aber auch unter den Pressionen andersgläubiger christlicher Gruppen (Jakobiten, Melchiten) bald in das Libanon-Gebirge zurückziehen mußte.

Auch Zypern erlebte mehrere Wellen maronitischer Zuwanderung. Auf der Insel avancierten die katholischen Mächte geradezu zu Schutzherren der Maroniten, nachdem diese ihre Nähe zur Orthodoxie aufgegeben und sich im Jahre 1184 (die syrisch-libanesischen Maroniten) bzw. 1445 (die zyprischen Maroniten) Rom unterstellt hatten. Als nunmehr mit Rom unierte Kirche blieben der maronitischen Glaubensgemeinschaft – unter Anerkennung des päpstlichen Primats – ihr eigener Ritus, ihre Gottesdienstsprache (Aramäisch) und kirchenrechtliche Lokaltraditionen erhalten (u. a. Beibehaltung des Patriarchats von Antiochia, dessen Sitz seit 1790 Bkerke bei Beirut ist).

Auf Zypern stellten die Maroniten während der fränkisch-lateinischen Herrschaft nach den griechischen Zyprern die größte Volksgruppe. 1224 soll es nach ungesicherten Berichten mehr als 60 Maroniten-Dörfer auf der Insel gegeben haben. Das maronitische Hauptsiedlungsgebiet lag im Nordwesten. Aber schon 1572, im Jahre nach der osmanischen Invasion, gab es nur noch 33 und 1596 nur noch 19 rein

Ein maronitischer Priester beim Bibelstudium

maronitische Dörfer. Abgeschnitten von ihren Schutzmächten und ohne dauerhaften Kontakt zu ihren Glaubensbrüdern im Libanon oder zur römischen Kurie, gerieten die zyprischen Maroniten in eine verhängnisvolle Isolierung.

Von den türkischen Eroberern bedrängt und gelegentlich verfolgt, nahmen viele Maroniten den muslimischen Glauben an. Insgesamt sollen deutlich mehr Maroniten zum Islam konvertiert sein als zum orthodox-christlichen Glauben. Das erklärt sich aus den traditionellen Spannungen zur griechischen Bevölkerungsmehrheit. Abgeschwächt setzte sich der maronitisch-orthodoxe Konflikt bis in unser Jahrhundert fort; die Maroniten sahen sich immer wieder dem Vorwurf ausgesetzt, sie unterstützten die britische Kolonialpolitik auf Zypern.

Die politischen Veränderungen seit 1974 waren für die Glaubensgemeinde verhängnisvoll. Viele maronitische Familien verließen ihre nordzyprischen Dörfer und zogen in den griechischen Sektor von Nicosia oder in andere Orte Südzyperns. Im Dezember 1983 lebten nur noch 371 Maroniten in ihren angestammten Gebieten. Ihr nordzyprischer Hauptort ist das große Dorf Koruçam (s. S. 108); Karpasa und Özhan sind weitere rein maronitische Dörfer. Was die Maroniten zum Ausharren im Norden bewegt, ist gewiß auch ihre Liebe zur alten Heimat, mehr aber noch die Obsorge für ihre ertragreichen Ländereien.

Geht man heute durch die nordzyprischen Maroniten-Dörfer, trifft man zwar auf viele Kinder und alte Menschen, aber die mittlere Generation fehlt fast völlig. Der völkerrechtlich ungeklärte Status Nordzyperns erlaubt es den Maroniten, gerade weil sie Minderheit sind, ungehindert von einem Inselteil in den anderen zu wechseln. Die mittlere Generation der traditionellen Drei-Generationen-Familie schöpft dieses Sonderrecht weitgehend aus und verdient gutes Geld in den Städten Südzyperns, während ihre Kinder unter der Obhut der Alten im Norden bleiben, hier Kindergarten und Grundschule besuchen und mit Erreichen des Gymnasialalters ebenfalls in den Süden überwechseln. Die ältere Generation nimmt neben der Kinderbetreuung auch die Bewirtschaftung der Felder auf sich. Ihr kostbarer Besitz an Grund und Boden wird häufig den erwachsenen Töchtern als Mitgift übertragen und in die Ehe mit einem Schwiegersohn eingebracht, der in der Regel zeitweise oder ständig im Süden lebt. Damit besteht allerdings die Gefahr, daß er seinen Besitz im Norden verliert, denn nach türkisch-zyprischem Rechtsverständnis ist er ein ›abwesender Grundbesitzer‹. Seine Ländereien können beschlagnahmt und als Entschädigung an türkische Zyprer vergeben werden, die vor 1974 im Süden Grundbesitz hatten.

Drohungen dieser Art machen das Ungewöhnliche maronitischer Existenz zwischen den Fronten und über Grenzen hinweg aus. Und dennoch scheinen sich die Maroniten mit der Situation arrangiert zu haben. Dies um so mehr, als die in Zypern stationierten UN-Einheiten sich ihrer mit besonderer Fürsorge angenommen haben. Versorgungskonvois der UNFICYP beliefern sie regelmäßig mit allen nur erdenklichen Waren: von Tageszeitungen bis zum Fernseher, von Saatkartoffeln bis zu den Eierfarben für das Osterfest und – kaum zu begreifen – jeder Menge Obst und Gemüse, die sie doch selber vor Ort anbauen und verkaufen.

Eckart Fiene

Porzellankacheln ausgekleidete Wölbung, die an die portugiesischen Azulejo-Traditionen anzuknüpfen scheint.

Nur einige hundert Meter entfernt, an der Straße nach Geçitkale, erhebt sich die **Kirche des hl. Theodokos,** die seit 1991 eine Ikonenausstellung beherbergt (täglich 8–13; 15–18 Uhr). Der ursprünglich einschiffigen Kirche aus dem 12. Jh. wurde später, über zwei große Bögen vermittelt, ein Seitenschiff angefügt. Das Hauptschiff verfügt über zwei Kuppeln, der Turm erhebt sich über dem Seitenschiff. Unter den Freskenfragmenten, die z. T. aus dem 12. Jh. stammen, ist ein Christus Pantokrator bemerkenswert. Von Engeln umgeben, beherrscht der Thronende eine der beiden Kuppeln. Neben den ausgestellten Ikonen verdient auch die Ikonostase mit ihren reichen Schnitzereien Beachtung.

Zurück auf die Küstenstraße! Noch 7 km und sie erreicht den Ort **Boğaz,** der einige kleinere Hotels und Ferienanlagen bietet, dazu bescheidenen Sandstrand: ein verträumter Hafen, wo früh am Morgen die Fischer mit ihren Kähnen anlegen und den meist nicht gerade üppigen Fang an Land bringen. Ein Hauch von Fischerromantik also (s. S. 178).

Für seinen Fisch ist Boğaz bekannt, und mehrere Restaurants direkt an der Durchgangsstraße locken mit einem entsprechenden kulinarischen Angebot: fangfrischer Fisch und Meeresfrüchte.

Zur Burg Kantara

Von Boğaz schlängelt sich ein Sträßchen zum Bergdorf Kantara empor, wo ein Picknickplatz und Restaurants zu einer Pause einladen. Wer sich der östlichsten der drei Bergfestungen (s. auch S. 87, 92) Nordzyperns, **Kantara,** von hier aus behutsam nähern will, sollte die verbleibenden 3,5 km zu Fuß gehen – und wird auf diesem Spaziergang vom Dorf her durch eine weite Aussicht auf die Mesarya-Ebene belohnt. Mit dem Pkw ist die Anfahrt bis zu einem Parkplatz unterhalb der Burg möglich.

Es war wohl die Furcht vor den häufigen Überfällen der Sarazenen, die das byzantinische Zypern des 10. Jh. veranlaßte, die Festung auf einem 630 m hohen Felsplateau zu errichten. In Schriftdokumenten wird Kantara – so wie ja auch Buffavento – erst im Zusammenhang mit der Eroberung der Insel durch Richard Löwenherz 1191 genannt. Vierzig Jahre später erwies sich die strategische Bedeutung der Burg bei den Kämpfen zwischen den Truppen des Stauferkaisers Friedrich II., der seine Interessen als Lehnsherr durchsetzen wollte, und den Anhängern des fränkischen Königs Heinrich, die sich als Interessenvertreter des einheimischen Adels engagierten. Zweimal fiel die Festung in die Hand der ›Kaiserlichen‹ (1228 und 1232), konnte aber jedesmal zurückerobert werden. In der Folge sollte Kantara noch einmal heraus-

Mittelmeer

Malibou Beach
Halk Plaj
Kap Yassi

Agia
Sipahi

Yeni Erenköy

Yeşilköy

Panagia Kanakaria Boltaşlı Taşlıç

Ziyamet

Yedikonuk

Mehmetçik Kumyalı

Kaplıca Büyükkonuk

Burg Kantara **Panagia Kyra**
Sazlıköy

Kantara

Tatlısu

Bafra

Kantara-Wald Ardahan Tuzluca Çayırova Bafra Plaj

Cınarlı Altınova Kap Zeytin

Hotels Boğaz **Knidos**

Agios Theodokos **Agios Jacovos**
Sınırüstü İskele

Gönendere Akova

Geçitkale

Mesarya-Ebene Bucht von Gazimağusa

Alaniçi

Mormenekşe

Yeniboğaziçi
Salamis

Enkomi Tuzla

Köprülü Rezervuar Fresh Water Lake

Vadili

Akdoğan Köprülü Güvernciblik **Gazimağusa**

Türkmenköy Çayönü

Agios Nikolaos

İncirli Yukarı Dherinya

Beyarmudu Düzce Dherinia

Pyla Xylotymbou Avgorou Phrenaros **Paralimni**

Sotira

die türkische Küste am Horizont auf.

Späher konnten von diesem höchsten Auslug anfahrende Schiffe und anrückende Truppen bereits frühzeitig sichten und mit Hilfe von Feuersignalen (s. auch S. 94) die beiden anderen Festungen verständigen, Buffavento und Hilarion.

Von Boğaz zum Zafer Burnu (Kap Andreas)

Çayırova, 11 km hinter Boğaz, ist das nächste erwähnenswerte Dorf an der Küstenstraße in Richtung Nordosten. Zwei kulturhistorische Abstecher bieten sich hier an (Spektakuläres freilich sollten Sie nicht erwarten): 5 km nördlich von Çayırova (Abzweig ausgeschildert) liegt einige hundert Meter außerhalb des kleinen Dörfchens **Sazlıköy** inmitten von Feldern die unscheinbare, mittlerweile dem Verfall preisgegebene byzantinische **Kreuzkuppelkirche Panagia Kyra** (ca. 10./11. Jh.). Daß dort die letzten Reste eines alten Mosaiks der Muttergottes inzwischen völlig verschwunden sind, erklärt sich aus dem leidigen Aberglauben, ein in der Tasche mitgeführtes Steinchen des Mosaiks wehre bestimmten Krankheiten. Aber auch die Fresken der Kirche sind kaum noch erkennbar.

Mehr oder weniger überwachsen zeigen sich Fundamentreste, Säulen und Steine einer ehemaligen Klosteranlage in der unmittelbaren Umgebung; relativ gut erhalten ist

dagegen eine nur wenige Schritte entfernte alte Ölmühle.

Die zweite Sehenswürdigkeit: Reste einer phönikischen Stadtgründung namens **Knidos** verbergen sich einige Kilometer südlich von Çayırova. Die fast völlig überwachsenen Fundamentreste lohnen einen Besuch allerdings nur für den, der über archäologisches Vorwissen verfügt.

Leicht erhöht auf einem Plateau, oberhalb von Weinfeldern und Olivenbäumen, sind schon aus der Ferne die Häuser von **Mehmetçik** zu erkennen. Zahlreiche Neubauten und Geschäfte deuten darauf hin, daß Mehmetçik für die Verhältnisse auf dem Karpaz ein relativ wohlhabendes Dorf ist. Außerhalb des Ortes liegt in südwestlicher Richtung ein kleines Feuchtbiotop, im Frühjahr Heimstatt zahlreicher Vögel.

Badefreunde sollten über Bafra einen Abstecher an die Küste unternehmen. **Bafra,** ein sehr ärmlich wirkendes Dorf, wird von ausgedehnten Weinfeldern und Gartenanlagen umgeben. Folgt man dem unscheinbaren Schild ›Bafra Plaj‹, gelangt man zu einem ca. 2 km langen, flach ins Wasser abfallenden Sandstrand.

Bei **Kumyalı** mit kleinem Hafen, Restaurant und Sandstrand eröffnen sich bescheidene Bade- wie auch Campingmöglichkeiten.

Biegt man in **Ziyamet** von der Hauptstraße ab, stößt man am Ortseingang von **Boltaşli** auf die Kirche der **Panagia Kanakaria** aus dem 12. Jh. Sie ersetzt ältere Sakralbauten, die bis ins 5. Jh. zurückgehen. Die erhaltene Architektur gehörte zu einer Klosteranlage, von der nur noch der Südtrakt mit Arkaden erhalten blieb. Die historisch wertvollste Sehenswürdigkeit der Kirche, Mosaiken aus frühbyzantinischer Zeit, wurde in den 70er Jahren gestohlen. Über dunkle Kanäle gelangten die Fragmente in die USA, wo sie von einem Gericht den griechischen Zyprern zugesprochen wurden. Sie sollen nach ihrer Restaurierung demnächst in Nicosia ausgestellt werden.

Kein Wunder nach solchen Erfahrungen, daß man die Kirche verschlossen vorfindet, der Muhtar von Boltaşli verwahrt den Schlüssel. Vom Südtrakt aus gewinnt man den besten Gesamteindruck vom Baukonzept. Gut zu erkennen ist die überkuppelte Vorhalle sowie das ebenfalls überkuppelte hohe Hauptschiff mit den beiden Nebenschiffen. In dem von Säulen getragenen Vorbau am südlichen Seitenschiff hat sich ein Fresko aus dem 16. Jh. erhalten. Mächtige, viereckige Pfeiler trennen Haupt- und Nebenschiffe, leider sind die Wandmalereien dem Verfall preisgegeben.

Südlich des Dorfes **Kuruova** wurden in den 20er Jahren von schwedischen Archäologen Reste einer Festung entdeckt, die aus der mittleren oder späten Bronzezeit stammt. Die Mauern der rechteckigen Anlage waren bis zu 5 m breit und 16 m hoch und umschlossen ein Plateau mit einer Fläche von 400 × 150 m. Die als *Nitovikla*

oder *Nektovikla* bezeichnete Festung ist nur mit geländegängigem Fahrzeug zu erreichen und nicht leicht zu finden.

Das nächste Dorf nach Nordosten, **Kaleburnu**, gehört zu den wohlhabenderen Orten des Karpaz. Der Strand hat nur lokale Bedeutung. Die auf manchen Karten eingetragene direkte Verbindung nach Dipkarpaz ist aufgrund des schlechten Straßenzustands nicht befahrbar.

Yeni Erenköy heißt soviel wie ›Neues Erenköy‹. Der Name verweist auf die 1964 verlassene türkische Enklave Erenköy im Westen der Insel (ca. 15 km von Gemikonağı). Kurz hinter dem Ort geht es links ab zum *Halk Plaj*, ein überraschend schöner Küstenabschnitt mit drei kleinen, von Felsen umrahmten Sandbuchten. Toiletten, Duschen und eine bescheidene Taverne sind vorhanden, der Strand wird gelegentlich gereinigt. Alles in allem: ein kleines Idyll abseits der großen Hotelstrände.

Jenseits von Yeni Erenköy, Richtung Dipkarpaz, weist unübersehbar ein Schild auf *Malibou Beach* hin, einen sauberen Sandstrand; daneben ein kleiner Fischerhafen. Duschen, Toiletten und ein Restaurant, das auch Sonnenschirme vermietet und auf dessen schattiger Terrasse einfache Mahlzeiten serviert werden, empfehlen *Malibou Beach* für einen Tagesausflug.

Einige Kilometer weiter nordöstlich geht es von der Küstenstraße rechts nach **Sipahi** ab: eines der vielen Karpaz-Dörfer, deren Familien hauptsächlich in der Landwirtschaft arbeiten. Mandel- und Olivenhaine bezeugen, wie fruchtbar die Gegend ist. In Sipahi leben auch noch einige griechische Familien.

Einige Kilometer südlich des Abzweigs fallen rechts der Straße die Reste der frühchristlichen (6. Jh.) Basilika **Agia Trias** auf. Die Struktur dieser dreischiffigen Säulenbasilika mit ihren drei Apsiden ist noch gut zu erkennen. Der Kirche sind im Westen ein Narthex und ein Säulenhof vorgelagert, in dem ein steinernes Taufbecken erhalten blieb. Von einem bischöflichen Palast im Westen der Kirche und einem Baptisterium im Osten haben sich ebenfalls noch Fundamentreste erhalten. Im Baptisterium führen Stufen in ein kleines, in den Boden eingelassenes Taufbecken hinunter.

Blickfang der Anlage sind ohne Zweifel die Mosaikenreste in- und außerhalb der Basilika. Teilweise stark zerstört, vermögen sie durch Farbkraft und Ornamentik noch immer zu faszinieren. Auch einige gegenständliche Darstellungen zeichnen sich ab, besonders bemerkenswert die Abbildung von zwei Paar Sandalen – alten Pilgersymbolen – im nördlichen Seitenschiff.

Auf der weiteren Fahrt zur Ostspitze der Insel passieren Sie nach wenigen Kilometern auf der Küstenstraße eine verlassene griechische Kirche neueren Datums. Nur wenige Meter entfernt schließt sich die Kapelle **Agios Thyrsos** an. Sie war durch einen – heute verschütteten – Gang mit der Kirche verbunden. Das Wasser der Brunnenkapelle

Einsamkeit und Stille: Agios Philon

Mustafa, Fischer und Wirt

Die meisten bemerken es nicht einmal, das kleine Restaurant *Neşe Plaj* kurz vor Boğaz im Osten Nordzyperns. Hinter großen Hecken und Bäumen verbirgt es sich, direkt am Meer, das Hinweisschild wird von vielen Vorbeifahrenden gar nicht wahrgenommen. So ›verirren‹ sich nur wenige Touristen zu Mustafa, die meisten von ihnen zieht es nach Boğaz selbst, das für seine Fischrestaurants inselweit einen guten Ruf genießt. Doch hat *Neşe Plaj* – der Name bedeutet soviel wie ›fröhlicher Strand‹ – Stammgäste aus dem nahen Gazimağusa, die sich vor allem am Wochenende bei Mustafa und seiner Frau Hatun einfinden. Nur wenige Tische sind in dem einfachen ›Gastraum‹ vorhanden, wer will, kann auch draußen, direkt am Wasser sein Mahl einnehmen.

Und essen sollte man bei Mustafa eigentlich nur eines: Fisch. Hier gibt es keine blütenweißen Tischdecken und zweisprachigen Speisekarten, hier bestellt man einfach Fisch und überläßt alles weitere Hatun. Da kommt er schon: fangfrisch und knusprig zubereitet – und in welchen Portionen! Ist die Platte leer, bietet Mustafa gleich ›Nachschub‹ an, denn im festen Preis für ein Fischgericht ist das inbegriffen.

Welcher Fisch jeweils serviert wird, das hängt vom Fangerfolg der letzten Nacht ab. Denn Mustafa ist nicht nur Besitzer dieser kleinen Taverne, er ist auch Fischer, *vor allem* Fischer. Der ruhige, bedächtige Mann gerät fast ins Schwärmen, kommt das Gespräch auf seinen geliebten Fischfang. Dann erzählt er von den ruhigen Stunden auf dem Meer, vom gleichmäßigen Plätschern des Wassers am Bootsrumpf,

galt im Glauben der griechischen Bevölkerung als heilkräftig bei Hautkrankheiten.

Dipkarpaz, 80 km von Gazimağusa entfernt, ist der größte Ort auf der Karpaz-Halbinsel. Hier leben die meisten der nach 1974 im Nordteil verbliebenen griechischen Zyprer und die dem hl. Synesios geweihte Kirche in der Ortsmitte wird heute noch von der griechischen Gemeinde genutzt. Auf der Kirchen-fassade finden sich Details der gotischen Kathedralen von Famagusta und Nicosia nachgebildet. Zur Zeit der Lusignans war Dipkarpaz sogar Sitz des orthodoxen Bischofs von Famagusta. Historischer Hintergrund: Der Papst hatte 1222 in die zunehmenden Auseinandersetzungen zwischen römisch-katholischer und orthodoxer Kirche auf Zypern eingegriffen, indem er den vier orthodoxen Bischöfen weit entfernt vom Mondschein über der weiten Meeresfläche . . . Doch so romantisch das alles klingt, der Alltag Mustafas ist mühselig. Denn zwischen ein und zwei Uhr morgens aufs Meer hinauszufahren und erst gegen acht Uhr zurückzukehren, mit etwas Glück zwei, drei Stunden Schlaf nachzuholen und sich dann um die Taverne zu kümmern, das ist Knochenarbeit, vor allem, wenn man es jahrelang macht, fast Tag für Tag.

Und dabei ist ein Erfolg der nächtlichen Ausfahrt gar nicht sicher: Obwohl Mustafa ein modernes Sonar zum Fischen benutzt, das Fischschwärme bis in eine Tiefe von 1000 m lokalisieren kann, bleibt der Fang häufig bescheiden und füllt sich der Fischkorb nur halb. Zwischen 5 und 20 kg schwankt das Ergebnis eines nächtlichen Fangs. Zu sehr hat das Fischen mit Dynamit in den letzten Jahrzehnten den Fischnachwuchs dezimiert. Und nicht zu vergessen – mit modernster Ausrüstung wurden große Teile des Mittelmeers leergefischt. Die wenigen nordzyprischen Fischer haben es nicht leicht, ihren Lebensunterhalt zu verdienen.

Doch Mustafa will nicht klagen, er hat einiges geschafft: Das Restaurant hat er eigenhändig erbaut – die alte Wellblechhütte und auch sein erstes, altes Boot werden als Relikte im Garten aufbewahrt – und seinen mittlerweile erwachsenen fünf Kindern konnte er ein Studium bzw. eine gute Berufsausbildung gewährleisten.

Mustafa freut sich über ausländische Gäste, und so ist es nicht verwunderlich, wenn in seinem Garten schon einmal ein deutscher Wohnwagen oder ein Zelt steht. Trotz der bescheidenen Bedingungen wissen diese Besucher das zu schätzen, was bei uns zuhause inzwischen Seltenheitswert hat: Gastfreundschaft.

von ihrem ehemaligen Wirkplatz neue Bischofssitze auf dem Land zuwies. Auf diese Weise wollte er ihren Einfluß mindern (s. S. 28).

Einige Kilometer weiter nördlich, direkt am Meer, liegen die Ruinen der Vorgängerin von Dipkarpaz, der antiken Stadt *Carpasia*. Wann diese Hafenstadt gegründet wurde, ist nicht bekannt, erstmals erwähnt wird sie 306 v. Chr., als nach dem Tode Alexanders d. Gr. im Zuge der Diadochenkriege (s. S. 26) Demetrios Poliorketes (der ›Städtebelagerer‹) Carpasia eroberte. Kurz darauf besiegte Demetrios in einer Seeschlacht bei Salamis die ägyptische Flotte des Ptolemaios und stieg, versehen mit dem Königstitel, zum Mitregenten der Insel auf. Im

Endlos weiter Strand: Golden Beach ▷

179

9. Jh. n. Chr. fiel Carpasia einem Sarazenenüberfall zum Opfer und wurde von den Einwohnern verlassen. Heute zeugen nur noch spärliche Reste von der antiken Größe.

Dagegen strahlt die Anlage von **Agios Philon,** Reste von Kirchen aus unterschiedlichen Jahrhunderten, hoch über dem Meer gelegen und von einigen Palmen gesäumt, bis heute eine Harmonie und Geschlossenheit aus, die sich noch ›romantisch‹ steigert, wenn die Sonne über den Ruinen versinkt. Auf den Resten noch älterer Vorgängerbauten sind die Fundamente einer dreischiffigen Basilika aus dem 5. Jh. zu erkennen. Narthex und Atrium waren vorgebaut, letzteres ist bereits ein Opfer des Meeres geworden. Auf den Trümmern dieser Basilika hat man im 9./10. Jh. eine etwas kleinere Kreuzkuppelkirche errichtet, deren Bögen und Säulen, Mauern und Blendarkaden eindrucksvoll in den Himmel ragen.

Verstreute Säulenfragmente sowie Reste von Mosaikarbeiten verstärken den Eindruck einer ehemals imposanten Anlage. Im Süden schließt sich ein Baptisterium an; auch hier sind z. T. Mosaiken erhalten geblieben. Inmitten weiterer Räume ist eine Zisterne zu erkennen.

Folgt man der kleinen Straße (Sackgasse!) an der Nordküste entlang noch einige Kilometer, so gelangt man zu den Ruinen mehrerer frühchristlicher Kirchen, die mehrmals umgebaut wurden. Dieser Ort wird allgemein als **Aphendrika** be-

zeichnet, obwohl eigentlich nur eine der Kirchen diesen Namen trägt. Heute überwuchern Disteln und Macchie die Ruinen. Spärliche Überreste einer antiken Stadt (vermutlich Urania) sind in unmittelbarer Umgebung zu finden.

Um den äußersten Nordosten der Halbinsel zu erkunden, muß man zurück nach Dipkarpaz fahren und dort im Zentrum, kurz vor der Kirche, nach links in südlicher Richtung abbiegen. Nächste Station am Weg ist das *Hotel Blue Sea* direkt am Meer, eine der wenigen Unterkunftsmöglichkeiten auf dem Karpaz. Wiederum ein Ort für ›Romantiker‹, doch diesmal ganz besonderer Art: Strom ist nur manchmal über ein Notaggregat verfügbar, und abends wird das Essen bei Petroleumlicht serviert. Auch auf den Zimmern und im Bad ist man auf solche Lampen angewiesen.

Das Hotelrestaurant *Golden Beach,* in dem ebenfalls bescheidene Zimmer angeboten werden, schließt sich etwa 1 km weiter nordöstlich an.

Die Straße führt nun an verlassenen Häusern und Schafställen vorbei, manchmal sieht man Schäfer mit ihren Herden, und mit etwas Glück kann man eine Gruppe verwilderter Esel entdecken, die scheu Abstand halten. Während Gruppen von Naturschützern vehement für ihr Überleben in Freiheit eintreten, sähen die Bauern, die um ihre Ernteerträge fürchten, die Tiere lieber heute als morgen wieder in Verwahrung.

Etwas mehr als 15 km vom *Blue Sea Hotel* entfernt öffnet sich zur Rechten der Blick auf eine grandiose Dünenlandschaft mit einem ca. 2 km langen, und im Frühjahr mit blühenden Oleanderbüschen betupften Sandstrand. Kein Hotel, kein Restaurant stören die Einsamkeit dieser traumhaften Bucht, in der zu bestimmten Zeiten Schildkröten ihre Eier ablegen (vgl. S. 114).

Ein kleines Stück weiter, fast am Ende der Halbinsel, liegt das **Andreas-Kloster**. Die Kirche und die umliegenden Gebäude stammen aus dem 19./20. Jh. und stellen keine besondere Sehenswürdigkeit dar. Die Maße der Klosteranlage verweisen jedoch darauf, wie groß einst seine Bedeutung als Pilgerstätte war. Die dem hl. Andreas – Bruder des Simon Petrus und Schüler Johannes' des Täufers – dargebrachten Opfergeschenke werden in der Kirche aufbewahrt. Die Gründungslegende des Klosters, die in verschiedenen Versionen existiert, erzählt, daß auf der Heimfahrt des Apostels Andreas nach Jerusalem an Bord des Schiffes das Trinkwasser ausging. Der Kapitän war vor Durst bereits erblindet, als ihn der Apostel hieß, am Kap der Karpaz-Halbinsel an Land zu gehen. Hier würden sie reichlich Quellwasser finden.

So war es in der Tat: Dem Kapitän wurde seine volle Sehkraft wiedergegeben, und aus Dankbarkeit stiftete er an der Quelle einen Schrein – Ausgangspunkt für die Gründung des Klosters.

Zum Meer hin ist eine gotische Kapelle aus dem 15. Jh. erhalten geblieben, möglicherweise handelt es sich um die Krypta einer älteren Kirche. In der kleinen Kapelle mit ihrer runden Säule in der Mitte wird auch heute noch gebetet. Kerzenlicht läßt die Ikonen nur undeutlich hervortreten und erzeugt eine fast gespenstische Atmosphäre. Kloster und Kapelle werden von Griechen betreut. An hohen orthodoxen Feiertagen liest der Priester von Dipkarpaz hier die Messe.

Bis zum **Zafer Burnu,** dem Kap Andreas, sind es noch 5 km – ein Wegstück, das sich gut zu Fuß zurücklegen läßt. In dieser rauhen Gegend, wo das Meer oft gegen die Küste brandet, wurden **neolithische Siedlungsspuren** entdeckt; möglicherweise sind hier vom nahen anatolischen Festland her ›die ersten Zyprer‹ gelandet. Auch auf den kleinen Klides-Inseln, die dem Kap vorgelagert sind, hat man prähistorische Spuren (um 6000 v. Chr.) ermittelt. Aus Quellenberichten wissen wir, daß am Kap einst ein **Tempel der Aphrodite Akraia** stand; Reste des Sakralbaus sind nicht erhalten. Mit dem Kap Andreas ist auch eine Episode der mittelalterlichen Herrscherwirren Zyperns verknüpft: 1191 wurde hier der selbsternannte Kaiser von Zypern, Isaak Komnenos, von Richard Löwenherz gefangengenommen.

Verkehrsverbindungen: Zu einem Tagesausflug auf die Karpaz-Halbinsel startet man am besten

Andreas-Kloster

von Famagusta aus. Ein Leihwagen ist unumgänglich – falls Sie sich nicht einer organisierten Tour lokaler Veranstalter anschließen.

Wenn Sie von Girne aus aufbrechen, sollten sie *nicht* die nördliche Küstenstraße benutzen, auch wenn die Karte dies als den kürzeren Weg suggeriert; schneller erreichen Sie Ihr Ziel, wenn Sie über die Hauptstraße nach Gazimağusa fahren und kurz vor der Stadt dem Wegweiser Richtung Salamis folgen. Der Zeitaufwand für einen Besuch des Karpaz darf nicht unterschätzt werden. Mehrere Dörfer, die durchfahren werden müssen, und der Zustand der Straße auf den letzten Kilometern zwingen zu geringerem Tempo. Wer keine Sehenswürdigkeit auslassen und auch auf ein erfrischendes Bad unterwegs nicht verzichten will, der sollte entweder mehrere Tagesausflüge unternehmen oder eine Übernachtung im *Hotel Blue Sea* einplanen.

Hinweis: Auf manchen Karten ist eine direkte Verbindung von Ziyamet über Kaleburnu nach Dipkarpaz eingetragen. Diese Strecke kann jedoch nur mit Geländewagen befahren werden.

Unterkunft: In Boğaz trifft man auf die letzten Hotels, die touristischen Ansprüchen gerecht werden: ***Hotel Boğaz (☎ 3 71/25 59), direkt an der Straße mit kleinem Sandstrand; ***Hotel View (☎ 3 71/26 51), etwas erhöht gelegen, aber nicht weit vom Strand entfernt. – Das kleine *Hotel Blue Sea* (s. S. 182) südöstlich von Dipkarpaz verfügt weder über Strom, noch über Telefon. Man kann also nicht vorbuchen und läuft Gefahr, daß alle 9 Zimmer bei Ankunft belegt sind. Etwa 1 km weiter,

Richtung Andreas-Kloster, folgt das preiswerte *Hotel Golden Beach* mit Restaurant und einfachen Zimmern. Vor allem in Dipkarpaz und Umgebung werden zudem Privatzimmer angeboten – von denen viele aber eher als Notquartiere einzustufen sind.

Restaurants: Für jeden Freund von frischem Fisch sind die Restaurants von Boğaz ein ›Muß‹. Vor allem an Wochenenden kommen zahlreiche Zyprer aus Gazimağusa hierher. Sie haben die Auswahl zwischen mehreren Gaststätten in der Nähe des Hafens. Einige hundert Meter vor Boğaz liegt die schlichte Taverne *Neşe Plaj*, wo sie bei Mustafa und seiner Frau in gastfreundlicher Atmosphäre Fisch genießen können, den der Wirt in der Nacht zuvor selbst gefangen hat (s. S. 178).

Auf dem Weg zum Kap bieten mehrere einfache Dorfcafés Erfrischungen an. Am *Malibou Beach* hinter Yeni Erenköy serviert eine Taverne direkt am Strand einfache Mahlzeiten. Eine empfehlenswerte Küche bietet das *Hotel Blue Sea* nahe Dipkarpaz; auch das *Hotel Golden Beach,* einen Kilometer weiter, verfügt über ein Restaurant.

Ausflüge: Der Karpaz ist ein ›Naturparadies‹. Lassen Sie also bisweilen ihr Auto stehen und streifen Sie ein wenig umher.

Zahlreiche Zugvögel machen auf der Halbinsel Station, darunter auch seltene Arten. Ein Fernglas tut beim ›bird watching‹ gute Dienste.

Viele der historischen Sehenswürdigkeiten sind nicht direkt anfahrbar und nur zu Fuß zu erreichen.

Strände: Die schönsten Strände und besten Bademöglichkeiten sind in der Tourenbeschreibung genannt (bei Bafra, in und um Yeni Erenköy). Von der Straße aus werden Ihnen bisweilen noch weitere verlockende Strände auffallen. Ihr Besuch erfordert in der Regel einen kleinen Fußmarsch, dafür können Sie dann ›ihren‹ Strand allein genießen. Bitte befahren Sie auf keinen Fall (!) die Strände mit dem Auto, die Eiablageplätze der Meeresschildkröten konnten dabei zerstört werden (s. S. 114).

Im äußersten Nordosten des Karpaz ▷

Reise-Highlights Nordzypern

Islamische Bauten
Kloster der tanzenden Derwische in Lefkoşa
Arab Ahmet-Moschee in Lefkoşa
Wohnhaus des Derwiş Paşa in Lefkoşa
Büyük Hamam in Lefkoşa
Büyük Han in Lefkoşa
Kumarcılar Han in Lefkoşa

Christliche Bauten
Kathedrale St. Sophia (Selimiye-Moschee) in Lefkoşa
Katharinenkirche (Haidar Paşa-Moschee) in Lefkoşa
St. Nikolauskirche (Lala Mustafa Paşa-Moschee) in Gazimağusa
Klosteranlage von Bellapais bei Girne
Kloster Antiphonitis im Beşparmak-Gebirge
St. Barnabas-Kloster bei Gazimağusa
Basilika Agia Trias auf der Karpaz-Halbinsel
Agios Philon auf der Karpaz-Halbinsel

Festungen und Verteidigungsanlagen
Stadtmauer von Gazimağusa
Othelloturm in Gazimağusa
Festung St. Hilarion bei Girne
Festung Buffavento bei Girne
Burg von Girne
Festung
  Kantara

Museen
Schiffswrackmuseum in Girne
Archäologisches Museum von Güzelyurt
Archäologisches Museum im St. Barnabas-Kloster

Landschaftlich reizvolle Regionen
Zitrusanbauflächen um Güzelyurt
Höhenzüge des Beşparmak-Gebirges
Kilometerlange Sandstrände nördlich von Gazimağusa
Die karge Karpaz-Halbinsel

Antike Stätten
Soli und Vouni; westlich von Güzelyurt
Salamis und Königsgräber, nördlich von Gazimağusa

Erläuterung von
Fach- und fremdsprachigen Begriffen (Glossar)

Adorant: Kniende Gestalt in anbetender Haltung

Agora: Versammlungs- und Marktplatz in der Antike

Apotropäisch: Unheil abwehrend

Apsis: Halbrunde Altarnische

Autokephalie: Kirchliche Unabhängigkeit einer orthodoxen Nationalkirche

Basilika: Ein meist mehrschiffiger Kirchentypus, bei dem das Mittelschiff die Seitenschiffe überragt

Bastion: Aus der Festungsmauer vorspringendes Verteidigungswerk zur Aufstellung von Geschützen

Bedesten: Markthalle

Caddesi (Cad.): Straße

Caldarium: Warmbaderaum der Thermen

Cami: Große Freitagsmoschee im Unterschied zur kleineren → Mescit

Cellarium: Wirtschafts- und Wohntrakt der Laienbrüder in einer Klosteranlage

Chalkolithikum: Kupfersteinzeit

Chor: Östlicher Abschluß des Mittelschiffs einer Kirche

Derwische: Persisch-türk. Bezeichnung für Mitglieder eines islamischen Männerordens

Dikka: Erhöhte Plattform in der Nähe des → Mihrab, von hier läßt der Vorbeter seine Stimme erschallen

Dormitorium: Schlafsaal in einem Kloster

Dragoman: Eigentlich: ›Übersetzer‹ und Sprecher der griechischen Zyprer; war auf Zypern mit der Steuereintreibung für die osmanischen Herrscher betraut

Dromos: Zugang zu einem Kammer- oder Kuppelgrab

Enosis: ›Vereinigung‹, Forderung der griechischen Zyprer nach Anschluß Zyperns an Griechenland

EOKA: Nationalistische Untergrundbewegung gegen die englische Kolonialherrschaft

Ethnarch: ›Führer der Nation‹, Titel des orthodoxen Erzbischofs auf Zypern

Flamboyant: In der Gothik geometrische Schmuckform zur Unterteilung von Fenstern u. ä.

Frigidarium: Kaltbad innerhalb der antiken Thermen

Geometrische Zeit: Auf die Bronzezeit folgende Epoche von 1050 v. Chr.–750 v. Chr.

Hamam: Türkisches Dampfschwitzbad

Han: Rast- und Übernachtungsplatz für Händler und Reisende

Hoca: Geistlicher Lehrer

Hurriten: Ursprünglich aus dem heutigen Nordwest-Iran kommender Volksstamm

Hypokausten: Römische Fußbodenheizung

Ikonostase: In der orthodoxen Kirche Ikonenwand, die den Altarraum vom Gemeinderaum trennt

Imam: Bei den Sunniten Vorbeter während des Gemeinschaftsgebetes

Kapitell: Oberer Säulenabschluß

Kapitelsaal: Versammlungsraum eines Klosters, in dem die Mönche die Weisungen des Abtes entgegennahmen

Konak: Osmanisches Amtsgebäude

Kreuzgang: Gang um den Klosterhof

Kreuzkuppelkirche: Kirchenbau in Form eines griechischen Kreuzes mit einer Kuppel über dem Zentralraum

Levante: Bezeichnung für die Länder des östlichen Mittelmeerraumes

Linear-A-Schrift: Älteste Schrift der minoischen Kultur auf Kreta

Liwan: Orientalischer Palasttypus, bei dem sich hinter dem Eingang die Repräsentationsräume anschließen, denen der Hof und weitere Räume folgen

Maßwerk: Gotisches Bauornament

Medrese: Islamische Schule

Megaron: Palasttypus aus dem griechischen Kulturkreis mit zentral gelegenem Repräsentationsbau

Mescit: Kleine Moschee

Meydan: Platz

Mihrab: Nach Mekka gerichtete Nische einer Moschee

Minbar: Kanzel einer Moschee

Minarett: Turm einer Moschee, von dem der →Muezzin zum Gebet ruft

Minoer: Bewohner Kretas im 2. Jt. v. Chr.

Muezzin: Gebetsrufer

Narthex: Vorhalle einer christlichen Kirche

Nekropole: ›Gräberstadt‹ in der Nähe einer antiken Siedlung

Osmanen: Türkische Dynastie (1299–1918)

Palästra: Übungsstätte für Athleten in der Antike

Panagia: ›Allheilige‹, griechisch-orthodoxe Bezeichnung für Maria

Pantokrator: Christusdarstellung als Weltenherrscher

Praefurnium: Heizanlage römischer Thermen

Radiokarbonmethode: Archäologische Methode, um über die Zerfallszeit bestimmter Atome das Alter von Fundstücken zu bestimmen

Refektorium: Speisesaal eines Klosters

Sarkophag: Verzierter Steinsarg

Sokaği (Sok.): Gasse

Stoa: Altgriechische Säulenhalle; später Bezeichnung der ca. 300 v. Chr. von Zenon von Kition begründeten philosophischen Schule

Taksim: ›Teilung‹, Antwort des türkisch-zyprischen Volksteils auf die Enosis-Bestrebungen der Zyperngriechen

Temenos: Eingefriedeter Bereich eines Heiligtums

Tesserae: Kleine Stückchen aus Marmor, Glas etc. zur Herstellung eines Mosaiks

Thermen: Römische Badeanlage

Geschichte

Franz Georg Maier: Cypern. Insel am Kreuzweg der Geschichte. Beck 1982. Gut lesbarer Überblick von den Anfängen der Inselgeschichte bis zur Unabhängigkeit.

Uwe Berner: Das vergessene Volk – Der Weg der Zyperntürken von der Kolonialzeit zur Unabhängigkeit. Umfassende Darstellung der jüngeren Geschichte. In Nordzypern erhältlich.

Belletristik

Lawrence Durrell: Bittere Limonen. Rowohlt 1962. Der Autor schildert in gelungener Weise die Atmosphäre Zyperns in den 50er Jahren aus britisch-kolonialer Sicht. Eine empfehlenswerte Urlaubslektüre.

Colin Thubron: Zypern. München 1976. Faszinierende Schilderung einer Wanderung über die gesamte Insel Anfang der 70er Jahre. Nur noch in Bibliotheken erhältlich.

Lotti Huber: Diese Zitrone hat noch viel Saft. Edition dia 1990. Lotti Hubers frisch erzählte ›Lebensbeichte‹. Sie verbrachte fast 15 Jahre auf Zypern.

Dorothy Dunnett: Das Spiel der Skorpione. Historienroman über Zypern am Vorabend der venezianischen Herrschaft. Wunderlich 1992.

Reisebücher

Klaus Bötig: »Richtig reisen« Zypern. DuMont 1989. Anregender Überblick über Geschichte und Alltag in beiden Teilen der Insel.

Lenia und Barnim Heiderich: Reise-Taschenbuch Zypern – Der südliche Landesteil. DuMont 1992

Andreas Schneider: Kunst-Reiseführer Zypern. DuMont 1989. Kenntnisreiche Darstellung der Geschichte und Kunstgeschichte der gesamten Insel.

Willy Klawe: Zypern. Ein politisches Reisebuch. VSA-Verlag 1988. Sehr gute sachliche Darstellung von Alltag und vor allem jüngerer Geschichte der gesamten Insel.

Rainer Schmidt: Nord-Zypern. Schwäbische Verlagsgesellschaft 1989. Fundierte kunsthistorische Beschreibung der Sehenswürdigkeiten. In Nordzypern erhältlich.

Eckart Fiene: Die Burg von Kyrenia (1991); St. Hilarion, Buffavento, Kantara (1992); Die Abtei Bellapais (1993). In allen drei Broschüren werden die genannten Sehenswürdigkeiten ausführlich und kenntnisreich beschrieben. Nur in Nordzypern erhältlich.

Von Uwe Berner sind mehrere Broschüren zu einzelnen Landesteilen und Sehenswürdigkeiten (empfehlenswert vor allem die Texte zu Salamis und Emkomi) erschienen. Sie sind in Nordzypern erhältlich.

Verzeichnis der Karten und Pläne

Über die Gastautoren

Eckart Fiene, Mitarbeiter der Universitätsbibliothek Hannover; mehrere Veröffentlichungen zu Nordzypern.

Monika Ipsen-Salkowsky lebt seit mehreren Jahren in Nordzypern, das ihr zur zweiten Heimat wurde.

Nese Yasin, nordzyprische Schriftstellerin der jüngeren Generation; lebt in Lefkoşa.

Lotti Huber eröffnete, nachdem sie ein KZ und Nazi-Deutschland verlassen konnte, ein Restaurant in Nordzypern. In ihrem Buch ›Diese Zitrone hat noch viel Saft‹ verarbeitete sie die Erlebnisse dieser Jahre. Populär wurde Lotti Huber als Hauptdarstellerin in Rosa von Praunheims Filmen.

Für ihre tatkräftige und unermüdliche Unterstützung beim Zustandekommen dieses Buches möchte der Autor neben zahlreichen Freunden und KoautorInnen vor allem Frau Irene Raab danken, Geschäftsführerin der Firma Kaleidoskop Turizm in Girne.

Nützliche Tips und Adressen

Reisevorbereitungen

Informationsstellen

Da Nordzypern als eigenständiger Staat nur von der Türkei anerkannt wird, existieren in den deutschsprachigen Ländern keine offiziellen Informationsstellen. Aktuelle Auskünfte über Flugzeiten, Preise und Unterkünfte erhalten Sie bei Reiseveranstaltern, die den Norden Zyperns als Urlaubsziel anbieten.

Einreisebestimmungen

Für die Einreise ist ein gültiger Reisepaß erforderlich, der noch mindestens 6 Monate Gültigkeit besitzt. Kinder unter 16 Jahren benötigen einen Kinderausweis.

Wer später einmal in den Süden der Insel oder nach Griechenland reisen möchte, sollte den Sichtvermerk nicht in den Paß, sondern auf einen gesonderten Zettel stempeln lassen. Bitten Sie den Grenzbeamten darum; er wird dieser Bitte entsprechen. (Mit einem nordzyprischen Visum im Paß würden Sie an der griechischen und griechischzyprischen Grenze abgewiesen.)

Eine Einreise über den Südteil der Insel, die Republik Zypern, ist nicht bzw. nur als Tagesausflug möglich (s. S. 209).

Gesundheitsvorsorge

Eine spezielle Gesundheitsvorsorge ist nicht erforderlich, die medizinische Versorgung im Lande gewährleistet. Natürlich sollten Sie **Medikamente**, die Sie ständig benötigen, mit sich führen. Schon deshalb, weil nicht alle bei uns im Handel befindlichen Arzneimittel und -marken in den nordzyprischen Apotheken erhältlich sind. Dort überwiegen englische, aber auch preiswerte türkische Medikamente (zumeist westliche Produkte unter anderer Bezeichnung).

Der Abschluß einer **Auslandskrankenversicherung** ist sinnvoll, da ärztliche Leistungen in Nordzypern bar bezahlt werden müssen. Lassen Sie sich detaillierte Quittungen ausstellen, versehen mit ihrem Namen und ihrer Adresse. Über Einzelheiten sollten Sie sich mit ihrer Krankenkasse verständigen. Der Internationale Krankenschein wird *nicht* akzeptiert, da keine Sozialversicherungsabkommen mit Nordzypern bestehen.

Reisezeit/Kleidung

Ein mildes, mediterranes Klima und über 300 Sonnentage pro Jahr machen Nordzypern zu einem ganzjährigen Reiseziel.

In den sehr heißen **Sommern** – vor allem in den Monaten Juli und August, die nicht nur hohe Temperaturen, sondern auch drückende Luftfeuchtigkeit bringen – benötigen Sie leichte, luftige Sommerkleidung sowie Sonnenschutzmittel mit hohem Lichtschutzfaktor. Niederschläge sind zwischen Juni und September die große Ausnahme.

Die meisten Regenfälle gehen im Winter, zwischen November und März nieder, und nachts kann es in diesen Monaten empfindlich kalt werden. Bei der Buchung sollten Sie entsprechend darauf achten, daß Ihr Hotel/Ihre Pension/Ihr Appartement eine Heizung besitzt. Oft ist es jedoch auch Anfang November noch möglich, abends in einem Gartenrestaurant oder auf dem Balkon zu sitzen. Die Wassertemperatur sinkt im Winter kaum einmal unter 16 °Celsius – Unerschrockene können also ganzjährig baden.

Das **Frühjahr** (April–Juni) und der **Spätsommer** (September–Oktober) sind ideal für Wanderungen (s. S. 92) und Besichtigungstouren. Wer ins Beşparmak-Gebirge aufbricht, achte auf gut eingelaufenes, den Knöchel stützendes Schuhwerk mit griffiger Profilsohle. Eine leichte Windjacke ist von Vorteil.

Immer wieder beeindruckend: der Blütenreichtum der Frühlingslandschaft. Tagsüber herrschen in den ›Zwischenjahreszeiten‹ angenehme Temperaturen vor, abends und nachts jedoch wird es spürbar frisch. Die Kleidung sollte diesen wechselnden Temperaturen Rechnung tragen. Und bitte Vorsicht! Auch zu diesen Zeiten ist die Sonneneinstrahlung intensiv; ein frischer Wind täuscht allzu leicht darüber hinweg.

Anreise

Mit dem Flugzeug

Non-stop-Flüge werden im deutschsprachigen Raum bislang nicht angeboten; die Anreise nach Nordzypern erfolgt in jedem Fall mit **Zwischenlandung** in der Türkei, meist in Istanbul oder Antalya. Zuweilen wird dabei die Maschine gewechselt; mehrstündige Wartezeiten können anfallen. Vielleicht ergibt sich ja Gelegenheit, eine kurze Besichtigung der genannten Städte in die Reiseplanung einzubauen. Erkundigen Sie sich also vorher bei Ihrer Fluggesellschaft bzw. Ihrem Reiseveranstalter, wie lang die Anreise sich insgesamt hinzieht und ob solche Möglichkeiten bestehen. Die **Flugdauer** beträgt 3–4 Std.

Deutschland, Österreich und die Schweiz sind durch tägliche **Li-**

nienflüge, zwischen Frühjahr und Herbst auch durch **Charterflüge** von mehreren Flughäfen aus mit der Türkei verbunden. Anschlußflüge nach Nordzypern bieten neben mehreren türkischen Fluglinien die *Cyprus Turkish Airways* von Istanbul und Antalya aus.

Über das ständig wechselnde aktuelle Angebot an Pauschalreisen informieren Sie sich bitte in Ihrem Reisebüro bzw. direkt bei den Reiseveranstaltern (s. S. 213).

Die **Preise** (Hin- und Rückflug) betragen für Charter- wie für Linienflüge gegenwärtig um DM 800,– (Stand: Frühjahr 1994).

Zielterminal ist üblicherweise der Flughafen Ercan, 24 km östlich von Lefkoşa (in Ausnahmefällen auch der Militärflugplatz Geçitkale, 30 km nordwestlich von Gazimağusa). Reisegesellschaften setzen meist Busse für den Transfer in die Hotels ein. Individualreisenden stehen Taxis zur Verfügung (eine Fahrt nach Girne kostet umgerechnet etwa DM 25,–).

Die **Flughafengebühren** beim Abflug betragen umgerechnet etwa DM 10,–; bei Pauschalreisen sind sie in der Regel im Leistungspaket der Reiseveranstalter inbegriffen.

Mit dem Schiff

Die *Turkish Maritime Lines* unterhalten regelmäßige **Fährverbindungen** zwischen der Hafenstadt Mersin und Gazimağusa (mehrmals wöchentlich, ca. 10 Stunden Fahrzeit, Fahrpreis: ca. DM 50,– pro Person). Weitere Fährverbindungen bestehen zwischen Taşucu, einem Örtchen 11 km westlich von Silifke, und Girne (tägliche Verbindung, Fahrzeit: zwischen 3 und 8 Stunden, Fahrpreis: umgerechnet ca. DM 50,– pro Person) sowie zwischen Alanya und Girne (viermal wöchentlich, Fahrzeit: 3 Stunden, Fahrpreis: umgerechnet ca. DM 50,– pro Person). Die Fährgebühr für Autos und Wohnmobile beträgt zwischen DM 40,– und 70,– für die einfache Überfahrt.

Buchungen nehmen die Hafenbüros der Fährgesellschaften (*Kıbrıs Express, Kometa Shipping*) in Mersin, Alanya oder Taşucu entgegen. Wer sicher gehen will, sollte sich bereits im heimatlichen Reisebüro nach Vorbuchungsmöglichkeiten erkundigen.

Für den Autotouristen sei abschließend auf den **Fährverkehr zwischen Italien und der Türkei** hingewiesen: In den Sommermonaten fährt z. B. einmal wöchentlich ein Schiff der Turkish Maritime Lines von Venedig nach Antalya. Auch nach Istanbul und Izmir setzen Fähren über. Aktuelle Auskünfte erhalten Sie in Ihrem Reisebüro. Eine Vorbuchung für die Sommermonate ist bei einem geplanten Pkw-Transfer dringend anzuraten.

Mit dem Auto/Motorrad

Die Entfernung zwischen München und den türkischen Fährhäfen Alanya, Taşucu und Mersin beträgt auf der Balkanroute fast 4000 km. Eine solche Distanz erfordert nicht nur Zeit und Nerven, sondern ist, einschließlich der Autobahngebühren, auch erheblich teurer als ein Charterflug. Wer dennoch mit dem eigenen Auto, Wohnmobil oder Motorrad aufbricht, sollte sich vorab bei den Automobilclubs über **Transitbestimmungen** und die aktuell günstigste **Fahrtroute** informieren. Wesentlich sicherer als die problematische Balkanroute ist der

Weg über die italienischen Fährhäfen (s. S. 196).

Bei Anreise mit dem eigenen Gefährt sind natürlich der nationale Führerschein und der Zulassungsschein mitzuführen. Sofort nach der Ankunft in Nordzypern sollten Sie eine örtliche **Haftpflichtversicherung** abschließen, falls Ihre Internationale Grüne Versicherungskarte nicht ausdrücklich für den Nordteil Zyperns gültig ist. Informieren Sie sich rechtzeitig bei Ihrer Versicherung.

Reisen in Nordzypern

Mit dem Bus

Von organisierten Busausflügen, die man vor Ort buchen kann, einmal abgesehen, ist Nordzyperns regionaler Busverkehr in keiner Weise auf touristische Bedürfnisse zugeschnitten. Zwar sind alle kleineren Orte mit Bussen erreichbar, jedoch oft nur zweimal am Tag und, bedingt durch eine Fülle örtlicher Stationen, im ›Zockeltempo‹. Unbedingt sollten Sie vor Antritt einer solchen Busreise klären, ob noch am selben Tag ein Bus zurückfährt bzw. ob am Ziel Unterkunftsmöglichkeiten bestehen. Das hört sich sehr skeptisch an. Wer jedoch Land und Leute näher kennenlernen möchte, kann und sollte das dörfli-

che Nordzypern auf diese Weise ›er-fahren‹.

Zwischen den Städten Lefkoşa, Girne und Gazimağusa – allesamt sind sie mit Bushöfen ausgestattet – verkehren Autobusse und Sammeltaxis tagsüber im stündlichen Takt. Planungsschwierigkeiten entfallen somit. Versichern Sie sich bei Tagesausflügen aber vorab der letzten Rückfahrt am Abend.

Mit dem Leihwagen/ dem eigenen Auto

Bereits ab umgerechnet DM 30,– pro Tag (in der Hauptsaison und für Jeeps etwas mehr) können Sie in Nordzypern ein Auto leihen (Führerschein nicht vergessen!). Im **Mietvertrag** sind meist Haftpflichtversicherung und unbegrenzte Kilometerzahl inbegriffen. In der Regel muß der Wagen genauso (d. h. vollgetankt) abgegeben werden, wie er in Empfang genommen wurde. Es empfiehlt sich der zusätzliche Abschluß einer **Vollkaskoversicherung**, wie die Vermieter sie für umgerechnet etwa DM 8,– pro Tag anbieten. Bei Vorbuchung über einen Reiseveranstalter im deutschsprachigen Raum oder per Telefax direkt in Zypern können Sie bereits am Flughafen in ihren Leihwagen steigen und ihn dort auch wieder abgeben. Aber auch in allen größeren Orten und von allen Hotelrezeptionen aus können Leihwagen gebucht werden.

Die **Hauptstrecken** sind im allgemeinen gut gewartet, auf **Nebenstraßen** sollten Sie Schlaglöcher einkalkulieren. Nicht jeder Seitenweg ist geteert. Angesichts der relativ geringen Distanzen bereitet es keine Schwierigkeiten, jeden Teil des Landes binnen eines Tages zu erreichen – und wieder zum Ausgangspunkt zurückzukehren.

In Nordzypern herrscht **Linksverkehr!** Das sollten Sie sich jeden Tag neu einprägen; erstaunlich rasch gewöhnt man sich ein. Es können Autos mit Rechts-, aber auch mit Linkssteuerung angemietet werden. Alle Leihwagen sind mit einem roten Nummernschild bezeichnet, die Einheimischen erkennen also sofort, daß sie es mit Touristen zu tun haben.

Bei **Unfällen oder Schäden** am (eigenen) Wagen sollten Sie stets die Polizei einschalten und den Sachverhalt protokollarisch genau aufnehmen lassen. Die Versicherung leistet sonst keinen Ersatz.

Bleifreies **Benzin** ist im Norden Zyperns (noch) nicht erhältlich. Es empfiehlt sich, Superbenzin zu tanken.

Zwei Adressen:

Oscar Mietwagen
(gegenüber dem Hotel Dome in Girne)
P.O. Box 195, Girne, Mersin 10, Türkei, ✆ 8 15/5 22 72; Fax 5 38.

Salamis Car Hire
Salamis Bay Hotel, Gazimağusa,
✆ 3 78/6 47 17.

Mit dem Taxi/Sammeltaxi

Festgelegte Preislisten ersetzen in Nordzypern den Taxameter. Zwei Beispiele für die günstigen **Taxi**-Fahrpreise (Stand Frühjahr 1994): Girne – Lefkoşa = umgerechnet DM 16,–; Girne – Gazimağusa = umgerechnet DM 40,–.

Noch preiswerter sind **Sammeltaxis** (türk.: *Dolmuş*), die zu festgesetzten Zeiten, ähnlich öffentlichen Linienbussen, tagsüber Girne mit Lefkoşa sowie Gazimağusa und Lefkoşa verbinden.

Mit dem Schiff

Von Girne aus startet die Barbarosa, der Nachbau eines alten Frachtschiffes aus Kalifornien, mehrmals wöchentlich zu Touren entlang der Nordküste. Das 26 m lange, 1993 ge-neralüberholte Boot kann 100 Passagiere aufnehmen, verfügt über ein Begleitboot und eine exzellente Crew. Touren können über örtliche Reiseagenturen, Reiseleiter oder bei *Cyprus Leisure* (✆ 8 15/49 97) gebucht werden.

Unterkunft und Verpflegung

Hotels, Pensionen, Ferienwohnungen

Urlaub ein wenig abseits des Massentourismus ist gewährleistet, Nordzypern noch nicht mit Hotels zugebaut. (Der einst mit einer Kapazität von 10 000 Betten größte Hotelkomplex der Insel, Varosha, heute Sperrgebiet, mutet wie eine Geisterstadt an; s. S. 137.)

Trotzdem: Vom Ein- bis zum Fünf-Sterne-Hotel hält Nordzypern alle Unterkunftskategorien bereit. Bedenken Sie aber, daß sich die **Hotels** die Anzahl ihrer Sterne *selbst* verleihen dürfen. Eine höhere Anzahl von Sternen schlägt sich zwar im Preis nieder, dennoch kann so manches 3-Sterne-Hotel nach Service und Ausstattung weitaus empfehlenswerter sein als ein Hotel mit größerer Sternenzahl. Die Preise bewegen sich zwischen umgerechnet DM 30,– in der einfachsten Kategorie und DM 150,– in einem Luxushotel für Doppelzimmer mit Frühstück (2 Pers.).

In Leistungs- und Preisniveau vergleichbar sind die z. T. reizvoll gelegenen **Bungalowanlagen**, die an einige der Hotels angeschlossen sind. Manche Hotelanlagen bieten alternativ auch Appartements mit kleinen Küchen oder Kochnischen an.

Als Pauschaltourist ist man nach aller Regel in einer der größeren Hotelanlagen untergebracht, die – der Katalog des Reiseveranstalters präzisiert es – meist über Klimaanlagen, Swimming-pool sowie Sportmöglichkeiten verfügen. Falls solche Unterkünfte nicht direkt am Meer gelegen sind, bestehen meist hoteleigene Busverbindungen zu den Stränden – wie auch zum nächstgelegenen größeren Ort.

Vor der Buchung eines Hotels sollte man folgendes wissen: Die Hotelanlagen **im Osten** (in und um Gazimağusa) liegen am Rande der flachen Mesarya-Ebene. Attraktiv für den Badeurlauber sind die kilometerlangen Sandstrände, unattraktiv für den Landschaftsliebhaber ist die flache Gleichförmigkeit dieser Strandlinie.

Die Hotels im **Norden** im wesentlichen in und um Girne am Fuße des Beşparmak, bieten landschaftlich mehr. Ausflüge zu den nahen Burgen und Wanderungen im Beşparmak-Gebirge sind von hier aus leicht organisiert. Andererseits fällt der verfügbare Sandstrand, auf Buchten verteilt, bescheidener aus.

In den **größeren Städten** können Sie auf eine Reihe von Pensionen ausweichen, die meist auf türkische Kleinhändler eingerichtet sind. Wer hier als Individualtourist wohnt, darf seine Ansprüche nicht zu hoch ansetzen (es gibt z. B. nur Etagenduschen und -toiletten); über so manches tröstet allerdings der niedrige Zimmerpreis hinweg (ab umgerechnet DM 10,– pro Person).

Ferienwohnungen – das Angebot ist nicht sehr groß – liegen meist in und um Girne, also an der Nordküste. Als eine kleine touristische Kostbarkeit erscheinen die von einer deutschen Verwaltung betreuten Angebote im Dorf Karaman, abseits des Verkehrslärms an den Hängen des Beşparmak gelegen (s. S. 103). Die geruhsame Lage engt allerdings die Beweglichkeit ein. Wer sich im Norden der Insel weiter umsehen will, ist in Karaman auf einen Leihwagen angewiesen. Buchungen z. B. bei:

Fener Reisen
Brauhausstr. 20, 22041 Hamburg,
✆ 0 40/6 52 79 31;

oder direkt in Zypern bei:
Kaleidoskop Turizm
Vakiflar Çarşisi Kat. 2, No. 10/11,
Girne, Mersin 10, Türkei,
✆ 8 15/18 18; Fax 18 19.

Camping

Camping-Möglichkeiten bieten sich z. B. zwischen *Salamis Bay Hotel* und *Park Hotel* direkt am Meer nördlich von Gazimağusa oder im *Riviera Mocamp* westlich von Girne (ausreichende Sanitäranlagen, Taverne, Strand). Der einzige etwas größere Campingplatz an der Ostküste liegt direkt am Meer, 4 km vom Hotel *Salamis Bay* entfernt *(Onur Camping*, bescheidene Sanitäranlagen, wenig Schatten, Restaurant, Sandstrand).

Insgesamt spielt Camping in Nordzypern eine untergeordnete Rolle.

Restaurants

Lassen Sie sich die Gaumengenüsse der zyprischen Küche nicht entgehen (s. S. 64). Sie ist türkisch inspiriert, hat aber auch griechische Traditionen aufgenommen. Aus der jüngeren Geschichte der Insel erklärt sich die Existenz mehrerer Restaurants mit englischer Küche. In den Hotels wird in der Regel internationale Küche serviert.

Die Restaurants sind meist um die Mittagszeit geöffnet sowie abends ab 18 oder 19 Uhr. Sie füllen sich allerdings erst später am Abend.

Erfreulich: Für ein gutes, reichliches Abendessen einschließlich *Mezeler* (s. S. 64) sowie Getränken zahlen Sie im Durchschnitt nur zwischen umgerechnet DM 10,– und 20,–. Die Speisekarten sind meist zweisprachig gehalten: türkisch und englisch, doch kursieren auch deutsche Textfassungen. Die Kellner verfügen in aller Regel über englische, zuweilen auch über deutsche Sprachkenntnisse.

Sprachführer

Allgemeine Hinweise

Die Grammatik des Türkischen gibt unserem Sprachgefühl Probleme auf: Ein Großteil der grammatischen Formen entsteht – anders als in der indogermanischen Sprachfamilie – durch die Angliederung bestimmter Suffixe an den Wortstamm. ›Şeker‹ heißt ›Zucker‹, ›Şeker-li‹ bedeutet ›mit Zucker‹. Die Endungen ändern sich je nach dem Wort, an das sie anschließen, denn sie müssen nach dem linguistischen Gesetz des Türkischen im Sinne der Vokalharmonie mit dem Stamm zusammenpassen. Diese Vokalharmonie folgt festen Regeln, im wesentlichen der, daß der folgende Vokal nur um eine Stufe ›heller‹ (oder gleich ›hell‹) sein darf als der vorangehende.

Doch lassen Sie sich von solchen Schwierigkeiten nicht abschrecken, immerhin werden von den 29 Buchstaben des türkischen Alphabets die meisten so ausgesprochen, wie sie geschrieben werden. Als Abweichungen sind zu beachten:

c – Aussprache: dsch wie ein englisches j in Jim; *cami* (Moschee) – dschami

ç – Aussprache: tsch wie in deu**tsch**; *kaç* (wieviel) – katsch

ğ – Aussprache: kaum hörbar als **Verlängerung** der davor stehenden Vokale a, i, o, u; *dağ* (Berg) – daa; hörbar als ganz schwaches **j** nach e, i, ö, ü; *değil* (nicht) – dejil

h – Aussprache: vor einem Vokal wie im Deutschen, z. B. **H**ans, *postahane* (Postamt) – postahane; vor Konsonanten und am Wortende wie ein **schwaches ch**; *bahce* (Garten) – bachtsche

ı – Aussprache: wie ein kaum artikuliertes, **dumpfes e;** *halı* (Teppich) – hale

j – Aussprache: wie ein weiches sch in le**g**er; *plaj* (Strand) – plaasch

ş – Aussprache: wie sch in **sch**warz; *şimdi* (jetzt) – schimdi

v – Aussprache: wie ein **deutsches w**; *hava* (Wetter) – hawa; **Ausnahme:** av vor Konsonanten oder am Wortende, dann wie au gesprochen; *pilav* (Reis) – pilau

y – Aussprache: wie ein **deutsches j**; *yol* (Weg) – jol

z – Aussprache: stimmhaftes, weiches s wie in **S**onne; *güzel* (schön) – güsel

Wörter und Redewendungen

Höflichkeitsformeln

guten Tag!	merhaba
guten Morgen!	günaydın
guten Abend!	ıyi akşamlar
auf Wiedersehen!	Allah ismarladık (sagt der, der geht); Güle, güle (sagt der, der bleibt, Betonung jeweils auf der zweiten Silbe)
willkommen!	hoş geldiniz (sagt der Gastgeber; Antwort des Gastes: hoş bulduk)
einverstanden!	tamam
bitte!	lütfen
danke!	teşekkürler
entschuldigen Sie!	pardon
ich verstehe nicht	anlamıyorum

Auskünfte

ich heiße…	ısmin…
ich komme aus Deutschland, Österreich, der Schweiz	Almanım, Avusturyalıyım, Isviçreliyim
wie heißen Sie?	Ismin ne?
gibt es (Bier)?	(bira) var mı?
es gibt (Bier)	(bira) var
(Bier) gibt es nicht	(bira) yok
wo?	nerede?
woher?	nereden?
wo befindet sich die Toilette?	tuvalet nerede?

ja/nein	evet/hayır
gut/schlecht	iyi/kötü
groß/klein	büyük/küçük
wenig/viel	az/çok
geöffnet/geschlossen	açik/kapalı
hin und zurück	gidiş/dönüş

Zeitangaben

Stunde/stündlich	saat/her saat
Tag/täglich	gün/her gün
Woche/wöchentlich	hafta/her hafta
Monat/monatlich	ay/aylık
Jahr/jährlich	yıl/yıllık
heute/gestern/morgen	bugün/dün/yarın
am Morgen	sabah
am Nachmittag	öğleden sonra
am Abend	akşamde
in der Nacht	gecede

Wochentage

Montag	pazartesi
Dienstag	salı
Mittwoch	çarşamba
Donnerstag	perşembe
Freitag	cuma
Samstag	cumartesi
Sonntag	pazar

Reisen

Bus	otobüs
Kleinbus	dolmuş/minibüs
Taxi	taksi
Busbahnhof	otogar/garaj
Flugzeug	uçak
Flughafen	havalimanı
Schiff/Hafen	gemi/liman
Auto/Tankstelle/Diesel	araba/istasyonu/mazot
geradeaus/zurück	doğru/geri
links/rechts	sol/sağ
hier/dort	burada/orada
in dieser Richtung	bu yönde
Hotel/Pension	otel/pansiyon

Zimmer/Dusche/Handtuch	oda/duş/havlu
Campingplatz/Strand	kamp yeri/plaj
Burg/Kirche/Moschee	kale/kilise/cami
Markt/Museum	pazar/müze
Apotheke/Polizei	eczane/polis
Straße/Gasse	cadde (Abk.: Cad.)/sokağ (Abk. Sok.)
Weg/Platz	yol/meydan

Einkaufen

was kostet das?	bu ne kadar?
	oder: kaç para?
das ist sehr teuer!	çok pahalı!
das ist zuviel!	çok fazla!
das ist zu wenig!	çok az!
ich möchte…!	…istiyorum!
2 Kilo	iki kilo
$1/2$ Kilo	yarım kilo
1 Liter	bir litre
1 Flasche	bir şişe
1 Stück	bir tane
1 Packung	bir paket
zuviel/zuwenig	çok fazla/çok az
genug	yeter

Essen und Trinken

Restaurant	lokanta, restoran
Kellner	garson
Trinkgeld	bahşiş
die Rechnung bitte	hesap, lütfen
Frühstück	kahvaltı
Mittagessen	öğle yemeği
Abendessen	akşam yemeği
guten Appetit!	afiyet olsun!
zum Wohl!	şerefe!
Butter	tereyağı
Kaffee/Milch	kahve/süt
Ei	yumurta
Käse	peynir
Zucker/Salz/Pfeffer	şeker/tuz/biber
Suppe	çorba
Fleisch	et

Fisch	balık
Huhn	tavuk
kalt/warm	soğuk/sıcak
Gemüse/Salat	sebze/salata
Obst	meyva
Essig/Olivenöl	sirke/zeytinyaği
Wasser/Mineralwasser	su/maden suyu
Fruchtsaft	meyva suyu
Bier/Wein	bira/şarap
Weißwein/Rotwein	beyaz şarap/kırımızı şarap

Post und Bank

Postamt	postahane (Abk.: PTT)
Brief/Postkarte	mektup/kartpostal
Briefmarke	posta pulu, pul
Luftpost	uçak postası
Telegramm	telegraf
Telefon	telefon
Bank	banka
Geld	para
Bargeld	nakit para
Geld wechseln	para değiştirmek
Scheck	çek
Währung	para
– Deutsche Mark	Alman markı
– Schilling	Avusturya Şilini
– Schweizer Franken	Isviçre Frankı
(Wechsel)kurs	(resmi)kur

Zahlen

1	bir	10	on
2	iki	11	on bir
3	üç	12	on iki
4	dört	13	on üç
5	beş	14	on dört
6	altı	usw.	
7	yedi	20	yirmi
8	sekiz	21	yirmi bir
9	dokuz	usw.	

30	otuz	200	iki yüz
40	kırk	usw.	
50	elli	1000	bin
60	altmış	2000	iki bin
70	yetmiş	10 000	on bin
80	seksen	100 000	yüz bin
90	doksan	1 Mio	bir milyon
100	yüz		

Informationen von A bis Z

Auskunftsstellen

Schriftlich können Informationen angefordert werden bei: *Ministry of Tourism and Social Assistance*, Lefkoşa, Mersin 10, Türkei.

Folgende **Informationsbüros** sind im Sommer von 9–14 und 17–20 Uhr geöffnet:

Flughafen Ercan
✆ 2 31/47 37

Lefkoşa Tourist Information
95 Mehmet Akif Cad.,
✆ 2 27/50 51

Gazimağusa Tourist Information
5 Fevzi Çakmak Bulvarı,
✆ 3 66/28 64

Girne Tourist Information
30 Kordonboyu (Hafen),
✆ 8 15/21 45

Diebstähle und Sicherheit

Eigentumsdelikte sind die Ausnahme; noch kann man in Nordzypern relativ unbeschwert mit seinen persönlichen Gegenständen umgehen. Ein normales Maß an Vorsicht bleibt natürlich geboten.

Diplomatische Vertretungen

Da Nordzypern nicht als eigenständiger Staat anerkannt ist, verfügen die deutschsprachigen Länder weder über Botschaften noch Konsulate. Wenn Sie Hilfe benötigen, sollten Sie sich an das:
Büro der Deutschen Botschaft
Lefkoşa, Kasim Sok. 15,
✆ 2 27/51 61
wenden, im Notfall über die Hotelrezeption auch an das
Nordzyprische Außenministerium
✆ 2 28/31 41

erste Adresse für Touristen aus der Schweiz und Österreich.

Eintrittsgelder

Wenn überhaupt, so ist nur ein geringer Obolus für den Besuch historischer Sehenswürdigkeiten (z. B. Bellapais) oder Ausgrabungsstätten (z. B. Salamis) zu entrichten.

Elektrizität

Die Stromspannung beträgt 240 V (Wechselstrom). Das im Lande übliche dreipolige englische System erfordert einen Adapter für englische Flachstecker (in Fachgeschäften erhältlich); Schukostecker sind nicht verwendbar.

Feiertage und Feste

Feste Feiertage

1. Januar	Neujahr; Silvester wird in Nordzypern wie bei uns gefeiert
23. April	Tag des Kindes *(Çoçuk Bayramı)*
1. Mai	Tag der Arbeit
19. Mai	Tag der Jugend und des Sports *(Gençlik ve Spor Bayramı)*
20. Juli	Jahrestag der türkischen Intervention
1. August	Tag des kommunalen Widerstandes, erinnert an den Kampf gegen Griechen und Engländer

Entfernungstabelle

km

Lefkoşa (Nicosia)	Girne (Kyrenia)	Gazimağusa (Famagusta)	Güzelyurt	Lefke	St. Hilarion	Bellapais	Soli-Vouni	Salamis	Kantara	Dipkarpaz	Ercan
26											
61	73										
40	48	94									
61	69	115	18								
23	12	77	51	72							
31	6	79	54	75	18						
54	60	108	12	5	71	65					
60	64	10	93	113	76	78	107				
86	77	43	124	140	88	82	138	37			
123	133	80	158	179	140	141	184	74	76		
24	37	51	58	80	40	43	72	50	75	131	

30. August	Tag des Sieges *(Zafer Bayramı)*, erinert an den türkischen Sieg über Griechenland
29. Oktober	Tag der (türkischen) Republikgründung im Jahre 1923
15. November	Tag der Proklamation der ›Türkischen Republik Nordzypern‹

Da sich die **religiösen Feiertage** im Islam nach dem Mondkalender richten, fallen sie in jedem Jahr auf ein anderes Datum. *Seker Bayramı*, das ›Zuckerfest‹ am Ende des Fastenmonats Ramadan, zieht sich über drei Tage hin (1994: 12.–15. März). Zwei Monate später begehen die Muslime Nordzyperns in frommer Erinnerung an das Tieropfer Abrahams das viertägige ›Opferfest‹ *Kurban Bayramı* (1994: ab 22. Mai).

Christliche Feiertage werden offiziell nicht begangen.

Fotografieren

Strengstes **Fotografierverbot** herrscht bei militärischen Anlagen und entlang der *green line*. Nehmen Sie dieses Verbot ernst!

Geld und Geldwechsel

Zahlungsmittel ist in Nordzypern die Türkische Lira (TL). Ein dichtes Netz von Banken und Wechselstuben erleichtert den Umtausch. Da der **Wechselkurs** in Nordzypern günstiger ist als bei uns, sollten Sie vor Reiseantritt nur einen geringen Betrag für die ersten Tage eintauschen. Und gleich ein zweiter Ratschlag: Aufgrund der hohen Inflationsrate empfiehlt es sich nach dem Prinzip: ›lieber weniger, aber öfter‹ zu tauschen.

Die gängigen **Schecks** (Euroschecks, Travellerschecks etc.) werden fast überall akzeptiert. Da einige Banken und Wechselstuben Gebühren erheben, lohnt vor dem Tausch ein Vergleich.

Banken sind Mo–Fr von 8–12 Uhr, im Sommer von 8–14 Uhr, Wechselstuben meist täglich, also auch am Wochenende, von 8–18 Uhr geöffnet. Wechselmöglichkeiten bestehen – mit geringen Kurseinbußen – ferner an den Rezeptionen der größeren Hotels.

Vielerorts kann man in Geschäften oder Hotels auch in **Fremdwährungen** bezahlen. Dem entspricht, daß Waren in nordzyprischen Geschäften häufig in englischen Pfund ausgezeichnet sind, bedingt durch den fortwährenden Verfall der türkischen Lira.

Kreditkarten werden nur ungern akzeptiert. Verlassen Sie sich also nicht auf diesen Zahlungsmodus.

Gesundheit

Gesundheitliche Risiken gehen Sie mit einer Nordzypern-Reise nicht ein. Wie überall im Süden sollten Sie sich aber nicht ungeschützt der Sonne aussetzen (Sonnenhut, Creme), vor allem nicht in den Monaten Juli und August. Sonnenschutzmittel sind vor Ort relativ teuer.

Die **ärztliche Versorgung** ist sehr gut (z. T. englischsprachige Ärzte).

Seit Frühjahr 1994 besitzt das *Salamis Bay Hotel* ein Dialyse-Zentrum, das Patienten die nötige Versorgung während des Urlaubs sichert. Genauere Informationen bei den Veranstaltern *ATT-Touristik* und *Hausdorf-Reisen* (s. S. 213).

Apotheken sind Mo–Sa 8–13 und 16–18 Uhr geöffnet.

Grenzübergang

Bislang ist es nicht erlaubt, von Nordzypern in den Süden der Insel einzureisen. Umgekehrt besteht die Möglichkeit für Besucher des südlichen Landesteils, Nordzypern in einem Tagesausflug, also ohne Übernachtung zu besuchen.

Handeln/Feilschen

Beim Einkauf zu handeln, ist in Nordzypern – anders als in der Türkei – nicht üblich.

Klimatabelle

	Jan.	Feb.	März	April	Mai	Juni	Juli	Aug.	Sept.	Okt.	Nov.	Dez.
Durchschnitts-temperatur	14	14	15	18	21	24	29	29	25	23	18	13
Durchschnitts-maximum	18	19	21	23	27	30	36	36	32	28	24	17
Sonnenstunden pro Monat	169	197	255	285	355	379	399	358	321	277	231	175
Regentage pro Monat	12	8	7	4	4	1	0	0	1	3	6	11
Wassertemperatur (in Celsius)	16	17	17	19	21	24	26	28	27	25	22	19

Landkarten

Kostenlos wird vom Nordzyprischen Fremdenverkehrsamt eine Karte im Maßstab 1:330 000 ausgegeben.

Genauer (Maßstab 1:200 000) ist die im RV-Verlag erschienene *Euro-Regionalkarte Zypern*. Wichtig für Autofahrer: Nicht alle in dieser Karte verzeichneten Straßen sind befahrbar. Teils führen sie durch militärisches Sperrgebiet, teils handelt es sich um Pisten, die einen geländegängigen Wagen voraussetzen.

Maße und Gewichte

Zu den bei uns üblichen Maß- und Gewichtseinheiten treten in Nordzypern englische und türkische. Verkehrsschilder geben Geschwindigkeitsbegrenzungen grundsätzlich in Meilen an.

1 mile = 1609 m
1 yard = 91,44 cm
1 foot = 30,48 cm
1 inch = 2,54 cm
1 acre = ca. 4000 m^2
1 gallon = 4,54 l
1 okka = 1,27 kg
1 dönüm = ca. 1300 m^2
1 arşın = 68 cm
(z. B. bei Stoffen)

Museen

Die meisten Museen sind von Mai bis Oktober zwischen 8–13 und 14–17 Uhr geöffnet.

Nachtleben

Sommerliche Disco-Abende (Openair Disco im Hotel *Mare Monte* westlich von Girne, *Tropics Disco* in Gazimağusa), ein abendlicher Bummel am Hafen von Girne oder auch ein Besuch in einer der Spielbanken (z. B. in den Hotels *Acapulco, Dome, Rocks, Celebrity, Salamis Bay* und *Palm Beach*) bringen Abwechslung. Wer ein ›heißes Nachtleben‹ sucht, ist in Nordzypern allerdings nicht am rechten Platz.

Notdienste

Eine einheitliche Notrufnummer gibt es in Nordzypern nicht.

	Polizei	Erste Hilfe
Lefkoşa	2 28/33 11	2 28/54 41
Gazimağusa	3 66/53 10	3 66/28 76 oder 53 28
Girne	8 15/21 25	8 15/22 66 oder 22 54
Güzelyurt	7 14/21 40	7 14/21 25

Öffnungszeiten

Ladengeschäfte sind – bei leichten örtlichen Varianten – im Sommer meist von 8–13 und 16–19 Uhr, im Winter von 9–13 und 14–18 Uhr geöffnet.

Vgl. auch *Geldwechsel; Gesundheit; Museen; Post und Telefon.*

Polizei und Militär

In Nordzypern sind zahlreiche türkische Soldaten stationiert (s. S. 43). Sie leben in militärischen Sperrgebieten, die von Touristen nicht betreten werden dürfen. Auch das Fotografieren in der unmittelbaren Umgebung solcher Sperrzonen ist strengstens untersagt. An manchen Straßenkreuzungen regelt Militärpolizei den Verkehr.

Die Zivilpolizei tritt dagegen wenig in Erscheinung. Gelegentlich muß mit Radarkontrollen gerechnet werden.

Post und Telefon

Da Nordzypern nicht in den internationalen Organisationen vertreten ist, werden **Postsendungen** über die Türkei befördert. Man muß deshalb mit längeren Beförderungszeiten rechnen; eine Urlaubskarte kann schon einmal 14 Tage unterwegs sein.

Beim Versand von Post nach Nordzypern darf in der Anschrift auf keinen Fall das Wort Zypern auftauchen, sonst geht die Sendung in den Süden (Republik Zypern) und erreicht ihr Ziel nicht. An die individuelle Anschrift muß stets(!) der Zusatz ›Mersin 10/Türkei‹ (das ›Pseudonym‹ für Nordzypern) angehängt werden, soll die Sendung den Norden der Insel erreichen.

Öffnungszeiten der **Postämter** (Abk.: *PTT*): Mo–Fr 8–13, 14–17 Uhr; Sa 9–12 Uhr.

Für **Telefongespräche** ins Ausland wendet man sich am besten an die Hotelrezeption, auch wenn dies etwas teurer ist. Wer vom Telegraphenamt *(Telekomünikasyon)* aus telefoniert, benötigt Geduld. Nicht immer ist eine Leitung frei, und mit der Qualität der Verbindung steht es oft nicht zum besten.

Öffnungszeiten der **Telefonämter:** Girne: 8–20 Uhr; Lefkoşa: 8 bis 20.30 Uhr; Gazimağusa: 8–20 Uhr.

Öffentliche Telefonzellen sind sehr rar, am ehesten findet man sie in der Nähe der Postämter. Telefoniert wird mit Jetons, die in den Postämtern zu kaufen sind (drei Größen; für Ortsgespräche benötigen Sie den *küçük jeton*). Zunehmend werden auch Telefonkarten eingesetzt, erhältlich im Telegraphenamt oder an der Hotelrezeption.

Vorwahlnummern:
Deutschland 00 49
Österreich 00 43
Schweiz 00 41
(bei der Vorwahlnummer der jeweiligen Stadt die erste Null weglassen; also anstatt 0 30 Berlin nur 30 wählen).

Vorwahlnummern für Nordzypern:
Nordzypern 00 90 3 92
Girne 8 15
Lefkoşa 2 28
Gazimağusa 3 66.

Reiten

Reitpferde stellen die Hotelanlage *Cyprus Gardens* nördlich von Gazimağusa sowie die *Tunac Riding School* und die *Dörtnal Riding School*, beide Karaoğlanoğlu westlich von Girne, zur Verfügung. Für eine Reitstunde müssen Sie umgerechnet etwa DM 13,– veranschlagen.

Rundfunk und Presse

Deutschsprachige Zeitungen sind mit zweitägiger Verspätung in Girne an der Hauptgeschäftsstraße 19 Hurriyet Cad. zu erhalten sowie an einigen Hotelrezeptionen. Die in englischer Sprache erscheinende Wochenzeitung *Cyprus today* informiert über alle Geschehnisse in Nordzypern.

Nachrichten in deutscher Sprache können über Kurzwelle empfangen werden; auch der türkische Radiosender TRT 3 sendet alle zwei Stunden Nachrichten in deutsch.

Souvenirs

Die ›Duftpalette‹ der auf den Märkten von Girne und Lefkoşa angebotenen **Gewürze** könnte ihren Speisen zu Hause eine neue Note geben.

Das in vielen Farben und Geschmacksrichtungen angebotene ›**Turkish delight**‹ (*lokum*; mit Puderzucker bestreuter Fruchtgelee) mundet als Nachtisch ebenso wie als Nascherei (eine gute Auswahl finden Sie in der *Markthalle* von Lefkoşa sowie in Gazimağusa im *Petek Pastaneleri* vor). Entscheiden Sie selbst, ob der vorzügliche und zugleich preisgünstige zyprische **Brandy** und **Rakı** ein geeignetes ›Mitbringsel‹ ist.

Als ›Andenken‹ für den häuslichen Eigengebrauch oder als Geschenk eignen sich die schönen **Tavla-Spielbretter**, die Sie überall erwerben können. Je nach Größe und Gediegenheit variiert der Preis zwischen umgerechnet DM 10,– und DM 70,–.

Für kunstvoll bemalte **Teller** müssen Sie schon etwas tiefer in die Tasche greifen (große Exemplare kosten über DM 100,–). Einfache

Keramiken bieten sich als preisgünstige Alternative an (eine gute Auswahl z. B. bei *Dizayn 77*, an der Hauptstraße westlich von Girne).

Kunsthandwerk und **Handarbeiter**, darunter auch die berühmten Lefkara-Stickereien, können Sie in guter Qualität z. B. in Girne (*Galerie Dündar*, 15–17 Türkmen Sok.; sachkundige Beratung) einkaufen; in Lefkoşa Stickereien und andere Erzeugnisse einer Handwerker-Genossenschaft bei der *Kooperatif El Sanatları*, Vakiflar Işhanı No. 13.

Eine weitere preisgünstige Spezialität Nordzyperns sind **Lederwaren** (Taschen, Jacken, Mäntel); prüfen Sie aber unbedingt die Verarbeitungsqualität. Eine gute Lederjacke erhalten Sie ab umgerechnet DM 250,–.

Mehr als reichlich ist das Angebot der Juweliere; vor allem **Goldschmuck** kann günstig erworben werden.

Tauchen

Tauchkurse und Ausrüstungen über: *Skooba Ltd.*
Deniz Sok. No. 9; Yat Limani, Girne, ☎ 56 01;

Tennis

Über Tennisplätze verfügen u. a. die Hotelanlage *Acapulco* östlich von Girne, das Hotel *Mare Monte* westlich von Girne und das Hotel

Salamis Bay nördlich von Gazi-mağusa.

Trinkgelder

In Restaurants sind bis zu 10 % der Rechnungssumme als Trinkgeld üblich, ist man mit dem Service zufrieden. Taxifahrer erwarten eine Aufrundung des Fahrpreises, Hotelangestellte ein Trinkgeld als kleine Anerkennung.

Verhaltensregeln

FKK ist mit den moralischen Vorstellungen der islamischen Tradition nicht vereinbar, sollte also an öffentlichen Stränden unterbleiben. Der Austausch von Zärtlichkeiten in der Öffentlichkeit gilt als Verstoß gegen die guten Sitten.

Beim Besuch einer Moschee – natürlich nicht in Shorts oder im Bikini – sind am Eingang die Schuhe auszuziehen. Frauen sollten sich ein Tuch über die Haare legen, auch die Arme müssen bedeckt sein.

Verkehr

An den Linksverkehr auf der Insel gewöhnt man sich schnell. Fehlt eine spezielle Ausschilderung, so gilt auf den Straßen rechts vor links.

Die auf den Schildern verzeichneten Geschwindigkeitsbegrenzungen sind in Meilen angegeben. In Ortschaften ist das Höchsttempo auf 50 km/h begrenzt. Gelegentlich führt die Polizei Geschwindigkeitskontrollen durch. Alkohol am Steuer ist gänzlich verboten.

Wandern

Vor allem das Frühjahr und der Herbst eignen sich für Wanderungen, die Natur- und Kulturerlebnis miteinander verknüpfen. Dagegen sind die Sommermonate Juli und August wegen der dann herrschenden Hitze, häufig auch Schwüle zum Wandern ungeeignet. In den Wintermonaten muß man mit stärkeren, auch anhaltenden Regenfällen rechnen (s. S. 209).

Einige Reiseveranstalter in Deutschland bieten, häufig in Kombination mit einem Badeaufenthalt, Wanderwochen an, die in gut organisierten kleinen Gruppen und unter landeskundlicher Führung Natur, Kultur und Lebensalltag in Nordzypern näherbringen. Solche Wanderwochen können gebucht werden bei:

ATT-Touristik
Eßlinger Str. 7, 70771 Leinfelden-Echterdingen, ☏ 07 11/9 47 40; Fax 07 11/9 47 42 00
(Flüge ab dem gesamten Bundesgebiet).

Hausdorf-Reisen
Hindenburgdamm 58a,
12203 Berlin, ☏ 0 30/8 34 20 06; Fax 0 30/8 34 12 27
(Flüge ab Berlin).

Auf Zypern selbst organisiert
Kaleidoskop Turizm
Girne, ✆ 8 15/18 18
geführte Tageswanderungen.

Wasserski und Surfen

Das Angebot wechselt von Saison
zu Saison. Mehrere Hotels bieten
die notwendige Ausrüstung an,
darunter die Hotels *Salamis Bay,*
Mare Monte und *Acapulco* (s. o.).
Die Surfreviere liegen unweit der
Hotelstrände.

Zeit

Die Zeit in Nordzypern ist unserer
mitteleuropäischen Zeit ganzjährig
um eine Stunde voraus.

Zoll

Gegenstände des persönlichen Rei-
sebedarfs dürfen unbedenklich ein-
und ausgeführt werden, außerdem
sind bei der Einreise pro Person
200 Zigaretten oder 50 Zigarren
oder 250 g Tabak, 0,75 l Spirituo-
sen und 0,3 l Parfüm zollfrei.

Strengstens verboten ist es, Anti-
quitäten oder archäologische Fundstücke auszuführen!

Bitte schreiben Sie uns, wenn sich etwas geändert hat!

Alle in diesem Buch enthaltenen Angaben wurden von dem Autor nach
bestem Wissen erstellt und von ihm und dem Verlag mit größtmög-
licher Sorgfalt überprüft. Gleichwohl sind – wie wir im Sinne des
Produkthaftungsrechts betonen müssen – inhaltliche Fehler nicht vollständig auszuschließen. Daher erfolgen die Angaben ohne jegliche
Verpflichtung oder Garantie des Verlages oder des Autors. Beide übernehmen keinerlei Verantwortung und Haftung für etwaige inhaltliche
Unstimmigkeiten. Wir bitten daher um Verständnis und werden Korrek-
turhinweise gerne aufgreifen: DuMont Buchverlag, Postfach 101045,
50450 Köln.

Abbildungs- und Zitatnachweis

Klaus Bötig (Bremen): S. 21, 145, 150
Peter W. Engelmeier, Kinoarchiv (Hamburg/München): S. 28
Herbert Fritz (Frankfurt/Main): S. 53, 62/63, 101, 124/125, 184
Rainer Hackenberg (Köln): S. 8, 14/15, 36/37, 39, 44/45, 44u., 50/51, 67, 78/79, 83, 96/97, 108/109, 112, 113, 120, 132/133, 169, 180/181, 186/187
Lotti Huber (Edition diá): S. 81
Albert Messerklinger, Historisches Farbarchiv (München): S. 25
Gerhard P. Müller (Dortmund): S. 10/11, 61, 165, 191
Barbara Peters (München): S. 56/57, 86, 135, 177
Lothar P. Ramm (Wolfsburg): Titelbild, S. 2/3, 129
Dirk Renckhoff (Hamburg): Vordere Umschlaginnenklappe, Umschlagrückseite oben, Vignette, S. 16, 17o. & u., 45l. & r., 65, 102, 117, 140, 162/163, 166/167
Jitka Skupy-Pesek (München): 154/155
Martin Thomas (Aachen): S. 70/71
Helmuth Weiß (Hamburg): Hintere Umschlagklappe, Umschlagrückseite unten, S. 149, 174
Bernhard Weißer (München): S. 66

Alle übrigen Abbildungen stammen aus dem Archiv des Verlages; Karten und Pläne: © DuMont Buchverlag, Köln

Zitat S. 99 aus: Lawrence Durrell, Bittere Limonen, ins Deutsche übertragen von Gerda v. Uslar, © 1962 by Rowohlt Taschenbuch Verlag GmbH, Reinbek
   Als Barbesitzerin in Kyrenia, S. 80/81 aus: Lotti Huber, Diese Zitrone hat noch viel Saft!, © 1990 by Edition diá, St. Gallen/Berlin/São Paulo

Personen- und Sachregister

Ortsregister

DuMont Video-Reiseführer
»Reisewege zur Kunst«: Zypern - Der Norden

Ein Film von Enis Günay. Eine Produktion des Hessischen Rundfunks.
Video-Kassette im Schuber, Spielzeit 45 Minuten

»Der Videofilm ›DuMont Video-Reiseführer »Reisewege zur Kunst«:
Zypern - Der Norden‹ beginnt in der zweigeteilten Insel-Hauptstadt
Nikosia. Die Ausgrabungen von Salamis an der Ostküste der drittgrößten
Mittelmeerinsel werden vorgestellt. Die Reise durch den türkischen Teil
Zyperns führt über Kyrenia, Bellapais und die bronzezeitliche Nekropole
von Karmi nach Farmagusta. Der Film von Enis Günay vermag dem Inter-
essierten einen einzigartigen Einblick in die reiche Kunstwelt zu vermit-
teln.«   *Sport + Verkehr*

»Die DuMont Reise-Videos sind durch ihren hohen technischen und
inhaltlichen Standard zweifellos eine moderne Ergänzung der heutigen
Reiseliteratur.«   *Südwest Presse*

Zypern - Der südliche Landesteil

Von Lenia und Barnim Heiderich. 250 Seiten mit 12 farbigen und 76 einfarbigen Abbildungen, 15 Karten, 21 Seiten praktischen Reisehinweisen, Register, kartoniert (DuMont Reise-Taschenbücher, Band 2039)

»Nach einem historisch-politischen Überblick vermitteln die Autoren Wissenswertes über die Zyprer: Über die soziale Stellung der Frau, über die besondere Bedeutung der Religion auch noch in heutiger Zeit, über traditionelle Feste, über die einheimische Kunst, über Essen und Trinken wie über die sprichwörtliche zypriotische Gastfreundschaft. Der Hauptteil führt dann zu den wichtigsten Sehenswürdigkeiten. Auch hier findet der Leser manche Hintergrundinformation und manchen guten Tip. Insgesamt ein handlicher Band, der sich zur Vorbereitung einer Zypern-Reise ebenso eignet wie zum Nachschlagen ›vor Ort‹.« *Döbelner Anzeiger*

»Der Band bringt auf sympathische Weise dem Reisenden das Wesen der Zyprioten näher.« *Sport + Verkehr*

»Richtig reisen«: Zypern

Von Klaus Bötig. 344 Seiten mit 37 farbigen und 220 einfarbigen Abbildungen, Karten und Plänen, 40 Seiten praktischen Reisehinweisen, Register, kartoniert

»Auf insgesamt 344 Seiten gibt Klaus Bötig eine Fülle von Informationen. Er spannt einen weiten Bogen von den geschichtlichen Anfängen auf Zypern bis zur heutigen Situation und führt die Leser auf sympathische Art an die Menschen und das Land heran.«   *Bremer Anzeiger*

»Zypern, die geteilte Insel, das Ziel vieler sonnenhungriger Touristen, hat eine lange Geschichte und mehr zu bieten als Strände und guten Wein. Der Zypern-Band der DuMont - Reihe ›Richtig reisen‹, den Klaus Bötig geschrieben hat, breitet den ganzen Reichtum dieser Insel sehr gut gegliedert aus. Ob man den gelbseitigen Informationsteil aufschlägt, ob man sich in den Kapiteln über die Vergangenheit Zyperns festliest, immer fühlt man sich zuverlässig und ausreichend geleitet.«   *Bayerischer Rundfunk*

Zypern
8000 Jahre Geschichte:
Archäologische Schätze - Byzantinische Kirchen - Gotische Kathedralen

Von Andreas Schneider. 376 Seiten mit 35 farbigen und 119 einfarbigen
Abbildungen, 117 Zeichnungen, Karten und Plänen, Glossar, Bibliogra-
phie, 25 Seiten praktischen Reisehinweisen, Register, kartoniert
(DuMont Kunst-Reiseführer)

»Der Autor vermittelt nicht nur die zahlreichen Daten und Fakten der
äußerst verwickelten Geschichte Zyperns, sondern auch etwas von den
gesellschaftlichen Hintergründen. Der Text ist durch interessante Darstellungen in historischen Dokumenten und Werken der Geschichtsschrei-
ber, der Reisenden und Pilger, die auf dem Weg ins Heilige Land auf
Zypern Station machten, aufgelockert. Der allgemeine Teil informiert pro
Zeitabschnitt anhand einer Tabelle ›auf einen Blick‹ über die Kunst- und
Geschichtsentwicklung.«   *Westfalen-Blatt*

Ich bin entzückt...

über diese authentische und umfassende Sammlung der
schönsten Rezepte Zyperns und den ebenso einfühlsamen
wie treffenden Einführungstext über die Sitten und Eßgewohnheiten meiner Landsleute. Ich wünsche dem Buch
viele Leser.« *Andreas J. Jacovides, Botschafter der Republik
Zypern, Bonn*

In der zyprischen Küche verbinden sich morgenländische
Kochtradition und abendländische Geschmacksvorstel-
lungen. Griechen, Römer, Araber, Armenier, Franzosen,
Italiener, Türken, Engländer und Libanesen haben zu ihr
beigesteuert, und doch hat sie ihren eigenen, unverwech-
selbaren Charakter bewahrt. Mit ihrer merkwürdigen
Mischung aus ländlichem Charme und weltoffener Un-
befangenheit gewinnt sie die Zuneigung des Hungrigen
ebenso wie die des Feinschmeckers.

Lenia Heiderich hat die Rezepte ihrer Heimat über
viele Jahre gesammelt, verglichen und überarbeitet. Dabei
fühlt sie sich besonders der neueren zyprischen Küche
verpflichtet, die alte Gerichte wieder aufgreift und den heutigen Ernährungsgewohnheiten anpaßt, ohne ihre Eigenart anzutasten.

Über zyprische Lebensart, Eßgewohnheiten, Sitten und
Gebräuche informiert der einführende Text von Barnim
Heiderich. Durch Hintergrundinformationen bietet dieses
einzige Zypern-Kochbuch auf dem deutschen Markt zugleich einen tiefen Einblick in die zyprische Kultur.

Lenia und Barnim Heiderich
Zyprisch kochen
Gerichte und ihre Geschichte
240 Seiten mit 18 farbigen Fotografien
ISBN 3 905482 65 7

■ Edition diá